ポスト冷戦世界の
構造と動態

涌井秀行

八朔社

本書の刊行にあたり，2012年度明治学院大学学術基金の出版補助を受けた。

目　次

序　章　二つのグローバリゼーションと二つの世紀末資本主義… 1

第1章　アメリカ冷戦体制の構築 …………………………………… 8

　I　熱戦から冷戦へ，世界の主要矛盾の転換 …………………… 8

　II　アメリカ冷戦体制構築，通貨・金融＝需要面
　　　——IMF＝ドル体制の成立と展開 ………………………… 10

　III　アメリカ冷戦体制構築，生産・技術＝供給面
　　　——超独占体の成立と展開 ………………………………… 14

　　　1　アメリカ新鋭軍事産業＝超独占体のコアの成立　14

　　　2　アメリカ新鋭軍事産業のヨーロッパへの展開
　　　　＝超独占体の成立　18

　IV　欧州とアジアにおけるアメリカ冷戦体制の構築 ………… 22

　　　1　冷戦対抗の所産としてのEC「ヨーロッパ合衆国」の誕生　22

　　　2　アメリカの兵器廠としての日本の重化学工業化　27

第2章　冷戦体制の揺らぎ …………………………………………… 34

　I　IMF＝ドル体制の解体のはじまりと世界インフレ
　　　——通貨・金融面＝需要面 ………………………………… 34

　II　「アジアの世紀」のはじまりとスタグフレーションに苦しむ米欧
　　　——生産・技術面＝供給面 ………………………………… 40

　　　1　ME＝情報革命とアジアの世紀のはじまり　40

　　　2　イギリスの市場革命としてのサッチャリズムと
　　　　欧州への伝播　42

　　　3　アメリカの衰退のはじまりとレーガノミックス　45

　　　　4　冷戦体制の揺らぎと新保守主義の登場　47

第3章　冷戦構造の溶解＝冷戦体制の解除と
　　　　アメリカ一国覇権主義 ……………………………… 53

　Ⅰ　ソビエト連邦の崩壊，1991年8月クーデターと
　　　独立国家共同体の成立 ……………………………… 53
　　　1　ベルリンの壁崩壊と8月のクーデター　53
　　　2　戦時冷戦社会主義ソ連の誕生　55
　　　3　ソ連経済，国民生活犠牲の軍事・宇宙＝重化学工業化　64
　Ⅱ　中国の転換，「改革・開放」……………………………… 68
　　　1　自力更生論として中国「社会主義」　68
　　　2　アメリカの冷戦戦略と中国「改革・開放」への道筋　72
　　　3　米中協力の産物としての「改革・開放」政策の確立
　　　　　——内資動員から外資依存へ　80
　Ⅲ　半植民地中国と後進ロシアの社会主義導入実験
　　　　——二つの「利権事業」……………………………… 83
　Ⅳ　20世紀社会主義とは何だったのか ………………………87
　　　1　ソ連「社会主義」の光と影　87
　　　2　ソ連社会とは何だったのか　93
　　　3　人間労働と社会主義　99

第4章　冷戦体制の解体・解除とアメリカ製造業の空洞化 … 112
　Ⅰ　一国覇権主義の序章——逆プラザ合意と世界の利用 ……… 112
　Ⅱ　ITバブルとニュー・エコノミーの幻想
　　　　——アメリカ，ファブレス＝産業空洞化 ……………… 118

第5章　アメリカ一国生き残り覇権主義としての
　　　　世界軍事＝石油支配 ……………………………… 125
　Ⅰ　湾岸戦争と石油・天然ガスの軍事支配 ……………… 125

Ⅱ　アラブ・パレスティナとユダヤ・イスラエル …………… 127

　Ⅲ　アメリカ中東戦略(軍・石油複合体)とパイプライン …… 135

第6章　アメリカ覇権主義と一国生き残りとしての
　　　　金融収奪劇………………………………………………… 147

　Ⅰ　金融収奪劇の幕開けとしての欧州通貨危機 ……………… 147

　Ⅱ　金融収奪劇第2幕としてのアジア通貨危機 ……………… 148

第7章　2009年世界恐慌と金融横奪戦略の破綻
　　　　──サブプライム世界恐慌の根本問題………………… 155

　Ⅰ　金融の空洞化としてのデリバティブ ……………………… 155

　　1　金融革命・世界金融恐慌の核心としてのデリバティブ　155

　　2　2007年世界金融恐慌とデリバティブ　160

　Ⅱ　インターネット・株式バブルからの脱出策 ……………… 163

　Ⅲ　サブプライム・ローンの組成過程と世界への拡散 ……… 166

　Ⅳ　世界金融恐慌の原罪としての金融工学「証券化」………… 171

　Ⅴ　軍事インフレ蓄積メカニズム機能不全としての
　　　世界金融危機 …………………………………………………… 173

　　1　戦後アメリカ冷戦体制下の蓄積様式の機能不全　173

　　2　サブプライム世界金融恐慌の歴史的意味と位置　176

　Ⅵ　市場原理主義の帰結としての2009年世界恐慌 …………… 179

第8章　ポスト冷戦と日本資本主義の戦後段階………………… 186

　Ⅰ　失われた20年と戦後土地所有 ……………………………… 186

　Ⅱ　零細土地所有＝零細稲作農耕における労働の原理 ……… 188

　Ⅲ　零細土地所有＝零細農耕の史的形成過程 ………………… 192

　　1　寄生地主制発生の根拠としての稲作＝日本農業　192

　　2　明治維新と180度転換した「近代」的土地所有　198

Ⅳ　戦後日本の「高度成長」の基盤としての土地所有3局面　199
　　　　1　農地改革と農村における「零細土地所有＝零細農耕」　199
　　　　2　財産税と都市における零細宅地所有
　　　　　　　——土地持ち労働者の生成　200
　　　　3　企業・資本による土地所有　201
　　　　4　資本による労働力の実質的包摂
　　　　　　　——「会社人間」育成法と稲作　202
　　　　5　日本資本主義の外生循環構造とアジア資本主義　203
　　Ⅴ　歪んで「高度に発達した資本主義」の国民的変革 ……… 205
　　補論1　「土地公有」論 ………………………………… 211
　　補論2　戦後「従属—自立」論争と「土地国有」論 ………… 213

第9章　アジアの「工場化」の歴史的意味と人類の未来 …… 220
　　Ⅰ　コピー生産としての急速なアジアの「工場化」 ……… 220
　　Ⅱ　労働対象と労働手段の革命 ……………………… 223
　　　　1　労働対象の革命——新素材　223
　　　　2　労働手段の革命
　　　　　　　——「本来の機械」から「科学的加工装置」へ　225
　　Ⅲ　労働過程編成の史的展開と意味
　　　　　——労働価値説の根拠の喪失 ………………… 227
　　Ⅳ　情報革命のコアとしてのインターネットと
　　　　新生産様式の芽生え ……………………………… 234
　　Ⅴ　新しい労働観と新しい社会 ……………………… 240

あとがき

序章　二つのグローバリゼーションと二つの世紀末資本主義

　2001年9月11日午前，ニューヨークの世界貿易センタービルに旅客機2機が，さらにワシントンの国防総省ビルに1機が突っ込み，さらに別のもう1機がピッツバーグ郊外に墜落した。4機はいずれもハイジャックされた米民間航空の定期便で，世界貿易センタービル南北2棟は周辺のビルを巻き込んで崩落した。死者・行方不明者は当初約5000人以上と見込まれていたが，その後2973人と発表された。未曾有の大規模無差別テロによって，1日5万人が勤務し20万人の来訪者があり，「都市」に匹敵する周辺一帯はわずか2時間たらずで消滅した。これまで，いかなる軍事的攻撃にもさらされたことのなかった「安全な大陸国家」アメリカは，一連のテロによって引き起された惨状を目の当りにして「戦争」の何たるかを知らされた。それを「アメリカへの宣戦布告だ」とブッシュ大統領は叫んだ。
　1960年代以降通信交通手段の発達にともなって国際化してきたテロは，1980年代に日本や西ドイツ「赤軍」，イタリア「赤い旅団」などの国際テロ活動として現れ，ついに冒頭の事件となった。捜査当局によれば，ハイジャック実行犯の「容疑者」として「アラブ人18人」がリストアップされ，捜査地域はボストン，フロリダ州などのアメリカ国内は言うに及ばず，オランダなど世界9カ国に及んだ。
　ブッシュ大統領はテロを「新しい戦争」とよび，「主要な容疑者」イスラム過激派指導者オサマ・ビン・ラディンを，タリバン政権が匿っているとして，アフガニスタン空爆を開始した。2001年10月アメリカは，国家権力によるテロ行為，国家テロリズムで，報復したのである。「ヒト・モノ・カネ」のグローバリズムが，労働者・市民・民衆の運動・闘争をもグローバル化させた。「9・11」は，それがテロというもっとも衝撃的でグロテスクな形で現れたものである。断るまでもないが，社会で国民大多数の合意（同意）が得られる民主制度などの条件がある場合には，テロはとうてい許されるものではない。そ

の点で近代の民主主義諸制度とはあいいれないものである。しかし，この事件は労働者・市民・民衆の運動・闘争のグローバリゼーションという点では，21世紀の幕開けを象徴する事件だったともいえよう。

　今グローバリゼーションはひとり資本・企業のものではなく市民・大衆のものでもある，といったが，1997年の世界中を巻き込んだ通貨・金融危機ほど，資本・企業にとってグローバリゼーションのもつ意味が決定的であることを示した事件はなかっただろう。タイから始まりインドネシア，韓国と東アジアを巻き込んだ通貨・金融危機は，ロシア，中南米へと飛び火し，瞬く間に世界を混乱に陥れた。グリーンスパン（議長）はこの危機が「新しいハイテク国際金融システムの特徴である可能性」があり，「このシステムの複雑な力学（dynamics）について我々はまだ十分な知識を持っていない」と述べた。だが，この通貨・金融危機で決定的な役割を果たしたものがインターネットだったということは，間違いないだろう。

　アジア通貨・金融危機で判明し，世界中に衝撃をあたえた事だったが，ヘッジ・ファンドはニューヨークにいて，海外のオフショア（為替）市場でタイバーツの取引をしていたのである。しかも，バーツを借りて売買する「空売り」（仮想の）売買をしていた。インターネット上のサイバー・スペース，「仮想・現実」の為替市場で，コンピュータ上での数字の入れ替えによって売買をおこなっていたのである。インターネットでパソコンのキーボードとディスプレイをとおして繰り広げられる世界の為替取引額は，貿易決済などの実需の50倍から100倍に達するという。実物経済と金融の乖離であり，自己増殖した金融の虚空の輪舞が毎日繰り広げられている。

　今日世上言われるグローバリゼーションは，明確な定義をもつわけではなく，「オーラル・セオリー」にしかすぎないが，次の点で20世紀末と21世紀初頭を考える上でのキーワードかもしれない。例えば，失業・雇用問題ひとつとっても，企業の海外進出（国内産業の空洞化）という要素を考えなければ解決の道は見出すことはできない。このように，かつては国内問題と考えられてきた事柄も国際的，地球的視野で考えなければならない時代に我々は入っている。このグローバリゼーションという言葉は，1995年の世界銀行年次報告書で，世界経済の構造転換のキーワードとして世銀が使用して以来，流行語となった。

序章　二つのグローバリゼーションと二つの世紀末資本主義　3

図序-1　世界システムとグローバリズム・ブロッキズム

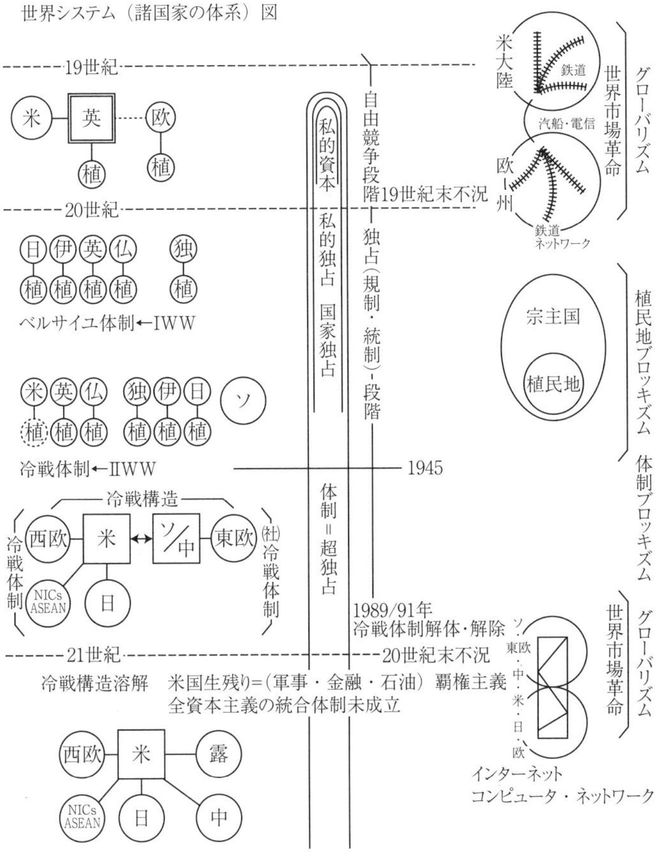

世界システム（諸国家の体系）図

[図：19世紀から21世紀にかけての世界システムの変遷を示す図。左側には各時代の諸国家関係（19世紀：米・英・欧と植民地、20世紀：日伊英仏独などの帝国主義国家とベルサイユ体制←IWW、冷戦体制←IIWW、冷戦構造として西欧・米・ソ中・東欧、NICs ASEAN、日など、21世紀：冷戦構造溶解、米国生残り＝（軍事・金融・石油）覇権主義、全資本主義の統合体制未成立、西欧・米・露・NICs ASEAN・日・中）。中央に縦書きで「私的資本→私的独占→独占（規制・統制）段階→国家独占→体制＝超独占」、「自由競争段階 19世紀末不況」「1945」「1989/91年 冷戦体制解体・解除」「20世紀末不況」。右側には「グローバリズム（世界市場革命）：米大陸・欧州、鉄道、汽船・電信、鉄道ネットワーク」「植民地ブロッキズム：宗主国・植民地」「体制ブロッキズム」「グローバリズム（世界市場革命）：ソ・東欧・中・米・日・欧、インターネット コンピュータ・ネットワーク」]

　1996年のリヨン・サミットの中心テーマはグローバリゼーションであった。このサミットでは，情報通信などの急激な発達によって，広範になっていく国際問題に，主要国がどう対応して行くかが話し合われた。また，1999年のケルン・サミットでは，グローバリゼーションの負の側面についても討論が及んだ。欧米アカデミズムの中では，グローバリゼーションという考え方が登場してきたのは，1980年代半ばのことであり，いらい「それは，あらゆる社会科学の諸学者にとってのひとつのパラダイムとなった」という。

　そもそも「グローバリゼーション」なるものは，今世紀末に登場した特異な

ものの見方であろうか。たしかに資本主義経済の諸概念は,「日本の失業率」とか「アメリカのGDP」などとひとまず国民経済としてくくられる。このように資本主義は民族・国民国家の単位での総括を受けなければならない。だが,一国経済と世界経済は,表裏の関係にあり,資本主義はその全体性において,世界を前提としてはじめて存在しうる。歴史的にみてもグローバリゼーションは資本主義の歴史とともにあったといってもいい。たとえば,1820年代に確立したイギリス産業資本主義のキー・インダストリ綿工業はアメリカやインドの原料棉花に依存していたし,生産された綿製品(2)は世界各国に輸出されてもいた。ヨーロッパ人にとっては,コーヒー・茶などの一次産品のない生活は考えられなかったであろう。1870年代に入ると「世界の工場」イギリスの地位を脅かすほどにドイツは成長した。1896年に出版された『メイド・イン・ジャーマニー』(3)でE・E・ウイリアムズは,外套やジャケット,水道管などなどのドイツ製品の洪水を指摘し,イギリスにおける「ドイツ製品の脅威」を警告した。たしかに,一国経済と世界経済はコインの裏と表の関係にある。そうすると資本主義の歴史は一路グローバリゼーションの歴史ということになるが,歴史はそう単線的ではない。

　哲学では,物質界を成立させる基礎形式として,時間と空間を教える。相対性理論では,3次元の空間に時間を加えた4次元の時間・空間的連続体を,「時空世界」という。19世紀と20世紀の両世紀末のグローバリゼーションとは,この「時空世界」の激変,空間移動の時間短縮のことではないのか。1843年,パリに住むハインリッヒ・ハイネは13年ぶりにハンブルクの母に再会した。祖国の遅れた封建的な現実をのろい,さまざまな挿話を叙事詩的に織りこんだ長編詩『ドイツ冬物語』はこの時の体験をもとに書かれた。その1843年にはパリとオルレアン,パリとルアン間に鉄道が開通した。ハイネはこの事をつぎのように語っている。「時間と空間についての根本概念すら揺らぎ始めている。鉄道のために空間は殺される。そしてなお我々に残るのはただ時間のみにすぎない。……3時間半で現在はオルレアンに行けるし,同じ時間でルアンにも行ける。ベルギーやドイツへの線路が完成され,そこの線と連結された時には一体どうなるだろう。私にはあらゆる国々の山や森がパリに押し寄せてくるような感じがする。私はすでにドイツの菩提樹の香を嗅ぐ,そして私の戸口の前には

序章　二つのグローバリゼーションと二つの世紀末資本主義　5

北海が逆巻いている」。このように驚愕し，鉄道の開通がアメリカの発見，火薬と活版印刷の発明に匹敵する運命的事件であると述べた。詩人ハイネの感性は，新時代の予兆を「空間の抹殺」として捉えたのである。「それは人生の色と姿を変える新しい激変を人類にあたえる(4)」と。

　グローバリゼーションとはこのこと，「空間の抹殺」ではないのか。それによって惹き起されたさまざまな事象を，各論者がグローバリゼーションと表現しているのである。東回りでたどる海と陸の冒険行『80日間世界一周』は，1873年刊行の長編小説，フィクションだが，今では航空機の定期便の乗り継ぎでも2日もあれば世界一周は可能だろう。「空間が抹殺」され，地球は驚くほど狭くなった。鉄道に代わって航空機が，電信の代わりにインターネットがその主役となった。「9・11」が航空機，アジア通貨・金融危機がインターネットを使っておこなわれたということは，もっとも無残な表れ方だったが，グローバリゼーションの直截な表徴だった，といえよう。

　先ほど単線的にグローバリゼーションを考えるわけには行かない，といったが，もう一つそう考えるわけには行かない理由を示しておこう。それは第2のグローバリゼーションが，20世紀末の最後の10年間にうねりとなって世界を覆った1990年代という時期と関連している。1989年に東欧，1991年にソ連の「社会主義」体制は自壊・解体し，世界の冷戦構造は溶解した。資本主義は満身創痍となりながらも，生き残ることになった。これはアメリカが資本主義体制を維持するために世界に強いた管掌・統合・支配の体制であるアメリカ冷戦体制の解除でもあった。対抗相手がなくなった今，アメリカはこの体制を維持する必要はない。この体制から受けるアメリカの縛りはなくなり，もはやアメリカは同盟諸国への配慮を忘れない資本主義体制の守護神ではなく，己自身の生き残りのみに腐心するただの支配者になった。世界はポスト冷戦の時代にはいり，アメリカは憚ることなく自国第一主義へと政策を転換しはじめた。この政策を本格的に推進したのはクリントン政権（1993年1月成立）だが，同政権は軍事（NSC：国家安全保障会議）よりも経済（NEC：国家経済会議）を重視した(5)。アメリカは，それまでの製造業の競争力の強化よりも，次第に国際的金融政策に軸足を置いた政策で，アメリカの「再生」を目指すようになっていった。

　NEC発足と共に担当補佐官に任命されたのはニューヨークの投資会社ゴー

ルドマン・サックスの元会長ロバート・ルービンであった。ルービンはその出身にふさわしく，国際的な金融政策・ドル資金の運用によってアメリカ経済の立て直しを図った。1995年，主要各国よりも高い金利を設定し，ドル安からドル高への転換によって，世界中から資金・資本をアメリカに引き寄せ，それを世界中で運用しようとしたのである。イギリスの社会学者ロナルド・ドーアが言うように，グローバリゼーションとはマーケタリゼーションでありファイナンシャリゼーションのことである。すでに1990年代初頭から米証券業界で注目されていた中南米の新興市場（エマージング・マーケット），戦場から市場に変わったアジア，そして市場経済に加わった旧ソ連・東欧などにグローバル・スタンダード，すなわちアメリカン・スタンダードを強制し，キャッチコピー「グローバリゼーションに乗り遅れるな」で収益を稼ぎ出そうというのである。世界からアメリカ国内へ，アメリカから新興市場へ，そして再びアメリカへという金融の大動脈・大静脈が形成され，世界はドルの投機市場へと変身させられた。こうして1990年代の冷戦構造の溶解＝冷戦体制の解除・解体と20世紀末のグローバリゼーションが同期・同調し，金融は自己増殖を重ねていった。こうしてグローバリゼーションは，19世紀と20世紀のそれぞれの世紀末に，うねりとなって世界を覆い尽くすことになる。まず第1のグローバリゼーションの大波は19世紀の最後の4半世紀におき，第2の大波は同じく20世紀末最後の10年の間に起き，世界はこれに飲みこまれていくことになる。

　だが，この二つのグローバリゼーションには決定的な位相の違いがある。それは第9章で述べることだが，第1のそれは独占段階という資本主義の新段階を生み出した。もちろんその結末が二つの世界大戦だったとしても，である。だが今次のグローバリゼーションは資本主義の新段階を見通せないでいる。なぜならインターネットを中核としたグローバリゼーションの潜在的ポテンシャルを，資本が包摂できないからである。「分散・共有」を編成原理とするネットワークの原理は資本主義の「独占・私有」原理とは相いれない。どういう社会のシステムで，それを包摂し実体化していくのか。それが今日問われている。

(1) 小澤光利「史的唯物論と社会発展論，R・ピート『グローバル・キャピタリズム』をよむ」(『経済志林』第67巻第1号, 1999年7月, 163頁)。小澤論文で引用された

Norman Lewis & James Maloneの評価。
(2) 世界一の国際競争力をもつ世界ブランド，イギリス機械綿製品は，手工業に基づくかつての世界ブランド・インド綿を駆逐した。だがイギリス産業資本家・工場主は，紳士的に経済合理性にだけ基づいてインド綿を世界市場から追い出したのではない。インド綿の織物工は殺され，あるいは熟練を封じ込めるために指先を切り落とされた。インド・ダッカの町は「白骨の海」と化したという。
(3) Williams・E・E, *Made in Germany* (Harvester Press, 1973), (Reprint of the 1896 ed., published by Heinemann, London), pp.10-11.
(4) ハインリッヒ・ハイネ (Heinrich Heine)『ルティツア，第2部』(改造文庫，1939年，93頁)。
(5) 1993年1月，クリントン大統領が経済政策の一元化のために新設した大統領直属機関。NECには副大統領，財務・商務・労働の各長官，行政管理予算局，経済諮問委員会委員長，必要に応じて首席補佐官そのほかが政策決定に携わる。また，安全保障が経済問題と密接に関連しているところから，通商代表，安全保障担当補佐官，場合によっては国務・国防両長官が加わる。米国の国際経済政策立案のために，この会議と国家安全保障会議 (NSC) とは深いかかわりがあり，しばしば連携作業が行われている。
(6) こう述べたからといって，この時点でアメリカ政府が，その後の「ニュー・エコノミー」までを見通していたわけではない。ルービンは当面のメキシコ危機のアメリカへの波及を回避し，国外へのドル資金流出を防ぐために「ドル高・高金利」政策をとった。第4章のⅡ「ITバブルとニュー・エコノミーの幻想」も参照。

第1章　アメリカ冷戦体制の構築

I　熱戦から冷戦へ，世界の主要矛盾の転換

　第2次世界大戦は，約60カ国が交戦し，死者5000万人，負傷者3400万人に上るという筆舌に尽くしがたい惨禍を人類にもたらした。しかし第1次世界大戦が植民地の争奪戦，「強盗どもの植民地のとりあい」であり，戦後がふたたび再編植民地体制（ベルサイユ体制）へと逆戻りしたのに対して，第2次大戦後の世界は，基本的に変化した。すなわち，「(1)「社会主義」国家の躍進で，世界工業生産のうちに占めるその比重は，戦前の9％から戦後は33％に増大し，(2)植民地体制の崩壊で，植民地および半植民地人口が，40年前世界人口の70％以上占めたものが現在は6％に低下し，……(3)資本主義諸国の内部における民主主義勢力」も成長した。帝国主義列強による植民地支配という構造は崩壊し，帝国主義諸国は植民地を喪失して再編を迫られた。そして，「社会主義」体制・民族解放・民主勢力という三大勢力は，第1次世界大戦後のように植民地体制への逆戻りを許さなかった。東ヨーロッパの諸国は資本主義体制から離脱し，「社会主義」体制の側に移っていった。またかつての植民地・従属諸国は次々と独立を達成し，旧帝国主義列強諸国の軛から解放されていった。「社会主義」諸国が複数国にまたがる，世界人口の3分の1を占める「体制」へと転化し，それまでの植民地体制は崩壊した。かつての帝国主義列強の「世界分割」支配の体系，帝国主義の時代は終焉した。今では考えにくいことだが，第2次世界大戦後，資本主義は欧州でもアメリカでもすっかり信用を無くしていた。戦後の破壊・混乱・貧困は資本主義の根本的欠陥とみなされていたのである。その意味で，歴史の歯車は確実にひとつ前へと進んだのである。

　帝国主義列強が対立するという矛盾の終焉は，また新たな矛盾の開始でもあった。世界は，資本主義体制対「社会主義」体制の対抗・対立＝冷戦構造と

いう鋳型の中に流し込まれることになる。この対抗のために作り出された資本主義と「社会主義」のそれぞれの側の管掌・統合・支配の仕組みが，それぞれの冷戦体制である。資本主義陣営は勿論，「社会主義」陣営も冷戦体制を敷いた。資本主義の側にはアメリカを，「社会主義」の側にはソ連を盟主とする二つの体制が構築され，相対峙することになる。第2次世界大戦後の世界は，資本主義体制と「社会主義」体制という二つの体制間の対立が世界の主要矛盾となり，かつての列強間の対抗と対立は副次矛盾として後景に退き，調整可能な，また調整されなければならない矛盾となった。

　冷戦体制とは，20世紀前半の旧列強・宗主国による植民地分割支配を特徴とした古典的帝国主義体制と対比しうる，20世紀後半ソ連邦崩壊にいたるまでのアメリカとソ連を枢軸とする資本主義と「社会主義」それぞれの陣営の管掌・統合・支配体制のことである。冷戦という語句を冠したのは，資本主義世界の場合，戦後世界の再編が，まず「社会主義」体制との対決という政治・軍事的必要によって規定され，純粋の経済法則に基づいてなされたのではないことを表すためである。これは「社会主義」体制の側にもいえる

　20世紀前半，帝国主義諸列強は，たとえば，日本が朝鮮・満州・内蒙古を「日本の生命線」と称していたことが示すように，植民地を経済的に不可欠なものとしていた。帝国主義列強は植民地を徹底的に収奪したのである。しかし20世紀後半，世界人口の3分の1を占める「体制」へ転化した「社会主義」陣営との対抗を勝ち抜くことこそが，資本主義体制存続の必須条件となった。たしかにフォレスタル国防長官が海軍病院の16階から「ソ連が攻めてくると」叫びながら飛び降り自殺したように，ソ連の脅威は，天が落ちるという「杞憂」だったかもしれない。しかし世界史の現実の中で，米ソは体制の存亡をかけて死闘を演じたのである。[2]資本主義体制の擁護，これが資本主義陣営，その盟主となったアメリカに求められた使命だったのである。それはソ連も同様だった。ソ連は国民生活水準を低く抑え，社会主義体制の優位性を世界に誇示し，絶えず資本主義体制に圧力をかけ続けることを余儀なくされたのである。アメリカが身を削った援助は，ヨーロッパにアジアへと注がれ，「ラインの奇跡」に象徴される欧州復興と「高度経済成長」といわれる日本の復興を実現した。かつての収奪の帝国は贈与の帝国へと変わり，停滞の代名詞「従属」は発展の代名

詞へと変わった。こうしたアメリカや復興した旧列強諸国の対外援助は戦後資本主義の特異な一時代を生み出した。20世紀の前半，戦争と大恐慌という危機に直面し腐朽しつつあった資本主義は，少なくとも第2次大戦後半世紀の間は，次第にテンポをおとさざるを得なかったものの，力強い「成長」を遂げたといえよう。軍事＝インフレ的蓄積である。

こうした戦後再編は，資本主義体制の側では次に述べるような形成過程と構成をもっていた。それは冷戦帝国主義の基礎範疇「超独占」の形成・展開・解体過程でもあるわけだが，まずその形成・展開過程を，事態に即して通貨・金融（需要）と生産・技術（供給）の2側面から述べよう。

II　アメリカ冷戦体制構築，通貨・金融＝需要面
——IMF＝ドル体制の成立と展開

第2次世界大戦後，世界の工業生産力の約半分をもち，世界の金準備のおよそ7割を保有するアメリカは，その経済力を根拠に，各国の公的機関の保有するドルを金1トロイ・オンス＝35ドルで交換するとして，アメリカ・ドル（不換通貨）に金との「兌換性」を付与した。そして各国平価（通貨）をこのドルで固定的に表示し，国際決済の基軸通貨とすることを資本主義世界に求めた【固定為替相場制】。1944年にブレトン・ウッズ（アメリカ・ニューハンプシャー州）で連合国側の資本主義諸国は，その提案・要求に合意した【ブレトン・ウッズ体制】。米国以外の国々の一時的な国際収支の不均衡＝ドル不足に対処する機構として国際通貨基金（IMF）が創設された。加盟国は割当による出資金と出資額に応じて外貨を引き出せる特別引出権（SDR）によって国際収支の安定をはかり，各国通貨の国際的流動性（通用力）を保持することができるようになった。これが戦後の世界通貨体制，IMF＝ドル体制である。

こうしたことが可能となったのは，アメリカの経済力の圧倒的な優位性と金準備の保有があったことはもちろんである。だが現実的には以下のような歴史的経緯もあった。欧州諸国は二つの大戦の「教訓」・安全保障上の観点から，安全な大陸アメリカの連邦銀行の地下金庫に，自国の公的準備金を預託していた。これは米国にとっても好都合であった。米国はドルと交換した各国の金を，

第 1 章　アメリカ冷戦体制の構築　　11

図 1-1　資本主義体制構築のためのドル散布（援助と直接投資）

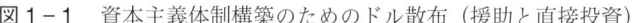

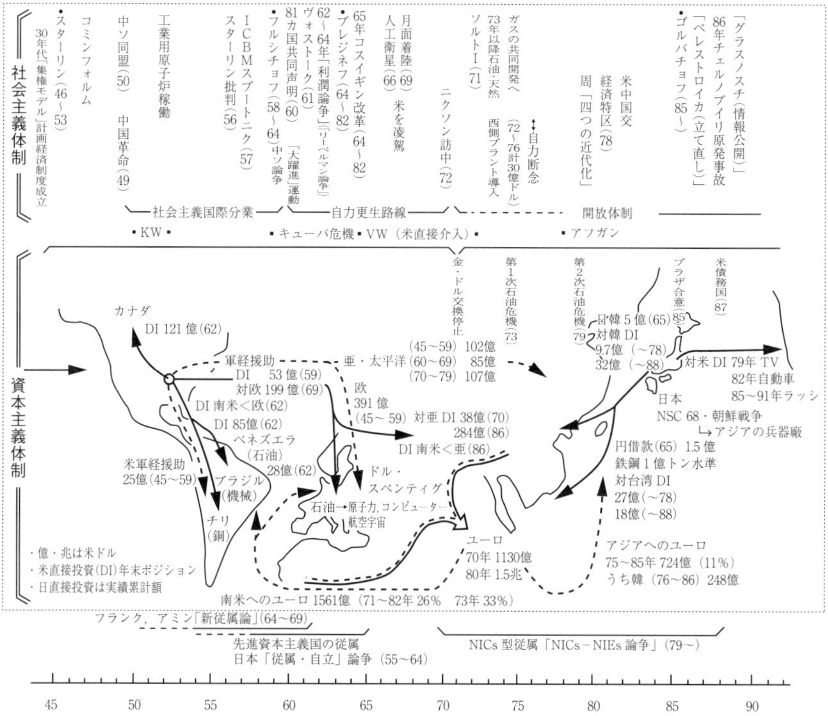

注）(1) 本表に発表される援助額はいくつかの項目の処理方法の違いのために，国際収支表の政府移転と資本の数値とは一致しない。違いの原因となる項目は，北大西洋条約機構（NATO）の多角的建設プログラムへの分担金，外国の生産的事業への政府投資，長期公債からの政府収入，およびドル元本，利子，農産物輸出プログラム以外で発生する純外貨保有量の変化等である。
(2) 国際機関への投資は以下のとおり。アジア開発銀行，米州開発銀行，国際復興開発銀行（世界銀行），国際開発協会（第2世銀），国際金融公社であり，1976年以降これにアフリカ開発基金とアフリカ開発銀行の2機関が加わる。
(3) 額はすべて，逆贈与，返済，借款を差し引いた「ネット（純額）」であるが，利子または手数料は贈与のリターンとは見なさないので控除されてはいない。その他援助（other assistance）は，合衆国産農産物の移転の見返りとしての外貨貸付，いわゆる「見返り資金援助」である。

出所）(1) U.S.Dept.of Commerce, Bureau of the Census, *Historical Statistics of the U.S. Colonial Times to 1970 Part 2* (Washington, 1975), pp.872-875.
(2) U.S.Dept.of Commerce, Bureau of the Census, *Statistical Abstract of the U.S.*, 1974 (Washington, 1974), pp.783-786（以下年版と頁を略記）1977, pp.857-860; 1981, pp.837-840; 1984, pp.825-828.

いちいちその国に移送するのは危険であるし，効率もよくない。そこで，その金に所有国の刻印を打って，ニューヨーク連銀の各国の金保管スペースに置くことを各国は承知した。この方法なら各国の公的準備金は，アメリカ国内を移動するだけで，金は「安全」なアメリカに置かれたままとなる。

こうしてIMF・ドル体制は，金とドルとの交換によって米国の不換通貨ドルを世界貨幣に擬制し，管理通貨制の弾力性と金本位制の安定性の両方の長所を具有する最強の国際管理通貨制度となった。この世界的な機構が国際通貨基金（IMF；International Monetary Fund）である。また同時にアメリカが圧倒的な輸出競争力を持つ商品の自由貿易の仕組みとしてGATT（General Agreement on Tariffs and Trade；関税と貿易に関する一般協定）締結を各国に促した。アメリカはこうした機構を経由して，あるいは直接に国家資本（軍事・経済援助，借款・贈与）を資本主義世界に投下した。いうまでもなく資本主義体制維持のためにである。冷戦ドル・スペンディング＝ドル散布[4]である。それらは，体制間矛盾の要衝，東西冷戦の対決点へ投下された。

さらにアメリカは，この援助を続けるために，「復興」を遂げたヨーロッパ諸国や日本を経済開発協力機構（OECD）にまきこみながら，援助を継続・強化していく。当然のことながら，これらの体制擁護のための支出は，アメリカの国際収支にも反映される。援助総額は，1945年から1959年までの15年間に限っても，経済援助474億ドル軍事援助260億ドル，合計で約740億ドル（国際収支・フロー・ベース）に達した。また1960年代の10年間では援助総額は541億ドルに達している。この結果，海外駐留軍費を含む直接軍事支出[5]と軍事贈与や政府贈与などの体制擁護のための冷戦ドル・スペンディングは，1950年代ではアメリカの商品貿易黒字額の2.3倍の684億ドル，同じく60年代では1.8倍の735億ドル[6]に達した。既存在来産業においても圧倒的な国際競争力を有していた時期のアメリカが，商品貿易で稼いだ黒字額のほぼ倍を援助しなければならなかったのである。第2次世界大戦前，帝国主義諸国家の収奪対象とされていた植民地諸国が，今度は援助対象となった。援助しなければ，「社会主義」体制の側に取り込まれ，資本主義体制は蚕食されるかもしれない，という不安にアメリカは駆られていたのである。アメリカはこうした軍事経済援助をしながら，同時に民間投資によって各国の資本不足を補い，需要を創出し疲弊した各国経

済を復興させていったのである。

　ドル・スペンディングによる「軍事インフレ」的成長は，アメリカの国際版「世界ケインズ政策」であるが，各国もこの政策に呼応して国内版ケインズ政策を実施した。とくにアメリカは「擬似的な世界政府」でもあったから，国際的にも国内的にもケインズ政策をコインの表裏の関係で推し進めた。「市場の失敗」の克服策として採用されたケインズ政策は，つとにニュー・ディール政策として知られているが，経済に政府が責任を果たすべきである，という考え方は「リベラル派（Liberalist）」の主張として，アメリカ経済政策の主流の地位を占めた。ケインズの主張は周知のとおり，需要と供給が均衡しても，不安がある時には人は金を使わないで貯めるから，貯蓄過剰＝投資不足となる。この場合完全雇用は達成されない。需給均衡による完全雇用達成の前提に立つこの学説は，政府の有効需要創出政策の理論的根拠となった。この学説にしたがって，アメリカは大戦中も大戦後も軍需という有効需要を創出しつづけた。アメリカ歴代大統領は，60年代のJ・F・ケネディやR・ニクソン，70年代J・カーターもケインズ政策の実行者であった。これとは反対に「サプライサイド」の立場に立ち，強いアメリカを強調し，80年代に登場したR・レーガンは，社会福祉抑制，諸規制緩和と大幅減税等の「レーガノミックス」という反ケインズ主義的政策を実行した。しかしそのレーガンでさえ，戦後初の1000万人の失業者に驚き，「スターウォーズ」という大軍拡予算に基づく有効需要の創出というケインズ政策を打ち出し，「レーガノミックス」政策を補強しなければならなかった。スターウォーズに示されたように，アメリカの有効需要創出政策は，結局，原爆・水爆それを運搬する大陸間弾道弾の開発・実用化，そして「人間を月へ」のアポロ計画という軍事・ケインズ主義として実行された。これが戦後世界経済のコア概念である「超独占体」[7]，実在形態としてはアメリカ多国籍企業である。

　アメリカ「世界政府」のもとに戦後組み入れられたヨーロッパ先進資本主義各国は，世界通貨ドルを原資として，積極的で強力な有効需要創出政策を推進した。ヨーロッパ諸国は，資本主義経済の根幹である「所有」と「市場」にまで踏み込んだ経済政策を実施した。イギリスではフェビアン協会の流れを汲む労働党政権が，「混合経済」と「福祉国家の実現」というスローガンを掲げた。

彼らは植民地喪失による資本・企業の国際競争力低下を阻止するために，企業の国有化，国家資金による「近代化」＝「合理化」，賃金凍結も含めた「所得政策」を実施した。フランスでは「経済の操縦桿」を政府がしっかりと握り，政府は，経済を①民間，②規制対象，③国有の各分野に振り分ける政策を実行した。特にフランス政府は国有化によって，投資の促進，産業の近代化と技術革新を図ったのである。また，ドイツは，ナチスによる統制配給経済へのアレルギーから「節度のある新自由主義」という計画を含んだ「社会的市場経済」政策を決定した。再三述べてきたように，ヨーロッパにおいてはソ連の西側・資本主義諸国への浸透を防遏するため，戦後の復興が必要不可欠かつ喫緊の課題だったために，アメリカの欧州復興計画の受け皿が整備される必要もあり，強い「規制と統制」が選択されたといえよう。しかしドル・スペンディングは米国際収支の赤字という病原体に転化し，世界経済の腫瘍となっていくことになる。だが，まだこの時世界はその「しこり」に気付いてはいなかった。

III アメリカ冷戦体制構築，生産・技術＝供給面
―― 超独占体の成立と展開

1 アメリカ新鋭軍事産業＝超独占体のコアの成立

　第2次世界大戦中から「奇妙な同盟」といわれ，軋みかけていた米ソ関係が対立へと変わり始めていることは次第に明らかになっていった。スターリンの1946年2月の演説のインパクトは，連鎖的に広がっていった。スターリンは，不均等発展によって資本主義陣営内では戦争が不可避であり，ソ連は自力で経済再建をする，と表明した。その後の『フォーリン・アフェアーズ (Foreign Affairs)』の「封じ込め」政策へと結実していくJ・ケナンの国務省宛の電報，チャーチルのフルトンでの「鉄のカーテン」演説，これに対する『プラウダ』でのスターリンの反論・非難という一連の応酬が続く。その後アメリカの対欧州戦略は，バーンズ外交という過渡期的な政策を経て，1947年3月のトルーマン・ドクトリンという「共産主義封じ込め」政策へと転換する。アメリカは，財政負担に耐えかねて援助を放棄したイギリスにかわり，初めて公然とソ連との力の対決にのりだすことになった。それは軍事＝経済同盟によるソ連との対

決の第一歩であった。6月にはマーシャル・プランを発表し，約120億ドルの戦後経済復興援助によってヨーロッパ資本主義諸国の強化，再軍備の経済的基盤の整備をはかった。アメリカの世界戦略における「欧州第一主義」，ヨーロッパ最優先は，地勢学的にもまた歴史的にも，元来の外交戦略ではあった。アメリカは軍事援助による欧州各国軍の強化とNATO（North Atlantic Treaty Organization; 北大西洋条約機構）軍への編入とともに，対外経済援助という国家資本の輸出・投下と同時にIMF傘下の国際復興開発銀行（世界銀行）をはじめとする国際機関の機能も活用しながら，対ソ対抗のために欧州復興を強力に推進したのである。これはアメリカ独占資本にとっては，ヨーロッパに海外市場・需要を創出することでもあった。アメリカ独占資本は戦前来の証券投資に代えて，経営権の掌握を目的とした資本投下，すなわち直接投資によって欧州に進出していった。

　それはまず，対ソ正面の欧州復興のカギを握るエネルギー，アメリカ石油独占，石油メジャーのヨーロッパ進出となる。これに続いて，化学，一般機械，輸送機械を中心としたアメリカ製造業の進出が続く。アメリカはこの部門に直接投資を集中させた。それが一巡したと思われる1966年末の直接投資ポジションを見ると，製造業が89億600万ドルで全直接投資額の54％を占めている。内訳をみると一般機械が30.1％，輸送機械が21.4％，化学が17.1％の割合になっている[8]。しかもここでの機械は，電線・碍子・自動車といった在来産業ではなかった。それは原子力あるいは航空・宇宙産業であり，さらにこれらの産業の研究・開発にとって，また制御の上でも必要不可欠なコンピュータ産業であった。もちろんこれらの産業は，NATO軍の再編強化に直結する部門でもある。

　かくして西ヨーロッパにおける冷戦体制の構築過程は，体制維持のための軍事経済援助を地盤にして，直接投資によってアメリカ独占体がヨーロッパの先端・中枢産業へ参入・浸透し，そこを直接支配（経営権の掌握）する過程であった。その経済的な内実をスケッチすれば，第2次世界大戦までの伝統的な「独占団体間の世界的協定」＝国際カルテルを結んだうえで，アメリカ「世界企業」＝多国籍企業は次に述べるような手だてをこうじて旧列強欧州独占体企業を統合し，支配していった。つまり米多国籍企業は直接投資によって設立された「全欧州に参開する子会社の一元的統括を通じて……当該産業における世

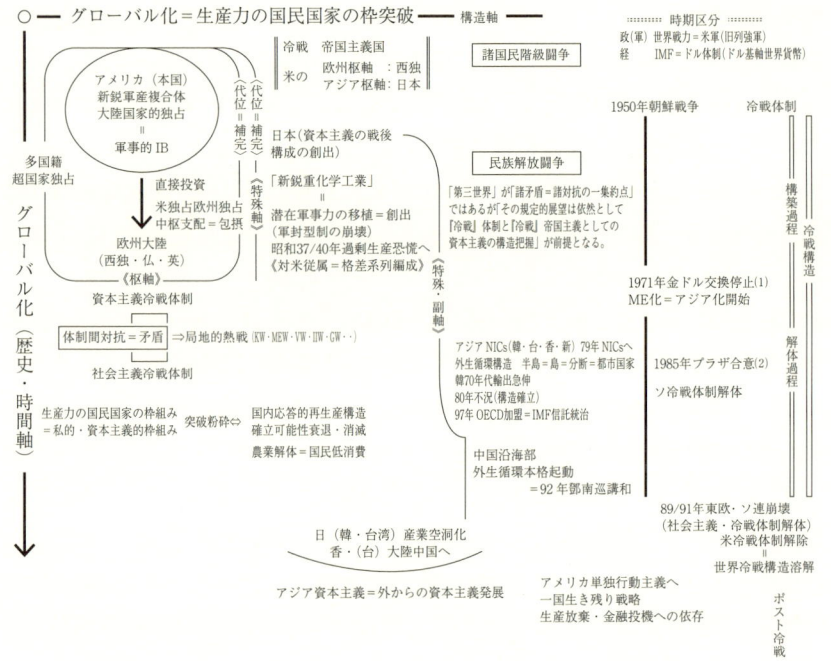

図1-2 アジア資本主義形成――歴史と構造

注）諸資料より作成．

界生産と貿易の大半さえ，単一の独占体の内部関係（企業内分業＝取引）として実現する」ばかりではなく，「在外子会社群からの技術料収取（パテントライセンス・ノウハウ料等）を新機軸」として「独占的＝超過利潤」を得ていった。そしてこの機能を基礎にして，「ライセンス協定，少数資本参加や"共同子会社"の設立や"ライセンス＝共同生産"コンソーシアム」などを通じて，欧州企業「独占体」を支配するようになっていったのである。ヨーロッパにおける集積過程は，アメリカにおける集積過程の従属的な一構成部分にすぎないという関係が生み出され，ヨーロッパ旧列強諸国の資本・製造業は，アメリカの世界戦略の中に組み込まれていったのである。

米ソ冷戦は，常に相手の戦力を上回る軍事力を常備することをアメリカ側とソ連側に要求した。これによって米ソは，原爆・水爆などの兵器製造と原子（力）・電子・航空・ミサイル・人工衛星製造などの「新鋭軍事＝軍需産業」を

国家の総力をあげて創出する必要に迫られた。しかも，この新鋭軍事産業は，鉄鋼や機械産業のような在来重化学工業を基盤としたこれまでの軍事産業ではなかった。その意味は次の2点である。

(1) この産業は，20世紀初頭以来の科学革命の核心である量子力学の成果の応用・利用を前提としていた産業であった。基礎研究，応用・実用化のための研究開発（Research & Development）費用は個別資本，単独企業の資本力をはるかに超えていた。それは，この新鋭軍事産業の雇用者総数に占める研究・技術者を含む職員比率が，43％[10]に達していることからもわかる。さらにこの職員の中での科学者と技術者の割合は，兵器，航空機では45.2％に達している。これにたいして既存の在来産業の職員比率は，金属製品で18.5％，繊維・服飾では10.9％にしかすぎない。この簡単な比較からも，新鋭軍事産業が研究開発コストのかかる産業であることがわかる。次に研究開発費と固定資本投下額を比較してみると，民間製造業全体では，研究開発費が123億ドル固定資本投資総額も121億ドルとほぼ同額であるのにたいして，航空機・ミサイル，電気・通信機械では研究開発費が固定資本投資総額の6.5倍に達している。この研究開発費を民間の個別企業が負担できるはずもない。研究開発費を政府に依存せざるを得ず，政府出資の割合は81％[11]に達している。第2次大戦中に政府が軍事工場を建設・増設し，関連民間企業が受託して経営・運営するという方式（GOCO; Government-owned, Contractor-operated）が，戦争中に生み出されていた。その方式が平時に復活し，さらに手厚い保護政策がかけられることになった。かかった研究・開発費用に製造経費と規定の利潤が上乗せされて，政府の購入価格が決定された（費用償還方式）。当然のことながらコスト競争は無視される。商品である兵器の性能を1％あげるために，コストはいくらかかってもいい，ということになる。

(2) この産業は，ソ連・「社会主義」体制側の戦力に規定されざるを得ず，相手側の戦力に対応した軍事戦略・戦術上の必要性から，商品＝兵器は研究・開発・製造されなければならなかった。とくに1957年ソ連の人工衛星スプートニクの打ち上げと大陸間弾道弾の実験成功は，兵器製造の新鋭軍事産業の重要性を決定的なものとした。核兵器とミサイルが端的に示すように，生産力が一瞬にして破壊されてしまうことが現実となった今，戦争に向かってあるいは

戦争が開始されてから準備を整え産業を動員するというような，これまでの悠長な方法はもはや通用しなくなった。この新鋭軍事産業は，平時には民需，戦時には軍需という戦時動員方式が可能な，したがって肥大化してはいたが曲がりなりにも国民国家内での国内応答的な産業連関をもちうる産業ではなかった。アイゼンハワーが1961年1月離任演説で，「軍産複合体」すなわち新鋭軍事産業の肥大化がアメリカ経済ばかりか社会をも蝕むと憂慮したが，その心配は現実となっていく。戦略核兵器を中核とする軍事支出，国防費はふくれあがった。1950年代の10年間で国防費は4119億ドルに達し，連邦支出に占める割合は59％，また60年代の10年間では1兆2984億ドル割合は46％に達した[12]。無論，それは新鋭軍事産業が一路増大するという単純なものではなかった[13]。新鋭軍事産業が兵器・軍備からアポロ計画のような宇宙開発に重点がシフトするなどの変化はあったものの，この産業のアメリカ経済に占める位置は基本的には変わらなかった。

　こうした軍需関連の産業部門を具体的に担っていたのは，大独占・巨大企業であった。自動車のビッグスリー，鉄鋼のUSスティール，電機のGEやウェスティングハウス，航空機のボーイング，化学のデュポンなどの大独占企業は一般の耐久消費財生産とともに，これらの軍需を経営の柱としていたのであった。その後も，70年代後半民主党カーター政権期の情報・通信機能で核戦略体系を再編・統合する「3CIシステム」[14]，80年代のレーガン・「スターウォーズ」，90年代クリントン政権期のRMA[15]などへと予算配分の力点は変化するのであるが，この新鋭軍事産業はキー・インダストリーとしてアメリカ経済において不動の位置を占め続けた。アメリカ独占体・企業は，繊維・鉄鋼・自動車などの在来産業での無益な国内・国際競争をするよりも，利益が保証されたこの新鋭軍事産業に依存することになる。1980年代以降この産業への政府支出は縮小するが，軍事支出はアメリカ財政を圧迫し続け，財政赤字の元凶となった。

2　アメリカ新鋭軍事産業のヨーロッパへの展開＝超独占体の成立

　この軍産複合体はアメリカ国内におさまっている代物ではなかった。ソ連を盟主とする「社会主義」体制側の軍事力に対抗するために，集団安保体制NATOが創設され，ヨーロッパ各国軍はそのなかに包摂されていく。この包

第1章 アメリカ冷戦体制の構築　19

図1-3　体制＝超独占体・米原子力産業

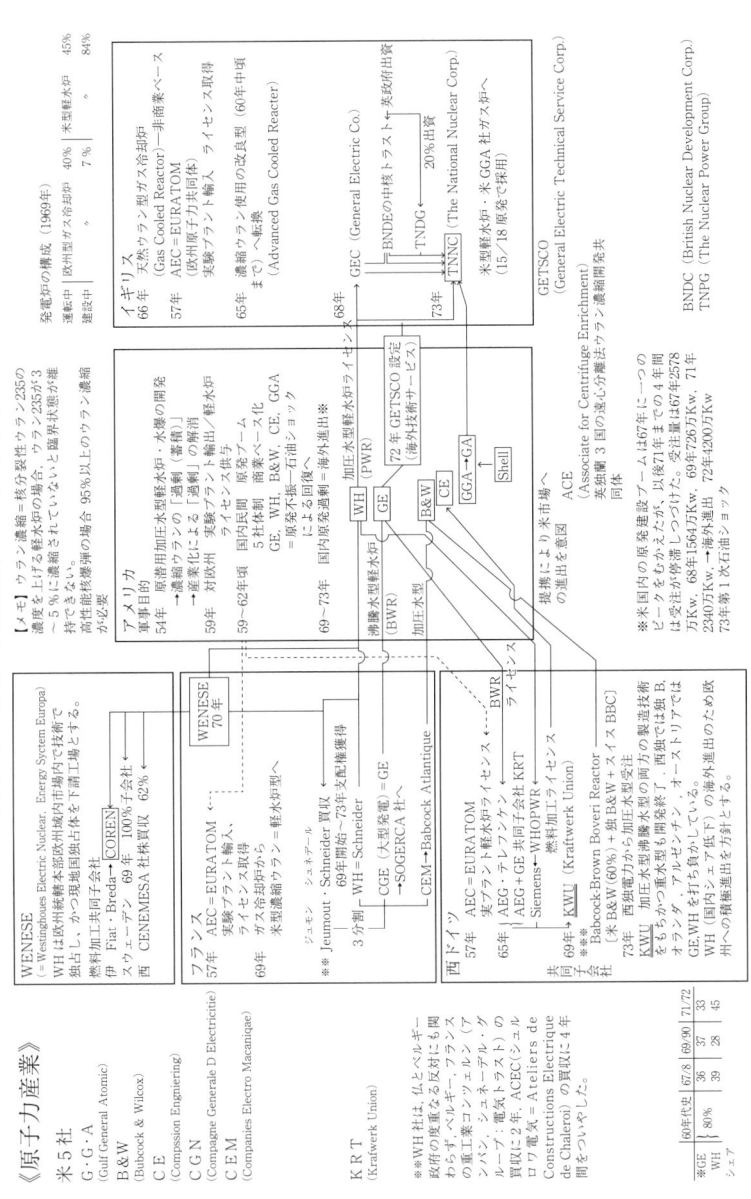

注）諸資料より筆者作成。

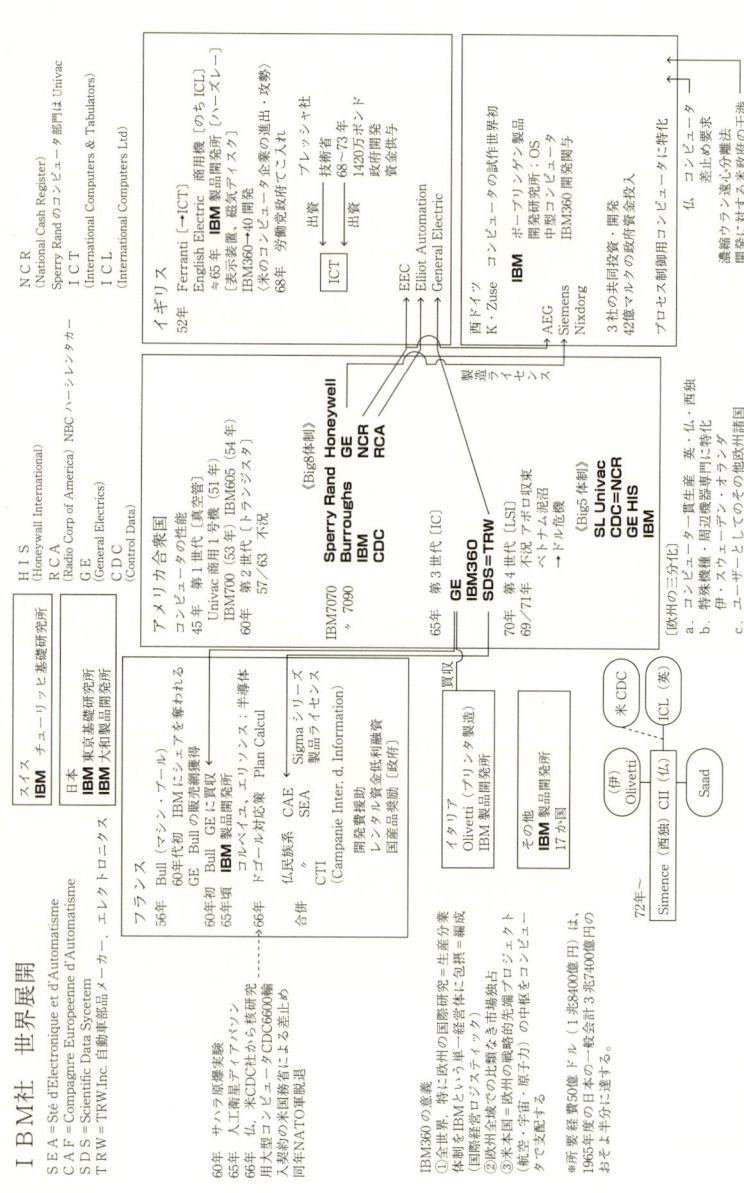

図1-4 体制=超独占体・米コンピュータ産業

注）諸資料から筆者作成。

摂過程はまたアメリカ軍産複合体のヨーロッパ大陸への展開でもあり，欧州独占企業がアメリカ独占体によって飲み込まれていく過程でもあった。アメリカ石油メジャーのヨーロッパへの展開・進出によってエネルギー源の石炭から石油への転換を産業再編の地ならしとしながら，核・ミサイル・航空機の配備によるNATO軍の再編は，そのままアメリカ航空機・ミサイル産業，原子力，コンピュータ産業のヨーロッパへの展開となった。1950年代央から1960年代央にかけての防空警戒装置のヨーロッパ配備は，米・ヒューズ社（Hughes Aircraft－GM子会社）が英・マルコニー社，西独・テレフンケン社，伊・セレニア社など，ヨーロッパ通信産業各社へのライセンス提供による生産という形をとる。のちに，これは6カ国兵器エレクトロニクス独占体を集約・統合するNadgeco（67年）の成立，さらにEutronic Consortium（1970年）へと拡大する。こうした事例は60年代初頭のF104戦闘機のロッキード社やホーク・ミサイルのレイセオン社のコンソーシアムによる支援・共同生産，コンピュータ産業では，同時期の米・GEによる西ドイツ・Siemens社，Nixdorf社をまきこんだ共同開発などなど，航空・宇宙，電気・電子，原子力の各産業で進展した。なかでも米・IBM社のヨーロッパ展開はこうした事例として典型的である。ヨーロッパ（チューリッヒ）とアジア（東京），アメリカ本国（2カ所）に基礎研究所，世界22カ国に製品開発研究所をもち，それぞれの研究所では分野の違う製品開発をおこなう。IBMの「どんな製品，どんな部品をとってみても，同じ分野でならんで研究中のアメリカ本国の一研究所と海外のいま一つの研究所があ（り）……本社は研究開発を海外に依存しきるようになることは全くない。……しかもこうした海外の研究施設は，丁度一人の人間の各関節のように緊密に結びつけられているので現地国がそれらの各部分を国有化したり，国策に従わせたりしようとしてもそれは全く不可能」である。全世界とくにヨーロッパのコンピュータ会社をIBMの傘下に包摂・編成し，国際研究・分業体制を敷き，研究・技術支配にもとづき西ヨーロッパ全域で市場の独占的支配をおこなう。これによってヨーロッパ各国の航空・ミサイル・宇宙，原子力などの先端産業＝軍事戦略を中枢【コンピュータ】で支配する。これらは1950年代後半以降，EEC（欧州経済共同体）の発足（1958年）を契機に，アメリカ企業による欧州企業の買収（直接投資）となって急拡大していく。

以上①アメリカ軍産学複合体の活動が欧州各国の経済循環にとって必要不可欠な構成要素となり，欧州諸国の大独占・企業はアメリカ軍産学複合体の企業内国際分業に組み込まれる。同時に直接投資はアメリカドルによって行われるから，米銀の金融ネットワークにも組み込まれることにもなる。②実体経済＝金融ネットワークに組み込まれた欧州側独占資本・企業は，アメリカ多国籍企業（超独占資本・企業）の支配下に入ることになる。前述のように，この多国籍企業はアメリカの世界軍事戦略と結合している。アメリカ軍はNATO軍であり，各国軍はこれに組み込まれることになり，欧州の国家主権は空洞化（産業ならぬ「政治空洞化」）することになる。そして③在欧州アメリカ多国籍企業は製造をもっぱら欧州側にゆだね，収益の柱をパテント・ライセンス（製造実施権）やノーハウ（実施にともなう技術や経営上の知識）に移していく。米多国籍企業・超独占体の生成であり，欧州独占体・企業を包摂内実化【Concentric Circle（同心円）型Multinational Corporation（多国籍企業）】していく事態が展開する。

IV 欧州とアジアにおけるアメリカ冷戦体制の構築

1 冷戦対抗の所産としてのEC「ヨーロッパ合衆国」の誕生

「冷戦」ということば自体は，ウォルター＝リップマン（Walter Lippmann）の著書のタイトル『冷戦』(The cold war : A study in U.S. foreign policy, 1947) に由来すると思われるが，以来，体制間対抗・矛盾を示す用語として定着した。その起源は，ナチス・ドイツに対する米ソの「奇妙な同盟」関係の中にすでに潜んでいた。だが誰の目にもはっきりとそれが映るようになったのは，米英と旧ソ連の戦後処理をめぐって亀裂が生じた1947年の一連の出来事だろう。1947年のアメリカの「トルーマン・ドクトリン」の発表（3月），モスクワ外相会談の不調（4月），そして「マーシャル・プラン」の発表（6月）である。米ソの対立は抜き差しならないものになっていく。アメリカ・トルーマン（Harry S. Truman）大統領は，1947年3月，ギリシャ・トルコ両国に対する軍事援助を議会に要請するとともに，資本主義陣営諸国に対する共産主義の脅威と闘うことを主張した。これと同時に1947年アメリカのマーシャル（G.C. Marshall）

国務長官はヨーロッパ復興援助計画を策定した。アメリカはこれにもとづき48年から4年間，戦後の復興に必要な物資や資金をヨーロッパ諸国に供給した。そのヨーロッパ側の受入機関が欧州経済協力機構（OEEC；Organization for European Economic Cooperation）である。これに対し，ソ連を盟主とする東側陣営からは，ギリシャにおける反ナチ・レジスタンスの流れをくむ左翼勢力の反政府内戦（1944～49），東欧諸国の「社会主義」化（1944～48），とくに48年2月のチェコ・スロバキアにおける共産党政権の成立など，ソ連・「社会主義」体制の側も西側への浸透・拡大をつよめた。1948年ドイツ占領の米英仏西側3国の通貨改革に対抗して，ソ連はベルリン封鎖を実施した[19]。これに対し，アメリカは大規模な空輸作戦を展開し，冷戦は一触即発の危機を迎え，東西対立は決定的なものとなった。むろんその後展開するアジアの1949年から翌50年にかけての一連の事態も，アメリカの冷戦戦略に大きなインパクトを与えたことは言うまでもない[20]。こうした事態にアメリカは1949年，西側諸国を結集して集団安保体制・北大西洋条約機構（NATO）を発足させた。一方のソ連側も1955年東欧8カ国でワルシャワ条約機構という軍事ブロックを形成し，双方は対決を強めた。冷戦は第2次世界大戦後の主要矛盾として決定的なものとなり，その後この冷戦の論理が世界を染め上げることになる。この情勢，ソ連の「脅威」にたいして陸続きの西側欧州諸国がどう対応するのか，ソ連・「社会主義」体制をどう防遏するのか，が西側ヨーロッパにおける最大の課題となった。

　この事態にたいして第2次世界大戦で交戦した独仏の和解と敗戦国ナチス・ドイツをどう欧州の戦後秩序の中に組み込むかは，当事者・欧州の喫緊の課題となった。しかし，近代以降でも普仏戦争，第1次世界大戦つづく第2次世界大戦と3度の戦争を体験した独仏両国にとって，和解が困難な課題だったことは言うまでもなかった。とりわけ第2次世界大戦中4年以上にわたって，ナチス・ドイツによるパリ占領を体験したフランスにとっては，和解は断じて受け入れがたかった。しかし，米ソ冷戦対抗という主要矛盾はその和解を現実のものにした。1950年5月フランス外相シューマンはヨーロッパ石炭鉄鋼共同体創設を提唱し，翌51年「欧州石炭鉄鋼共同体」（ECSC; European Coal & Steel Community）の6カ国による調印が実現した。この共同体は戦争の火種となった独仏国境地帯の石炭と鉄鉱を国際管理のもとに置き，ドイツとフランスが戦

えないようにする、という不戦の論理を基盤に据えたものであった。フランスにはドイツの経済力を取り込まなければ西欧の経済復興は難しい。またドイツには東側がふさがれた今となっては、かつて侵略した欧州の中で生きていくために、欧州諸国との関係を何としても修復しなければならない、という願望があった。EU創設の基礎となった独仏和解は、こうした独仏の思惑が一致したものともいえよう。いずれにしても独仏不戦の精神は今日のEUの根幹をなしている。この仕組みの核心は、不可侵とされてきた国家主権を部分的にしばり、それを超国家機構に委ねるところにある。この方式はその後、「ヨーロッパ経済共同体」（EEC; European Economic Community）と「ヨーロッパ原子力共同体」（EAEC; European Atomic Energy Community）の創設（いずれも58年1月1日に発効）へと進み、1967年「欧州共同体」（EC; European Community）として一本化された。これらの機構はアメリカの対ソ世界戦略、その核心にある新鋭軍事＝宇宙産業のヨーロッパ展開の受け皿でもあった。

　こうした方向に西側欧州が進み始めたのは、たしかにソビエト「社会主義」の浸透阻止があるが、その根幹にはもう一段の深い理由があった。今では考えにくいことだが、第2次世界大戦が終わったとき、世界の大部分の地域で、もちろんヨーロッパでも、資本主義はすっかり信頼を失っていた。1930年代の大恐慌、失業者の増大、そして第2次世界大戦の破壊・混乱と貧困は資本主義の構造的欠陥と認識され、不況の克服、完全雇用の実現は喫緊の課題であった。こうした中、大恐慌の影響を受けなかったソ連型経済モデルは名声を高め、西側諸国への浸透圧力はいやが上にも高まっていた。この圧力が、資本主義体制維持のために独仏和解を実現させ、ヨーロッパを国民国家の止揚という大実験に向かわせたのである。西側欧州各国はソ連の経済的圧力に対抗し成長を維持するために、市場に深く食い込む〈規制と統制〉の経済政策を実施することを余儀なくされた。それを各国ごとに述べれば以下のようになる。

　フランスは資本主義でも社会主義でもない「第3の道」をめざし、「混合経済」を政府が志向した。政府が経済の操縦桿をしっかりと握りしめ、官僚は経済への統制と介入を強めた。国家計画主義（diregisme; ディリジスム）・国家管理主義（etatism; エタティスム）という二本柱（再配分型ケインズ政策）を持つド・ゴール主義は、1983年まで継続した。この間のフランスの経済政策の基本

は，「大きな政府」による①大規模な国有化と②嫌米主義と言ってよく，事実，戦後まもなくの1946年1月には電気・ガス・鉄鋼・鉄道・航空などの基幹産業と中央銀行と4大銀行を国有化している。

　一方隣国西ドイツでも経済政策の基本は「相対的経済操縦」という一種のケインズ主義であった。敗戦国ナチス・ドイツに対する連合国の占領方針は軍事力の基盤となった重化学工業の解体であった。工場設備の撤去・解体は当初10億ドルとみなされていた。しかし1947年前半の情勢，すなわちモスクワ4国外相会談の不調（2月），トルーマン・ドクトリン発表（3月）とマーシャル・プラン（6月）による欧州復興計画は，対ソ・冷戦最前線に位置する西ドイツの役割をいやが上にも高めた。西ドイツの復興は資本主義体制擁護の要となったのである。マーシャル・プランによる新鋭機械設備等の導入によって旧設備の廃棄が進行した。もっともドイツは第1次世界大戦後の復興過程で外資（とくにアメリカ）導入によってアメリカの新鋭機械・技術のほか，テーラーの「科学的管理法」やフォードの「コンベヤー・システム」が積極的に採用され，すでに導入の素地ができていた。これと同時に，第2次世界大戦期の生産設備の被害が比較的軽微で，生産は1949年には1936年の水準にまで回復していた。これに加えてアデナウアー（1949年）からエアハルト（1963年）までの歴代政権は「総体的経済操縦」のもと，財政政策による効果的な需要操作を行った。こうした「ケインズ主義的福音」が存在し，それが有効に機能し，「ラインの奇跡」といわれる急速な経済復興・成長を，西ドイツは成し遂げたのである。

　政治状況においても革新の社会民主党（SPD）も1959年の「ゴーデスベルグ綱領」で，「できる限りの競争，必要な限りの計画」を原則とする方向に政策を転換した。政権の交代や合同がありながらも「安定的」政治状況の下で，物価の安定と西ヨーロッパ随一の国際競争力を背景とした輸出を武器に，西ドイツは経済成長を維持した。「ラインの奇跡」である。これを基盤として西ドイツは，社会保障も行きとどいた，企業も労働者を重視する「ライン型資本主義」を作り上げたのである。

　欧州大陸からドーバー海峡で切り離されてはいたが，イギリスでも第2次世界大戦後の復興とソ連・「社会主義」体制の防遏・資本主義体制の維持は，最重要課題となっていた。終戦直後にはアダム・スミスがいう「社会の利益を追

求するより，自分の利益を追求する方が，社会の利益につながる」という見方に疑いの目が向けられ，自己利益の追求が積み重なれば，不公平と不平等が生まれるという考え方が，世間の大勢となっていた。特にロバート・オーエンや[21]フェビアン協会[22]以来の伝統をもつイギリスでは，そうした考え方が大戦中から主流となり，1946年の総選挙で大勝したイギリス労働党は，かねてからの主張であった「基幹産業の国営化」を実施した。イングランド銀行・石炭・電気通信・ガス・鉄鋼などを公社化し，7大産業を国有化した。同時に，徹底した社会保障制度を実施し，労働組合の活動も保護し完全雇用の実現をめざした。国民すべてに「ゆりかごから墓場まで」最低生括を保障する徹底した社会保障を実施したのである。

「1944年から76年までの期間のイギリス政府のマクロ経済政策枠組みは，国内的には経済の成長と完全雇用を目標とするケインズ主義的需要管理政策であった。他方，対外的な規律として，IMF（国際通貨基金）固定相場制の対ドル為替平価を守るための国際収支の均衡も重要な政策目標であった。両者はしばしば衝突を繰り返し，拡張的財政・金融政策による内需の拡大が経常収支の悪化をもたらすたびに政府は景気抑制策（ストップ）に転換し，経常収支が改善に向かうと再び景気刺激策（ゴー）を採るというストップ・ゴー政策が繰り返された。こうした不安定な政策の結果，イギリス内の投資は阻害され，経済の相対的低成長にさらに拍車がかかった」[23]。事実1950年時点で，英7.93ドル・仏5.82ドル・独3.99ドル（1時間当たりGDP，1990年価格米ドル）と3カ国中もっとも高かったイギリスの労働生産性は，1973年には英15.92ドル・仏17.77ドル・独16.64ドルと3カ国中最低になった。同期間の伸び率も独3.8倍・仏3.1倍に対してイギリスは2倍[24]にしか伸びなかった。イギリスは19世紀末から①貿易収支の赤字を，②サービス収支の大幅黒字と投資収益によって補填しながら，③得られた経常収支黒字を対外投資に振り向ける（資本流失）という政策をとっていた。しかし1960年代に入ると国際決済通貨としてのポンドの力は弱まり，1963年からはサービス・投資収支の黒字が貿易赤字を補填できなくなり，経常収支も赤字へと転落した。1968年から1972年の間では経常収支は黒字を回復するものの，1973年以降には再び赤字に陥ってしまった。1967年には1949年以来1ポンド＝2.8ドルであった為替レートは，1967年には1ポンド＝2.4ドルへ

と下落し，イギリスの凋落はだれの目にも明らかになっていった。

　こうした労働党政権下での経済の停滞は，1970年6月ヒース保守党政権の誕生となった。1971年のニクソン・ショックと続く1973年のオイルショックは，ポンド下落の輸入物価上昇とあいまって25％のインフレーション（1975年）を引き起こし，「スタグフレーション」の波にイギリスは飲み込まれていった。とりわけオイルショックによって引き起こされた週3日間操業による石炭・電力の供給減少は，1974年の炭鉱労働者の全面ストライキへと発展し，「混合経済」は徹底した批判を浴びることになった。イギリス経済の病巣は国有企業と労働組合の癒着にある。ケインズ流の需要管理によって完全雇用を目指すのではなく，通貨供給量を安定させてインフレを抑制すべきである。こう主張するマネタリストが勢いを得ていった。こうして鉄の女・サッチャー登場の舞台装置は完全に整った。

2　アメリカの兵器廠としての日本の重化学工業化

　冷戦劇の舞台は暗転して，1幕2場の舞台が始まる。1幕1場は欧州だったが，照明に浮かんできた舞台はアジアだった。1場に比べれば幕間の寸劇かもしれない。しかしソ連の原爆保有，中国革命の成功，中ソ友好同盟相互援助条約の締結という1949年9月から50年2月までの半年間の一連の出来事は，アメリカに戦略の全面的検討を強いることになった。それはNSC-68という冷戦体制構築の確固たる方針・国家政策へと結実していく。朝鮮戦争（1950年6月）[25]が勃発し，現実が戦略構想計画を追い越すという事態が起きた。アメリカは，対「社会主義」・対ソ戦略上必要となる利用可能な軍事力の基盤＝工業生産力をアジアに造りだす必要に迫られた。日本をアジアの兵器廠にする方針が決定されたのである。国内の消費と産業連関からではなく，アメリカの世界戦略に合わせた商品を，必要な時に必要な量だけ生産せねばならぬ，という「至上命令」が日本に下された。日本はアメリカの一次産品ならぬ工業製品の産出国という役割を担わされることになる。戦前植民地の一次産品のモノカルチャーならぬ工業製品の「加工モノカルチャー」が日本に押し付けられることになった。しかしながら，太平洋戦争中に消耗し，世界の技術から切断されていた戦前水準の重化学工業の内容では，とうていアメリカの世界戦略に必要な工業製品を，

量的にも質的にも生産することはできなかった。生産設備，資源・原材料，技術の全面的な対米依存，アメリカからの「移植」によって，戦後日本資本主義は外から立ちあげられていくことになる。もちろん日本政府も協力は惜しまなかった。1955（昭和30）年以降1960年代半ば頃までのほぼ10年間に，アメリカの世界戦略に沿った重化学工業が日本に移植され，戦前水準を超越した「一個の巨大システム」としての「新鋭重化学工業」が創出された。[26]

　以上のようにして創出され，一応の構成を整えた戦後日本資本主義は大きくつまずくことになる。そのつまずきは，1962（昭和37）年〜1965（昭和40）年の「不況」，過剰蓄積＝過剰生産恐慌となって現れた。企業の倒産，農業の解体開始であった。1961年7月の株式大暴落に始まった恐慌では，独走的な発展を遂げつつあった鉄鋼業がまずつまずき，その後機械工業ならびに合成繊維工業が「過剰」生産恐慌に陥った。1962年に1779件あった企業倒産件数は，1965年には6114件へと激増し，負債総額は5624億円に達した。中小企業の倒産はいうにおよばず，1964年から65年にかけては日本特殊鋼，山陽特殊鋼などの大企業・独占資本が倒産した。1965年5月には山一証券の経営が破綻し，これに対して日銀の特別緊急融資があてられた。これは昭和恐慌以来のことであり，このことが，1965年「不況」がいかに深刻なものであったかを物語っている。

　この「不況」は，1955年以降1960年代前半の新鋭重化学工業，とくに鉄鋼業の一挙集中的創出から本格的稼動へと局面が展開するにつれて，内向きのいわば閉じた循環が外に向かって，産業連関の波及が開始されるとともに，過剰が恐慌となって噴出したものである。創出期には「比類ない『内部循環』の展開を通じて創出を見た新鋭基幹（重化学工業）の設備能力は，……それに応答的な循環と蓄積の軌道を形成したといえず，それを新たに形成してゆくにあたっての過剰としてまずあらわれた」[27]わけである。重化学工業関連部門内部だけでの高蓄積・高成長。在来の中小零細企業・資本がになう，消費財生産関連部門との産業連関を欠いていたがゆえになしえた高蓄積・高成長は，そこで立ち往生することになる。さらに農業解体もすすんだ。かくして「循環の問題」は「構造の問題」「過剰の問題」に転化し，戦後の「全機構的な制約」は，1965（昭和40）年「戦後最大の構造的不況」，「過剰生産恐慌」として現出したのである。

この過剰生産恐慌の乗り切りは，大型合併による巨大独占資本の強化，公共投資を中心とした内需拡大と輸出にゆだねられたが，結局日本資本主義は，朝鮮戦争につづくアジア民衆の呻吟によって，この「苦境」を乗りきった。1965年2月，アメリカ帝国主義は北ベトナムへの北爆を開始し，ベトナム全域への直接的，本格的な軍事侵略を開始した。アメリカの軍事支出の膨張は，低迷しつつあった資本主義諸国の経済に「活力」を与えた。アジアの兵站補給基地としての日本は，その「恩恵」を最大限に「享受」して1965年から70年代初頭の時期に，朝鮮戦争の特需景気に続いて，再度の高蓄積を果たした。この時期に日本の鉄鋼と造船は，資本主義世界の生産増加分の約半分を，電気電子は同じく9割を占めた。

　アメリカのアジア戦略の必要に応じて移植＝創出され培われた製造業は，アメリカによる戦略物資の調達補給という「好機」を利用して，生産と輸出を伸ばした。1952年頃から拡大し始めた輸出は，1955年20億ドル，1960年41億ドル，1965年85億ドルと倍々と増加した。ベトナム戦争にアメリカが深く介入する1965年以降71年までの6年間に輸出額は2.8倍の増加を示し，233億ドル（71年）に達した。特にこの時期は輸出と設備投資が相呼応する関係で進み，同時期の民間固定資本形成も，同じく2.8倍に達した。こうして輸出に牽引されて景気は拡大を続けた（「第2次高度成長期」1965年から1971年）。朝鮮戦争時の「神武景気」以上の「いざなぎ景気」の到来を，ベトナム戦争は日本資本主義にもたらしたのである。このようにして，61年以降顕在化しつつあった過剰は，ベトナム特需というアジア民衆の呻吟と引き換えに解消され，この結果貿易収支の赤字は消え，65年以降貿易収支の黒字基調が定着することになる。これ以降，日本資本主義はアメリカの敷いた冷戦体制に全面的に身をゆだね，輸出を機動力とする飛躍的な発展の道，舗装された「高度成長」の道を爆走することになる。日本国の運命が冷戦体制の運命に重ね合わされ，この国はその消長に振り回されつづけることになる。戦後再編の要としての「過剰」の問題は，輸出問題に，対米依存に集約されていくことになる。

　以上，第2次世界大戦後の世界の生産力は，アメリカ軍産学複合体がその中枢を掌握（超独占体＝体制的独占）し，アメリカ本国をコアにして多国籍企業の形態をとってヨーロッパへ，そして加工モノカルチャーの形をとって日本へ

と展開することになる。多国籍企業の生産活動が各国の経済循環にとって必要不可欠で決定的な要素となり，生産にかかわる資本・技術は国境を超えた多国籍企業によって統括されることになる。ヨーロッパや日本の企業はその傘下に入ることを余儀なくされたが，この多国籍企業の活動は同時にアメリカの政治＝軍事戦略と結合していたから，日本やヨーロッパ諸国は，アメリカに政治＝軍事的にも従属することになった。無論資本ばかりでなく労働者階級も再編成が求められ国際的にも統合されていくことになる。こうして世界資本主義は，冷戦体制下，多国籍企業（超独占体）のもとで，総供給・総生産がコントロールされることになった。私・国家的独占資本主義を包摂した体制的独占資本主義のもとで，統制・規制されていくことになる。ケインズ主義の冷戦時代の世界版ともいえる統制・規制体系（「世界ケインズ主義」）が資本主義世界にしかれた。国家独占資本主義のもとでは一国政府の「管理下」におかれた「統制・規制」の体系が，今度はアメリカという擬制的「世界政府」のもとに置かれることになった。

(1) 山田盛太郎「戦後再生産構造の基礎過程」（『山田盛太郎著作集』第5巻，岩波書店，1984年，36頁）。
(2) 第2次世界大戦後の世界は，グローバルな階級対抗（「社会主義」対資本主義という体制間矛盾）に規定され造形されていった。アメリカと対称的な位置にいたソ連邦も対米対抗のために，いわば「冷戦（「社会主義」）体制」を構築した。第2次世界大戦後の世界を統一的整合的に理解するためには，分析は両方の体制にたいしてなされるべきであろう。これは第3章で述べる。
(3) 1948年時点での世界の公的金準備保有総額は30,183トンで，このうちアメリカ保有分は21,682トンである。The World Gold Council Homepage, http://www.gold.org/investment/statistics/reserve_asset_statistics/（11/12/21）
(4) 米国の対外援助に関する長期データは，次を参照。USAID (United States Agency for International Development) Homepage, http://gbk.eads.usaidallnet.gov/data/detailed.html（2012/05/06）
(5) 1950年代では商品貿易黒字額の84%，60年代では同じく87%に達した。
(6) U. S. Department of Commerce, *Survey of Current Business*, Oct. 1972, 27; Jun. 1986, 42.
(7) 戦後このケインズ政策が，ケネディ政権時に，経済政策として再版され主柱として立てられた。これを萩原伸次郎は「軍事ケインズ主義」「階級基盤としてのケインズ連合」の成立，と述べている（萩原伸次郎『アメリカ経済政策史―戦後「ケインズ連合」の興亡』有斐閣，1996年）。

⑻　U. S. Department of Commerce, Bureau of Economic Analysis, *Selected Data on U.S. Direct Investment Abroad, 1950-76* (Washington February 1982), pp.1-76.
⑼　南克巳「戦後資本主義世界の再編の基本的性格」(『経済志林』第43巻第2号，1975年7月，86–87頁)。
⑽　1963年のアメリカ民間製造業のデータ。南克巳「アメリカ資本主義の歴史的段階」(『土地制度史学』第47号，10頁) 第1表から計算・算出。
⑾　同上，11頁，第2表から計算・算出。ちなみに在来重化学工業は23%，繊維産業では10%である。
⑿　毎日新聞社『1996年米国経済白書』毎日新聞社，週刊エコノミスト臨時増刊，1996年4月22日号，274頁の表から算出。
⒀　1960年代末から70年代初頭にかけて，ベトナム戦争末期通常兵器への需要が高まると，ロッキード，ボーイングなどの航空・宇宙産業は深刻な危機に見舞われ，下請・中規模経営も深刻な事態に陥った。
⒁　3CI: command-control-communication-information system：指揮・管制・通信・情報システム。このシステムは1962年のキューバ危機を契機として作成・運用が開始されたアメリカ軍のグローバルな命令・制御のシステム (WWMCCS; Worldwide Military Command and Control System) の改良版である。このシステムは，メインフレーム・コンピュータによって警告，通信データの収集，処理，意思決定を行うシステムで，アメリカ軍の主要戦略システムであったが，1996年にインターネットベースのGCCS; (Global Command and Control System) に置き換えられた。Globalsecurity.org Homepage, http://www.globalsecurity.org/wmd/systems/wwmccs.htm (2011/11/19)
⒂　RMA; revolution in military affairs：軍事における革命。1995年ウイリアム・オーウェンス統合参謀本部副議長 (当時) が論文で発表した。無人偵察機，衛星を使って戦場情報を収集し，精密誘導兵器などで攻撃するという戦術。湾岸戦争ではじまり，ユーゴ空爆で本格的に実践された。The RMA Debate Homepage, http://www.comw.org/rma/ (2011/12/01)
⒃　アメリカ独占の第2次世界大戦後の対ヨーロッパ進出・展開の必然性＝経済原理を北原勇は次のように述べている。「現地での直接生産は，運輸コストの節約をもたらすほか，現地で開拓される需要の量・質をヨリ的確に把握し，それに適応した有効な『販売努力』を行いつつ適切な生産と有利な価格支配を行うことができるので，相手国での市場開拓を有効に行い，そこで市場独占をヨリ安定的に維持するうえで，単なる商品輸出よりも有利性をもっている」(北原勇『独占資本主義の理論』有斐閣，1977年，347頁)。戦後アメリカの対欧投資を子会社経営でみると，その特徴は〔全欧的な生産ネットワークの独占＝国際経営ロジスティクス〕による〔科学技術独占＝ロイヤリティ収取〕にある。
⒄　Christopher Tugendhat, *The Multinationals* (London, Fyre & Spottiswoode, 1971), p127.
⒅　IBM360シリーズの開発費は50億ドル (1兆8000億円) にのぼったという。その額は日本の1965年歳出総額3兆7000億円の48%に達する。一企業の製品開発費が国家歳

⒆　直接のきっかけは「通貨改革」だが、ソ連側の目的は東ベルリン市民の西ベルリンへの人口移動・流失を阻止することであった。ソ連占領軍の東西ベルリンの交通遮断は1948年6月24日から1949年5月12日まで続いたが、その後はベルリン市内の東西の往来は比較的自由であった。事実6万人程度の東ベルリン市民が西ベルリンに通勤していた。以降毎年10万人程度の東側ドイツ人が西側へと移住し、その4分の3がベルリンを経由していたという。この人口流失を阻止するために、東ドイツ当局は1961年8月13日にベルリンの壁を建設した。

⒇　1949年10月1日中華人民共和国の成立。1950年2月中ソ友好同盟相互援助条約締結。同年6月25日朝鮮戦争勃発。

㉑　Owen, Robert (1771-1858) は空想的「社会主義」者で協同組合運動の創始者。労働者の生活や労働諸条件の改善を試みた。スコットランドのニュー・ラナークでの大紡績工場の設立、さらには、北米における理想社会「ニュー・ハーモニー村」の建設は有名である。

㉒　Fabian Societyは1884年に設立されたイギリスの「社会主義」団体で、バーナード・ショーやウェッブ夫妻らが指導した。彼らは国民を説得することにより、政治制度の民主化や産業の社会化を通じて漸進的な「社会主義」をめざした。

㉓　田中素香・長部重康・久保広正・岩田健治『現代ヨーロッパ経済』有斐閣、有斐閣アルマ、2001年、290頁。

㉔　Angus Maddison, *Monitoring the World Economy 1820-1992* (OECD, Paris 1995), p.249. Table J-5 より算出。

㉕　National Security Council Homepage, http://www.fas.org/irp/offdocs/nsc-hst/nsc-68.htm (2012/07/06)
　「それは共産陣営との"全面戦争"に備えるために……西側同盟国の軍事力増強と並んで、アメリカ3軍の軍事力を大幅に拡大しようとするもので、ソ連の核兵器が抑止力を発揮する54年までに、国防費の予算規模を平時の130億ドル台から一挙に350〜500億ドルに引き上げることを想定していた。」大蔵省財政室編『昭和財政史3　アメリカの対日占領政策』東洋経済新報社、1976年、450頁。

㉖　「戦後段階＝再編の第2階梯」＝「戦後重化学工業段階」（第1次高度成長期：1955年〜1961年）の成立である。この重化学工業に関して山田盛太郎は「潜在的軍事産業」という規定をあたえた。「潜在的軍事」という意味は、製品が直接・間接に軍需品に関わるということもさることながら、この産業が通常の資本主義の蓄積を越え、しかも冷戦下での対ソ対抗のために米・日によって外・上から強力に構築された、という意味である。朝鮮戦争でもベトナム戦争でも、この産業がいかんなくその役割を発揮したことを見れば、その含意を理解できよう。さらにここではその規定に重ね重化学工業に「新鋭」という語を冠した。それを冠したのは、この重化学工業が、アメリカの最新の、産業化されていなかった技術の導入によって、アメリカ水準の重化学工業を超えている、ということを表すためである。例えば中核となった鉄鋼業でいえば、開発・実用化されてはいたが、米国内にまだ設備されていなかったLD転炉が日本に導入・設備された。しかも生産ラインに制御機器（メインフレーム・コンピュー

タ）としてIBM社製IBM360/M40（1968年稼働）が接続され，生産がコントロールされたのである。これが「新鋭」を冠した理由である。ポスト冷戦，冷戦体制の全生涯が語れる今となっては，その「新鋭」にもう一段の意味がこめられることになる。それはこの重化学工業の「新鋭」さが，生みの親・アメリカを突き崩していった，ということである。繊維からはじまるが，鉄鋼で本格化し，アメリカ的生産・生活様式の中核である自動車，そしてハイテク産業の代表である電気・電子と，この「新鋭」さがアメリカの既存在来の産業基盤を崩し，アメリカ産業の空洞化を決定づけていく。その後生産基盤がアジアNICsさらに中国へとシフト・集積（「アジアの工場化」「生産のアジア化」）していくにつれて，それは日本も突き崩していく。日本の「産業空洞化」である。

⑵⁷　南克巳「戦後重化学工業段階の歴史的地位」島・宇高・大橋・宇佐美編『新マルクス経済学講座5，戦後日本資本主義の構造』有斐閣，1976年，99頁。

⑵⁸　1961年農業基本法，1963年中小企業基本法，1964年度予算に2590億円の赤字国債計上。1966年度予算での建設国債の発行。

⑵⁹　第2次世界大戦後，マーシャル・プランを支持して，イギリス労働組合会議（TUC：The Trades Union Congress），アメリカ労働総同盟（AFL：American Federation of Labor）や産業別組織化委員会（CIO：Committee for Industrial Organization）などが中心となって，1949年結成された国際自由労連（ICFTU：International Confederation of Free Trade Unions）がそれである。国際自由労連は，規約では，労働組合組織の諸権利の承認，自由な労働組合の設立・維持・発展，全体主義その他の反労働者的勢力に対する自由な労働組合の防衛，全体主義あるいは帝国主義的侵略に対する世界民主主義と国家的自由の防衛など，16項目の目標を宣言している。しかし創立後の実際の活動では，反ソ反共の立場に立ち，西側資本主義体制の防衛とNATO（北大西洋条約機構）などの軍事同盟を支持し，労使協調の立場から生産性向上運動にも協力した。

第2章　冷戦体制の揺らぎ

I　IMF＝ドル体制の解体のはじまりと世界インフレ
　　──通貨・金融面＝需要面

　アメリカはIMF・ドル体制のもとで，「社会主義」体制の防遏・資本主義体制維持の政策を推進した。「社会主義」の浸透しやすい地域の経済的復興と安定がもっとも重要となるわけであるが，防遏のために資本の直接投資や軍事・経済援助（借款・贈与）が当該地域に投下され続けた（図1-1参照）。ドルは欧州を中心にしてアメリカ以外の国・地域に堆積(たいせき)していった。しかもアメリカは資本主義体制を維持するために朝鮮戦争（1950〜53年），そしてベトナム戦争（1964〜1975年）に戦費をつぎ込み，世界中に軍事・経済援助をばらまいた。ベトナム戦争には，少なくとも1965年から1971年の間に1500億ドル，間接経費も含めれば2400億ドルもの戦費がつぎ込まれた，という。当然この事態は「移転収支の赤字」となってアメリカの国際収支に反映されることになる。1951年18.4億ドルで始まった戦後初めてのアメリカ経常収支赤字は53年12.3億ドル，59年戦後3度目の経常収支赤字は12.9億ドルに達し，ドル不安はますます高まった。1960年秋にはドルの金への交換ラッシュが始まり，金の市場価格は1オンス＝40ドルを超えた。その原因は，アメリカの国際収支悪化によって金の流出が増え，アメリカの短期ドル債務残高（＝海外公的機関の保有する短期ドル債権持高）がアメリカの金準備高を追い越したためである。金の流出が加速し，国際基軸通貨としてのドルの信認は揺らぎ始めた。
　アメリカは通商拡大法の制定，バイ・アメリカン＝シップ・アメリカン政策，利子平衡税，海外投融資の直接規制などのドル防衛を実施して，ドル不安に対処しようとした。しかしドル危機は，1960年代の数次の多面的な防衛策によっても潜在化し，基本的には克服されなかった。1967年には，海外の保有ドル短

期債権358億ドルに対して，アメリカの金準備高は121億ドルとなり，事態は深刻になっていった。

　1968年3月に発生したゴールド・ラッシュは，ヨーロッパ諸国のドル不安の端的な表れである。つとに嫌米家として知られるフランス，ド・ゴール大統領は1958年大統領に就任すると，ニューヨーク連銀に預けてある自国保有の金を引き出してフランスに持ち帰るよう中央銀行に指示し，保有していたドルのほとんどを金に交換するよう米国に迫った。実際1957年，戦後最低水準の516トンのフランスの公的金準備は，1962年には2299トンへと積みあがった。さらにド・ゴールは1965年2月戦後体制立て直しの重要提案を行い「金本位制に戻り，新国際通貨を設けよ」(6)と主張した。基軸通貨国であるアメリカは，経常収支が赤字になってもドルを自国に還流させることによって赤字を穴埋めすることが

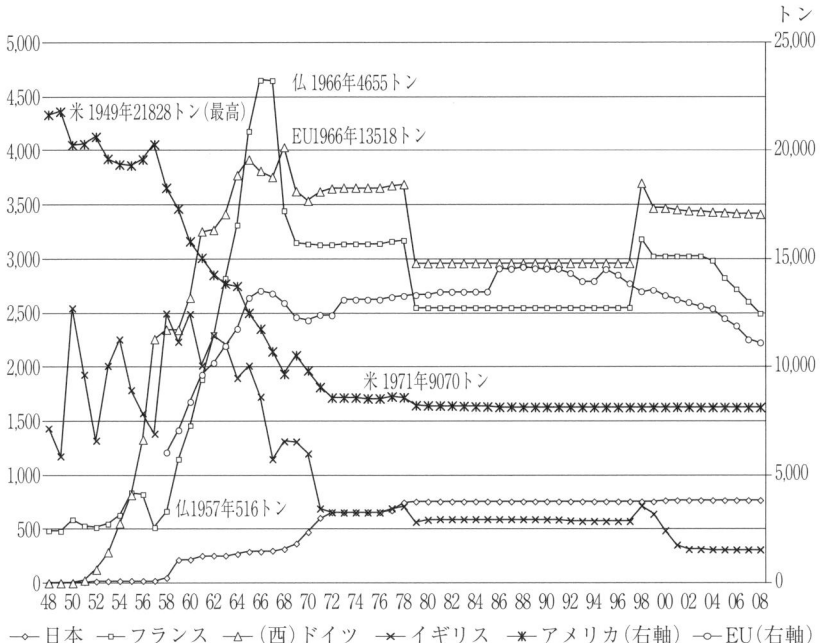

図2-1　各国等の公的機関の金準備高

注）WGCによる算出。
出所）The World Gold Council Homepage, Gold reserves, tones, 1948-2008, major official gold holders, http://www.gold.org/investment/statistics/reserve_asset_statistics (2013/01/30)

できる，と批判したのである。フランスの公的金準備は1966年には戦後最高水準の4655トン(7)へと積みあがった。ド・ゴールの「金戦争」である。

これに追い打ちをかけるかのように，イギリスも手持ちのドルを金と換えるよう求めた。1971年8月13日金曜日の朝，ニューヨーク連邦準備銀行外国為替課からワシントンの財務省に次の急報が飛び込んだ。「英国が30億ドルにのぼる手持ちドルと引き換えに金を要求してくる(8)」。もう待てない。ワシントン郊外のキャンプデービットにニクソン大統領と15人の顧問が急遽集められた。ニクソンは，土曜日に演説原稿の草稿を練り，アメリカ東部時間15日，日曜日の夜のゴールデン・タイムに「金・ドル交換停止」を発表したのである(9)。固定為替相場制は，為替の変動幅をやや大きくとるスミソニアン体制(10)をへて，1973年には完全変動相場制へと移行した。このニクソン・ショックは，国際的な基軸通貨＝ドルへの信認が揺らぎ始めたシグナルである。欧州各国は外国為替市場を閉鎖し，変動為替相場制（フロート）へ向かった。ドルを自国通貨へ交換したときに生じる為替差損を防ぐためである。こうしてIMF＝ドル体制の機能は「ゆらぎ」はじめた。

冷戦体制構築，対「社会主義」体制封じ込めの道具立て（軍事・経済援助と投資）だったIMF＝ドル体制は，金・ドル交換停止によって資本主義体制をむしばむウイルスに転化しはじめた。堆積ドルは有利な投資先を求めて世界中を徘徊することになる。世界的な過剰ドル（プレトラ；浮動貨幣資本），ドルあまり現象が起きはじめたのである。1971年以降，外国為替銀行にある預金残高（＝ドル持高）は常に為替リスクにさらされることになった。アメリカの国際収支が赤字であれば，アメリカ以外の国・地域にその分の黒字が存在することになる。固定相場制の時代のように，ロンドン金市場でドルを価格の安定していた金に交換する。あるいは利子を目当てとしてアメリカの証券を購入するなど，ドルの価値維持のための手立ては有効性を失ってしまった。ドルのインフレーションがはじまったのである。

こうして「金」という錨を失ったドルは，アメリカ自身の管理を離れて，世界中を徘徊することになった。まがりなりにも「金とドルの兌換」がある間，抑えられていたインフレーションは，その後悪化の一途をたどることになる。アメリカ本国以外のドル資金の主な滞留形態であったユーロ・ドルでそれ

第2章　冷戦体制の揺らぎ　37

図2-2　第2次世界大戦後の蓄積―軍事インフレ（消費者物価）

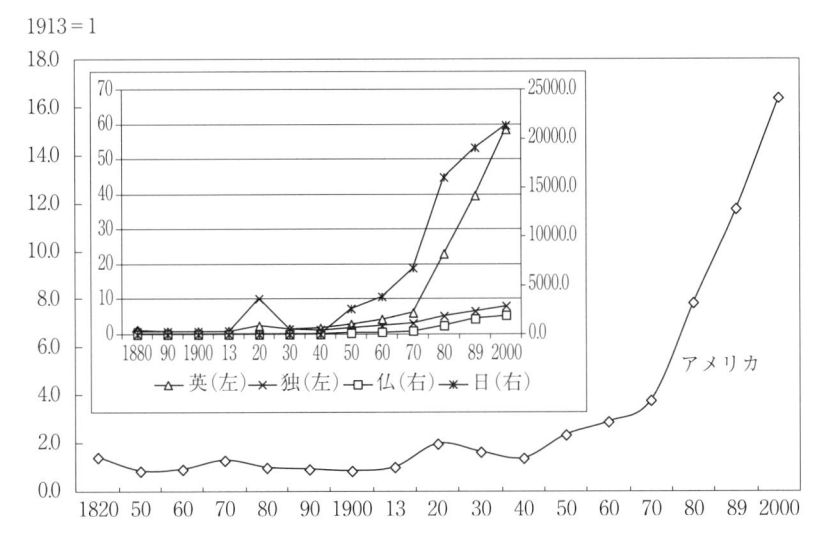

注）下記資料から作成。
出所）(1) Angus Maddison, *Dynamic Forces in Capitalist Development* (New York, Oxford Univ. Press, 1991), pp.295-307.
(2) International Financial Statistics Database and Browser CD-ROM (Washington, 2006).

を見ると，次のごとくである。1970年約1130億ドルであったアメリカドルを中心としたユーロ・カレンシーの市場規模は，10年後の1980年には13.5倍の1兆5250億ドル，1990年には4兆9386億ドルへ，さらに2000年9月には11兆ドルへと膨らんだ。現在では「世界のドル保有高は『快適でない水準』に達し」ている，とボルカー元FRB議長は警告を発している。その測定は容易ではないが，ISDAによれば，CDS利子デリバティブ，エクイティ・デリバティブの想定元本（Notional Amount）は2009年末には426.8兆ドルに達している，という。これはドル世界のインフレーション，アメリカ以外のドル体制につながった国・地域の犠牲，アメリカによる金融的収奪を意味する。

図2-2は，過去約200年間のインフレーションの進行する様子を，主要各国の消費者物価で表したものである。金本位制が機能していた1913年まで各国の物価は安定していた。金本位制が崩壊した二つの世界大戦の時代でさえも，第2次世界大戦後と比較すれば，一時期のドイツを例外として，上昇率は2から

2.5倍の範囲に収まっていた。ところが1950年代以降物価は上昇に転じはじめ，特にIMF・ドル体制の解体がはじまった1970年代以降，物価は急上昇していく。ふくれあがったドルはユーロダラーとなって世界を駆けめぐることになった。第2次世界大戦後の蓄積構造，「軍事的インフレーション」による「経済成長」が定型化された。だが資本主義世界はこのIMF・ドル体制に身をゆだねざるを得なかった。各国の戦後の蓄積様式はさまざまな構造をもつが，欧州では西ドイツ「ラインの奇跡」，アジアでは日本の「高度経済成長」やNICs誕生[16]に見られるような「アジアの世紀」が生み出された。だが，そうした恩恵を受けた国々や地域は，その後高い代償を払う憂き目にあうことになる。アメリカ以外の国地域の銀行のドルの持高は，常に為替差損をこうむるようになった。これまで問題とされなかった途上国さえ，融資の対象となったのである。ユーロダラーは貸出側にとって国際機関や政府の「規制」のない資金であるから，利子を稼ぐために危険分散の手だてとして複数の銀行が組を作って貸し手となるシンジケート・ローン方式と3カ月くらいで「貸出と返済」を繰り返すロール・オーヴァー（債務書換え）技術が編み出された。このようにして，ユーロダラーが国際収支の赤字補塡，外貨準備補強として各国向けに貸し出されるとともに，中南米，アジアなどの第三世界の「工業化」のための資金としても貸し出されるようになったのである。これが，のちにNICs（新興工業諸国）と称される国・地域の誕生に決定的な役割を果たすことになる。

　1971年の金ドル交換停止は病理の発症と全身への転移の始まりである。アメリカはその病気の進行を抑え全面崩壊を防ぐために，資本主義世界へ協力を要請せざるを得なかった。金ドル交換停止はその協力要請の第1弾であった。その第2弾が1985年のプラザ合意ということになる。協力要請は，各国通貨の対ドルレートの切り上げであるが，中枢機能が失われたことによる病理は，各国がこれまでに体験したことのない，不況下でのインフレーション，スタグフレーションとなって発症し，各国はそれに苦しむことになる。

　IMF・ドル体制のゆらぎ，解体のはじまり，病気の進行は，第1段階・金＝ドル交換停止，第2段階プラザ合意（1985年）そして第3段階逆プラザ（1995年）というますます強い劇薬を必要とするようになっていく。同時にこのスタグフレーションの中，アメリカ多国籍銀行は，堆積する大量のドル・浮動貨幣

資本（プレトラ）を原資として，ドル利殖の国際的投資・投機活動を世界中で繰り広げた。それは，1970年代に始まるユーロダラーの途上国へのシンジケート・ローン，1980年代に進行する金融の証券化・国際化・自由化とその帰結であるブラジル，メキシコなどのデフォルト，1992年の欧州通貨危機であった。1990年代後半にはこれがコンピュータ・ネットワークにのって，1997年のアジア通貨危機となって表れた。そして2000年代にはアメリカ本国にこの病気が発症した。その病気が住宅バブルの末のサブプライム金融危機であり，2007年のリーマン・ショックである。それが今は欧州に飛び火しギリシャのソブリン・リスク問題となって，EUは危機に直面している。それらは世界経済を揺るがし，世界はその病気に今も苦しんでいる。

このIMF・ドル体制は，第2次世界大戦後の資本主義社会の管掌・統合・支配体制である冷戦体制の中枢機能でもあったから，この体制の解体開始，揺らぎは同時に冷戦体制の揺らぎをも意味している。ここで解体したという意味は，ドルが基軸通貨としての機能を喪失し，紙くずになったということではない。機能中枢が冒され揺らぎはじめ，解体がはじまった，という意味である。今日でもドルは世界中で通用している。さきほど述べたとおり，IMF・ドル体制とは，金とドルとの交換によって一国の不換通貨ドルを世界貨幣に擬制した国際管理通貨制度である。解体というのは，その機能の核心，中枢機能である金とドルとの交換が否定されたということである。中枢機能が冒されながらも，アメリカはIMF・ドル体制を維持しつづけた。だが維持の仕方は大きく変わることになる。その体制は，IMF主導からアメリカ多国籍銀行主導の「ドル本位制」に姿を変えて，維持されていく。

その「体制解体（開始）」は，一方にはスタグフレーションに苦しみ打開の活路を新自由主義に求める米欧と，「アジアの世紀」と称され躍進するアジアという対照的な局面を作り上げた。とりわけ1978年のOECDによるNICs[17]「宣言」と中国の改革・開放政策の始動以後，20世紀はアジアの世紀と語らせるほどの「成長」をアジアは遂げた。それは，欧州をEUに固まらせアメリカを蝕み突き崩す世界市場革命，雇用破壊と価格破壊という21世紀の扉を開いたのである。ドル・スペンディングによって資本主義世界が好景気を享受するかわりに，世界は国際金融の虚空の輪舞に翻弄されることになった。

II 「アジアの世紀」のはじまりとスタグフレーションに苦しむ米欧
　──生産・技術面＝供給面

1　ME＝情報革命とアジアの世紀のはじまり

　1950年代60年代を通じてアメリカは，対ソ・アジア戦略に合わせて利用可能な工業生産力を日本に持たせようと腐心した。工業生産力は軍需生産の基礎である。アメリカは日本をアジアの兵器廠に仕立て上げたのである。1955年からわずか10年の間に，日本は重化学工業国になった。アメリカの世界戦略に必要な物を，必要な時必要なだけ生産し輸出することが，日本の「国是」となった。これ以降日本企業にとって，輸出のためのコストダウン，「国際競争力強化」は「社是」となった。こうして日本が驀進していた1971年に金・ドル交換停止が宣言され，為替はまもなく変動相場制に移行した。これを背景にした中東戦争によるアラブ産油国の石油戦略は1973年の石油危機を誘発した。石油価格は4倍に跳ね上がり，石油づけの生産構造に転換していた日本は，「狂乱物価」という強烈なインフレーションに見舞われた。原材料費が4倍に跳ね上がり，それまで1ドル360円の為替レートは1973年末には300円近くの円高となり，これ以降日本は常に為替差損のリスクにさらされ続けることになった。

　資本・企業はこの円高に対して，コストダウンで対処しようとした。為替差損を回避するためには，①ドル建て価格を上げるか，②コストダウンによって為替差損を吸収するかである。前者は輸出競争力をそぐことになるから，企業は後者を選択したのである。以降日本企業・資本のスローガンは「省エネ」「減量経営」となり，輸出競争力アップのためにME（Micro Electronics）＝IT（Information Technology）革命（以下ME＝情報革命）の成果を利用・応用したマイクロ・エレクトロニクス機器による自動化と製品それ自体のME化が進められ，人員削減による「コストダウン」＝合理化が開始された【ME自動化＝合理化】。と同時に，コストダウンが難しい労働集約的商品の生産は，韓国，台湾，香港などのアジアに移されていった。機械設備・半製品・部品・材料を日本から持ち込み，手間のかかる部分だけを現地のアジア人労働者を雇って加工・組立，生産させ，製品を再び日本の親会社に戻す。もしくは現地販売，輸

出する。これは企業内国際分業である。これを国民経済の観点，再生産・経済循環論の視角で進出先の国から見れば，【生産手段の国外依存＝輸入→分割工程での加工組立・剰余価値の生産→輸出・剰余価値の実現】という国外との再生産循環が自国の再生産循環を抱え込み補完するという「外生的再生産循環構造」（以下「外生循環」と略記）である。このメカニズムが，日本資本・企業の進出とともに，繊維や雑貨などの労働集約的商品に限らず，ハイテク製品にも広がっていったのである。

これに対して，ラテン・アメリカやヨーロッパのNICsと呼ばれた国々，ブラジル・メキシコやポルトガル・スペイン・ギリシャは，資本主義のいわば「王道」，すなわち農業を基礎にして，重化学工業と軽工業が相互に産業連関を持つ経済構造（内生的再生産循環構造）を上から政府が主導し，外資を導入して作ろうとした（「輸入代替工業化」）。これらの国々は「内包的工業化」の道を選択したのである。これに対して，日本に近接した韓国を初めとするアジアNICs諸国・地域は，日本との国際分業関係に入ることによって工業生産力を増大させていく道・政策（「輸出志向工業化」）を選んだ。いずれも，およそ国家とはいえない都市（シンガポール608km^2＝東京23区，香港1075km^2＝山口市），ないしは半島・島（韓国9.9万km^2＝北海道の1.3倍，台湾3.6万km^2＝四国の2倍）という地理的条件のもとにあり，またシンガポール以外は厳しい冷戦最前線に立つ地域である。これらの諸国・地域は日本の直接投資を受け入れ，日本企業との産業上の強い連関をもつ，いわば国際下請企業になる道をまず選択したのである。つまり，直接投資を受け入れ，あるいは資本を国外から借り入れ，生産設備ばかりではなく，部品，原材料等も国外から輸入し，水と土地と労働者だけを提供する。できあがった製品は自国消費もさることながら，輸出を前提とする。アジアNICsはこうした外生循環構造を作り上げたのである。[18]

最強最後の管理通貨制度である「IMF・ドル体制」のもとで，インフレーションによって資本主義世界は維持されることになったのだが，なかでもアジアはこのインフレーション（ドル散布）にのって，生産力水準を上昇，加速化させて驚異的な「経済成長」を遂げていった。日本，NICsと同心円状に広がった生産力は中国を巻き込み，アジアは「世界の工場」となった。アメリカは対ソ・「社会主義」対抗に必要な工業生産力をアジアに求め，日本を始めとする

アジアもまたこれにしっかりと応えた。だが育っていく過程での思いもかけないモノとの出会いが，育ての親アメリカと欧州を食い殺すほどの鬼子に，アジアを育て上げることになる。

IMF・ドル体制が解体し始めた1971年に，アメリカ新鋭軍事産業からスピンアウトし，日本製電卓のパーツとして開発・実用化された「シリコンの小片」・半導体チップ[19]は，集積度を上げるに連れて，製品自体と生産過程をマイクロ・エレクトロニクス化し，ついにはパーソナル・コンピューターのネットワーク，インターネットへと成長を遂げた。このわずか数ミリ角のシリコン・チップという小石は，アジア人の低廉かつ稠密な労働力と結合し，アジアを比類なき競争力と供給力をもつ「世界の工場」へと押し上げて行く。いわば第2の「新石器時代」である。冷戦体制の軍事・政治的必要から，インフレーション（ドル散布）にのって生まれ出たアジアの工業生産力は，そのインフレーションをデフレーションに代えてしまうほどの爆発的な工業製品の供給力を実現した。「性能100倍・価格100分の1」というシリコン・チップの本性は，それによって産み出された工業製品にものりうつり，欧米先進工業国の工業生産力を「空洞化」させ，価格破壊と雇用破壊という世界市場革命を20世紀末にもたらした。

このアジアの供給力が，欧米資本主義体制にケインズ主義から市場原理主義への転換を余儀なくさせ，中国の改革開放政策の扉を大きく開き，ソ連・東欧の「社会主義」体制に最後の一撃をくわえたのである。もしアジアが，20世紀科学＝技術革命の精華であるME＝情報・ネットワーク革命に基礎を置く今日の生産力を獲得することができなかったら，フォーディズム＝テーラー・システムに到達点を見る機械制大工業を凌駕できなかっただろう。機械制大工業アメリカ段階の「ME化＝アジア化」である。

2　イギリスの市場革命としてのサッチャリズムと欧州への伝播

「言ってほしいことがあれば，男に頼みなさい。やってほしいことがあれば，女に頼みなさい。」この信念をもつマーガレット・サッチャー（Margaret Thatcher）は，神がかりの修道女だったかもしれない。1970年代「イギリス病」[20]は，1971年の金ドル交換停止と1973年の石油ショックによる世界同時不況

(1974/5年）のあおりを食らって，ますます悪化していった。労働争議が頻発し，国際収支の恒常的な赤字はポンド下落となって現れた。1976年のポンド危機に際して債務不履行を回避するために，イギリスはIMFの支援を受けざるを得ないありさまだった。大英帝国は，最後を告げる落日のようだった。IMFによる支援の条件は，公共部門への支出の大幅削減，国有企業の閉鎖による人員整理だった。これに対して公共部門の労働者はストライキで対抗した。1978年の労働者の「不満の冬」は，翌年には鉄鋼労働者のストライキへと続いた。この混乱のさなかの1979年5月に就任したサッチャーは「正統派ケインズ主義の経済管理手段」を全面的に否定し，イギリス伝統の「混合経済」に対する批判をまとめ上げ，新保守主義政策を実施したのである。1982年フォークランド紛争を「人命に代えてでも我が英国領土を守らなければならない」と断固たる姿勢をつらぬいて勝利し，この勢いをかりて1983年総選挙でも圧勝し，サッチャーは保守党政権を確固たるものとした。そして1984年全英炭鉱労働者のストライキを圧殺して，イギリス型国有企業を次々と民営化したのである。

　1980年代のサッチャー政権（90年11月まで）下のイギリス経済をキーワードで表せば民営化の一言に尽きる。だが，1979年の公営住宅の払い下げから始まった民営化は，当初は小さなものだったが，ブリティッシュ・テレコム（British Telecommunications plc）の政府保有株の放出（1984年），1986年英国ガス公社ブリティッシュガス（British Gas），そして1990年の電気事業の民営化へと基幹産業に及んで行った。これらとともに1986年6月には，サッチャー政権は「イギリス版金融ビッグバン」といわれる証券市場改革を断行した。具体的には，これは①株式委託手数料の自由化，②ロンドン証券取引所の会員権の開放，③単一資格制度の廃止の3点によって構成されていた。これがアメリカの金融自由化の動きと連動して，1990年代以降，イギリスは金融によって経済の「復活」を果たすことになる。この点はのちに述べる。

　思わぬことから1975年保守党の党首となったサッチャーは，もっとも信頼するキース・ジョセフ（Keith Joseph）とともに，伝統的な「混合経済」に対して徹底的な批判をくわえた。「混合経済」に真っ向から反対を唱え，完全雇用というケインズの考え方を否定したのである。将来が不確実で不安であればあるほど，いざという時に備えて貨幣が必要となる。お金が溜め込まれる結

果（貯蓄の増加）消費や投資が不活発（需要不足）となって不況が到来する。その不況を打開する役割（公共支出）こそが，政府に求められる。サッチャーらは「これは間違いだ」という信念を持ったのである。公共支出が「マクロ経済上の有益な機能」を果たさないとすれば，政府は公共支出を減らすことができ，税金を減らすことができる。そうなれば租税負担が減り，「供給側」（企業）は強化され，その恩恵は国民全体に及ぶはずであろう。[23]こうしたサッチャーの民営化は，労働者や労働組合はもちろん，時として国有企業の経営者からさえも強い抵抗にあい，順調に進んだわけではなかった。しかし「最後に自分の思い通りになるなら，いくらでも忍耐強くすることが出来ます」と鉄の女・サッチャーは合意ではなく，「信念の政治」を貫いたのである。

　しかし労働者たちも「信念」を貫いた。1996年のイギリス映画「ブラス」は1984年の全英炭鉱労働者のストライキを背景にした炭鉱閉鎖の反対闘争を描いた映画で，イギリス北部の炭鉱町グリムリーの炭鉱労働者のブラスバンドが，全英大会で優勝するまでの物語である。優勝ののち客席に向かって「あなたがたはクジラやイルカの保護には立ち上がるが，我々の困難には手を貸さない」。結局，ストライキは労働者の敗北となった。だが炭鉱閉鎖という敗北にもかかわらず，暗闇の中からキャップランプの光が次第に大きくなる中「威風堂々」のブラスが響くラストシーンは，炭鉱労働者の信念と底力を示していた。

　一方大陸欧州ではこうした新古典派・新保守主義と呼ばれる政策はそう簡単には浸透しなかった。たとえばフランスであるが，1960年代に5.6％あったGDPの伸び率は，1970年代前半には4％，後半には3.1％へと低下していった。この経済状況を反映し，失業とインフレの二重苦の克服に有効な手立てをジスカール・ディスタン大統領（1974～81年）はうつことができなかった。代わって登場したミッテラン大統領（社会党）は，伝統的な規制の強化と国有化という「ゴーリズム（ド・ゴール主義）」政策で対応したのである。失業問題の解決のために公務員を10万人増やし，賃金は据え置いたまま労働時間を週1時間短縮し，有給休暇を4週間から5週間に増やした。同時に大企業上位20社のうち13社と大部分の投資・商業銀行の国有化を進め，高額所得者に対する課税を強化した。結果として，国有企業への財政支出によって財政赤字は拡大し，また資本の国外逃避によって国際収支は悪化し，フランスは2年間に3度にわたる

フラン切り下げ（計27.5%の対マルク切り下げ）フラン安を余儀なくされた。そうした政策は「再興（ル・ラーンス）」と呼ばれたが，1年後にはこのミッテランの実験，政策の破綻は，再興どころか誰の目にも明らかな失敗となって映った。

　ミッテラン大統領を送り出したフランス「社会党政権は……政策目標を需要サイドから供給サイドに移」[24]すという政策転換を余儀なくされた。生産性上昇によってのみ経済成長，強いフラン，強いフランスは達成できる，と。1983年のことである。「1992年までに欧州統合を実現すべく，ECから厳しい努力を迫られていたために」ミッテラン政権のドロールは以下に掲げる四つのマクロ政策を打ち出したのである。①強いフラン＝マルク・ペグ制，②賃金の抑制，③均衡財政（財政赤字の対GDP比3％以下）④規制緩和[25]である。なかでもEMS最強の通貨マルクにフランを連動させる。これが，転換の第一歩になったのである。フランが下落すれば金利が高騰し，国内経済が打撃を受けるだけでなく国際収支も悪化する。「ミッテランの実験」は失敗に終わったわけだが，嫌米のミッテランにとっては欧州のなかで生きていく以外に選択の道はなく，国民国家的な観点の政策はもはや通用しない。こうミッテランは悟ったのである。こうして欧州大陸で第2次世界大戦後主流となっていたケインズ政策よりさらに強い規制と統制に基づく政策は，市場原理主義，新保守主義的政策に道をゆずったのである。

3　アメリカの衰退のはじまりとレーガノミックス

　R・ニクソンは1971年に「私は今やケインジアンである」と宣言をして，国際的には金・ドル交換停止（ニクソン・ショック）を，国内的にはインフレを抑制するために賃金と物価を90日間凍結するという強力な規制＝「新経済政策」を，打ち出した。アメリカでもご多分に漏れず，ドルの下落による輸入物価の上昇によってインフレ圧力が高まっていた。産油・石油輸出諸国もドル建て石油代金の為替差損回避の対応に追われていた。おりしも1973年10月に勃発した第4次中東戦争を機に，アラブ産油諸国は石油供給削減を武器に，大幅な石油値上げに成功した。こうした影響をまともに受けたアメリカ経済は，1974年時点で実質GDPはマイナス0.6％，失業率は5.6％，そして物価は対前年

比12.3％[26]に達する，というスタグフレーション状態に陥った。その後も物価はじりじりと上昇を続け，1979年の第2次オイルショックでインフレーションはさらに加速した。インフレーションは，1979年11.3％・1980年13.5％・1981年10.3％と二桁で上昇し，実質金利もしばしばマイナスを記録する有様だった。1970年代のニクソン，フォードの歴代大統領は，常態化したスタグフレーションという新しい厄介な問題に，結局有効な対策をとることはできなかった。

1979年10月カーター政権のもとで連邦制度理事会議長に就任したポール・ボルカー（Paul Volcker）は，1979年8月から，いわゆるボルカー・ショックと呼ばれる強烈な「金融引き締め政策」を断行し，スタグフレーションにたち向かった。ボルカーは，フェデラル・ファンド・レートを1980年には13.35％1981年には16.39％に引き上げた。この引き締めによってGDPは1980年に対前年比0.3パーセント減少し，アメリカは景気後退に見舞われた。同時期に起きたイランのアメリカ大使館人質事件に見られる国威の低落に不満をもつ国民の支持を得て，レーガンはカーター大統領を大差で破り当選した。レーガンは「強くて豊かなアメリカ」をスローガンに対ソ強硬路線を唱え，軍備を拡大する一方で社会福祉支出を抑制し，諸規制緩和と大幅な減税を行うなど，「レーガノミクス」と呼ばれる新自由主義政策を実行する最初の大統領となった。

「Your Next Boss May Be Japanese」という「Newsweek」1987年2月第2週号の表紙のキャッチコピーほど，1980年代の日米関係を端的に表現しているものはないだろう。日本人がにこやかに笑いながら傍らのアメリカ人に話しかけている。アメリカ人はいぶかしげにその日本人を見つめている。アメリカ国民は「強いドル・強いアメリカ」を掲げ大統領選に勝利したレーガン大統領にその望みを託したが，アメリカは貿易赤字と財政赤字という「双子の赤字」にあいかわらず苦しみつづけた。アメリカは貿易赤字の最大の相手国になっていた日本に，苦しみの元凶とばかりに怒りをぶつけ，厳しい要求を突きつけた。それは日本に対する繊維から始まり家電，自動車，半導体と続く一連の輸出自粛要請であり，為替レートの人為的「修正」（「プラザ合意」1985年）であった。

じつは，こうした事態はアメリカ産業競争力の弱さの現れであって，貿易不均衡の主要因がアメリカの産業構造，特に製造業の競争力の弱さにあることは明白であった。だが，この考え方はアメリカでは主流とはならなかった。こう

した「構造論」者の意見より，むしろ現実政策に影響を及ぼしたのは，為替レートを適切にするべきだと説く「市場原理論者」の意見だった。日米間の貿易不均衡は為替市場が十分に機能していないから生ずるのだ，と考えるこの主張は，アメリカの貿易赤字が累積している場合には，「円高・ドル安」を求める主張になるわけで，それがプラザ合意となったのである。

　アメリカでは一般的に「市場原理」重視の傾向があり，「産業政策（Industrial Policy）」自体に一般国民のアレルギーは強く，主唱者のR・ライシュさえこの用語を避けて「産業開発政策」，「産業戦略」[27]と言い換えざるを得なかった。むろん例えば半導体開発など，個々の狭い意味での産業競争力強化政策がなかった[28]わけではない。企業も種々の助成援助を行ってくれる限りでは，競争力強化に関しても政府の役割を期待していた。しかし結局は「特定産業分野の振興に政府が積極的に関与することは否定」[29]され，貿易赤字の解決は，アメリカ産業再生＝生産性向上，輸出競争力強化という方向ではなく，為替・通商政策によって解決されるべきだ，という道が選ばれた。産業政策嫌いのアメリカとしては，金融メカニズム重視，ドル資金還流を順調にするという道[30]がとられたのは，もっともなことだったともいえる。こうした方途，金融の力で矛盾を回避するという方向は，消去法で選択された政策，対処療法ではあったが，1980年代のアメリカの貿易赤字を克服する際の基本政策となった。その後1990年代にはいると，この政策はコントロールできない通貨・金融危機となって世界を混乱へと陥れていく。

4　冷戦体制の揺らぎと新保守主義の登場

　サッチャー，レーガンの登場に見られたように，冷戦体制のゆらぎとともに始まった1970年代は，新保守主義という強烈なイデオロギーの登場でもあった。サッチャーは言う。「20世紀の初めに労働組合に保護的な免責を与えた法律が乱用されて，生産制限的な行為と過剰人員を守り，ストライキを支え，労働者に組合加入を強制し，組合の判断より正しい彼ら自身の判断に反して争議に参加するよう強要していた。福祉給付金は，それが人々の行動に与える影響をまったくといってよいほど考慮することなくばらまかれ，不合理を助長し，家庭の崩壊を促し，労働と自助努力を尊ぶ気持の代わりに怠惰とごまかしを奨励

するねじ曲がった風潮をもたらした。最後の幻想は，国家介入は社会的調和と連帯，あるいは保守党の言葉によれば『一体感のある国』を促進するというものだったが，これも『不満の冬』によって崩れ去った」[31]。サッチャーのイデオロギーは，労働組合と福祉国家を徹底的に排撃し，自ら保守の立場にありながらも既存の保守を批判する点にある。新保守主義と言われる所以である。さらにその思想は，1970年代を単なる経済危機ではなくモラルの危機としてとらえ，法と秩序の復活による家族・コミュニティなど，古き良き時代の価値の復活を主張する。1960年代の学生反乱，ベトナム戦争の後遺症ともいえる国家への不信・不満，その活動としてのヒッピー運動，黒人差別反対・公民権運動[32]。こうした社会情勢を反映して増加する犯罪，離婚の急増，ポルノの氾濫等に見られる道徳の低下を批判し，「古き良きアメリカ」「ヴィクトリア時代」に帰れと新保守主義者は主張したのである。冷戦体制のゆらぎが，ケインズからフリードマンへの政策転換を後押ししたのである。こうした価値観に支えられて，サッチャーやレーガンらの新保守主義政権は，スタグフレーションの克服と経済の再生を図るために，次のような政策を提示した。

①マネタリズムに依拠した通貨供給量の直接管理によるインフレの克服
②公共支出の削減，社会保障削減による小さな政府の実現
③企業減税による経済の活性化と所得税減税による個人の勤労意欲の亢進
④政府・公企業の民営化による効率化の達成と規制緩和による経済の自由競争の促進
⑤労使関係の改善による企業の効率性の達成
⑥公共の秩序のための警察力強化と軍事力強化による強い国家の実現
⑦ナショナリズムの強化（レーガンの「強いアメリカ」）

以上のような諸政策を主張するため，彼らは新自由主義者とも市場原理主義者とも言われる。たしかにスタグフレーションのうちインフレは強力な金融引締めと石油価格の低下，1970年代の価格破壊（アジアからの安価な製造業製品の供給）によって鎮静化した。しかし，経済停滞はより深刻化することになった。アメリカは産業競争力を回復できず民需品の輸入増加によって貿易赤字は増大する一方であった。またアメリカはレーガン軍拡による軍事費の増大・税収の停滞によって，財政赤字も解決できなかった。1970年代半ば以降アメリカは

「双子の赤字」に苦しむことになる。イギリスにおいても，1980年代をつうじて産業競争力は回復しなかった。「イギリス病」は資本の規制緩和・金融サービスによって1990年代に一時抑え込まれたかに見えた。だが，この金融という薬は，強烈な副作用を伴う劇薬であって，その後欧州をはじめアメリカでもその副作用に悩まされ続けることになる。

⑴　この額は1965年から10年間の日本の国家歳出総額とほぼ同額である。資本主義体制維持・対ソ戦略経費としてのアメリカの国防・軍事関連の歳出は1950～69年の20年間で1兆7103億ドル，歳出総額の49％を占めた。国際収支の面でいえばアメリカの直接軍事支出，政府軍事・経済贈与は，同期間の計で1419億ドルに達した。これらの額はこの期間にアメリカが稼いだ貿易黒字額のほぼ2倍にあたる。また，ベトナム戦争全体の経費は，1965年から76年の間で，直接間接を含めて5150億ドルとの試算もある。Anthony S. Campagna, *The economic consequences of the Vietnam war* (New York, Praeger, 1991), p.108. この5150億ドルは1960年のアメリカのGDP（5240億ドル）に匹敵する。

⑵　数値は『米国経済白書，2010』毎日新聞社，エコノミスト臨時増刊2010年5月14日号，401頁。

⑶　通商拡大法（Trade Expansion Act）は，①5年間で関税率の50％引下げ，②輸入規制の強化，③外国と通商協定の締結，④輸入増によって打撃を受ける国内産業を保護する権限の強化などを盛り込んだ法律である。輸出拡大により経常赤字を防止するためにケネディ（J・F・Kennedy）大統領が提出し1962年10月に成立した。その後ケネディー・ラウンド（GATTによる関税引下げ交渉，平均35％）が実施された。

⑷　アメリカが余剰農産物や借款によって対外援助をする際に，ドル流出を防ぐために，アメリカ商品の優先購入と米国船の優先使用をさだめた政策。

⑸　アメリカ人による外国株式・証券の取得，外国銀行への長期貸付に対して課される税で，アメリカ人による対外投資を抑制し，ドル流失を防ぐドル防衛政策である。1964年9月に成立し1974年1月に廃止された。

⑹　「朝日新聞」1965年2月5日朝刊，1頁。

⑺　Gold reserves, tonnes, 1948-2008, major official gold holders. The World Gold Council Homepage, http://www.gold.org/investment/statistics/reserve_asset_statistics/ (2011/05/05)

⑻　Electronic Journal, Homepage, http://electronic-journal.seesaa.net/article/16487654.html (2012/05/05). Daniel Yergin and Joseph Stanislaw, *The commanding heights: the battle between government and the marketplace that is remaking the modern world* (New York, Simon & Schuster, 1998), p.62.

⑼　ibid., pp.61-62.

⑽　この体制はスミソニアン合意に基づく新固定相場体制で，米ドルを7.89％の切下げ，これをセントラル・レートとして，各国は上下各2.25％以内に為替レートの変動幅を

抑える，という仕組みである。円は1米ドル360円から308円へと，対米ドルレート16.88%の切上げ（円高）となった。

⑾　日本銀行『外国経済統計年報』日本銀行，1994年，425頁。

⑿　国際決済銀行（BIS）によると，国際銀行業市場の規模は，2000年9月末，国際債権総額11兆4094億ドル，国際債務総額11兆1509億ドルで銀行間再預金を除くネット債権額では5兆5714億ドルとなっている。これは主要ヨーロッパ諸国，アメリカ，カナダ，日本所在の銀行とオフショア・センター所在の銀行の外貨建，自国通貨建の国際債権，債務の推計である。これまでのユーロ・カレンシー市場の推計より対象範囲が拡大されている。BIS（Bank for International Settlements）Home Page. http://www.bis.org/statistics/bankstats.htm （2011/11/19）。

⒀　「ロイター（インターネット版）」2009年12月10日 07：44 JST, http://jp.reuters.com/article/forexNews/idJPnJT854067020091209 （2010/07/13）

⒁　Credit Default Swapの略で，債権自体を移転することなく信用リスクのみを移転する取引。

⒂　ISDA Publishes Year-End 2009 Market Survey Results, International Swaps and Derivatives Association, Inc. Homepage, http://www.isda.org/media/press/2010/press042210market.html （2010/07/13）。

　　2010年7月2日（金）午後10時放映のNHK「狙われた国債，ギリシャ発・世界への衝撃」では，世界のマネーを7京円と伝えている。

⒃　NICsとはNewly Industrializing Countries，新興工業国家群の略称。

⒄　1978年経済協力開発機構（OECD）は，70年代に先進工業諸国がスタグフレーションに陥るなかで，工業製品の輸出を中心に急速に経済成長をとげつつある国々をNICs（新興工業諸国）と命名した。スペイン，ポルトガル，ギリシャ，ユーゴスラビア，ラテン・アメリカではメキシコ，ブラジル，トルコ，そしてアジアでは，韓国，台湾，香港，シンガポールの計11カ国である。その後，1988年のトロント・サミットで香港，台湾を国と表現することが，中国に誤解を与えかねないとの政治的配慮からNIEs（新興工業経済群）と改められた。

⒅　アジアNICs・NIESが「工業化」に成功した理由として，これらの国・地域が「輸入代替工業化」から「輸出志向工業化」へと政策を転換させたからだ，という論者がいる。なぜ「輸入代替工業化」政策がとられたのかというと，途上国は割高・高価な工業製品を輸入し，割安・低価格の一次産品を輸出するモノカルチャー構造をもっているから，この構造を変えなければ自立はできない。したがって工業製品，特に機械・設備等を輸入しないで国産化（代替）しなければならない。しかしこの政策はうまくいかず，経済構造は変わらなかった。そこで政策を転換し「輸出志向」政策を採用した結果，今度は「工業化」に成功した，と主張する。これは論としてはおかしい。なぜなら問題となっていたのは「経済構造」である。輸入代替工業化政策から輸出志向工業化への政策転換の結果，うまれた経済構造がどのような構造か論定しなければ，つじつまが合わない。政策転換論者はそれを言わない。言えないからだ。

⒆　1971年にアメリカ・インテル社が，MPU（Micro Processor Unit＝超小型演算処理装置）「i4004」を開発・実用化した。この「i4004」は日本の電卓メーカーの要請に

よって作成された電卓計算用MPU・ICである。

(20) 第2次世界大戦後のイギリスの実質経済成長率は、年率でみると1950〜60年には2.8％、60〜70年には2.9％、71〜75年には1.6％、76〜80年には1.4％、と低成長を続けた。とくに主要産業が国有化されていたために、民間投資意欲は低く、国内粗投資の伸びは70〜77年には年率がゼロになっていたほどである。大英帝国の海外投資収益という金融に依存し、「製造の喜びを忘れた」イギリスの経済状況は「イギリス病」とよばれていた。

(21) Britain Sheds it State Companies, Feder, Barnaby, New York Times, Oct. 07, 1984, p.A4, http://search.proquest.com/docview/425200554?accountid=26265 (12/01/12)

(22) 単一資格制度は、ブローカーとジョバーの兼営を禁止する英国固有の制度であった。ブローカーは投資家と接触できるが、自己勘定での取引はできないエージェント（投資家の代理人）である。ジョバーは自己勘定で取引できるが、ブローカー以外の顧客とは接触できないプリンシパル（いわばブローカーへの卸し業者）である。ビッグバンによって取引所の会員権が開放された結果、クリアリングバンク（手形交換所加盟の預金取扱銀行）やマーチャントバンク（証券引受業者）が、ジョバーやブローカーを吸収合併する形の業界再編成が起こった。また単一資格制度を廃止した結果、投資家の売買仲介業務と自己勘定での売買業務、さらには証券発行の引受業務など、複数の業務を兼営する総合証券会社が誕生した。すでに1979年には外為法が改正され、対外投資用の外貨取得規制（投資ドル・プレミアム制度）が廃止されていたので、外資系金融機関のロンドン市場への参入も促進された。

渡部亮「市場経済システムの歴史」（『第一生命研究所レポート』2011年5月）http://group.dai-ichi-life.co.jp/dlri/monthly/pdf/1105_9.pdf （2011/12/23）

(23) Daniel Yergin and Joseph Stanislaw, *The commanding heights: the battle between government and the marketplace that is remaking the modern world* (New York, Simon & Schuster, 1998), p.102.

(24) Ibid., p.303.

(25) 田中素香・長部重康・久保広正・岩田健治『現代ヨーロッパ経済』有斐閣、有斐閣アルマ、2001年、256頁。

(26) この項のデータは断らない限り、大統領経済諮問委員会・萩原伸次郎監訳『米国経済白書、2010』（毎日新聞社、エコノミスト臨時増刊5月24日号）の巻末統計データによる。

(27) 貿易赤字の原因についてのアメリカ国内の諸論議については、吉川元忠『アメリカの産業戦略』東洋経済新報社、1990年、47-50頁に学んだ。

(28) 典型的な例として、1987年2月末のアメリカ国防総省特別作業部会のレポート（U.S. Dept. of Defense, Office of the Under Secretary of Defense for Acquisition, *Report of Defense Science Board Task Force on Defense Semiconductor Dependency*, 1987 February.）を受けて、国防上の観点から半導体の国外依存の危険性を危惧して発足したSEMATECH（Semiconductor Manufacturing Technology）などがそれである。

(29) 吉川、前掲書、91頁。

⑶⓪　関下稔『競争力強化と対日通商戦略』青木書店，シリーズ現代資本主義と世界経済3，1996年。ここで関下は，1970年代前半まで，アメリカは「国内経済の見直しを本気になって考えたことは一度もなく」(55頁)，「競争力強化」の地道な努力は忘れ去られ，「実質的には日本など同盟諸国への経済的寄生に依拠」(105頁)することになったと述べている。さらに，関下は，アメリカの競争力強化に関する政府諸報告ならびにそれの適切な解説を付している。

⑶⓵　マーガレット・サッチャー『サッチャー回顧録　上』(石塚雅彦訳，日本経済新聞社，1993年，19頁)。

⑶⓶　ヒッピー (hippie) 既存の制度・慣習・価値観を拒否して脱社会的行動をとる人びとやその運動をさす。長髪や奇抜な服装が特徴で1960年代後半，アメリカの若者の間に生れ，世界中に広がった。

第3章　冷戦構造の溶解＝冷戦体制の解除と
　　　　　アメリカ一国覇権主義

I　ソビエト連邦の崩壊，1991年8月クーデターと独立国家共同体の成立

1　ベルリンの壁崩壊と8月のクーデター

　その出来事はちょっとした行き違いから始まった。1989年11月9日夕刻の記者会見で，東ドイツ政府のスポークスマン・社会主義統一党政治局員，ギュンター・シャボウスキーがイタリア人のテレビ・レポーターの質問に答えて，「東ドイツ国民はベルリンの壁を含めて，すべての国境通過点から出国できる」ともとれる応答をした。このあと夕方のテレビを見ていた東ドイツ群衆は，検問所に殺到した。若いカップルが発表を確かめるために，インヴァリデンストラーセ（Invalidenstrasse）検問所を訪れた時，混乱した警備兵は彼らをいとも簡単にそこを通過させたのである(1)。しかしこの簡単な通過の背後には，壮大な東側の大衆運動が始まっていたのである。
　1989年8月のハンガリーでの平和集会以降，東ドイツ市民が西側に集団で越境する行動が続いていた。「汎ヨーロッパ・ピクニック」である。当初，ハンガリー・ネーメト政権はこれを黙認していた(2)。しかし流失する数に抗しきれず，ハンガリー政府は1989年9月11日以降，東ドイツ市民のハンガリーを経由しての西側への移動を認める声明を発表した(3)。東ドイツ市民は，それ以降大挙してそのルートで西ドイツへ流出したのである。10月からはライプチヒなどで自由旅行，選挙を求めるデモの参加者が急増し，11月4日には東ベルリンで100万人規模のデモも行われた。これに対して東ドイツ当局は，民衆の圧力を回避するために具体策を協議中であったが，「ちょっとした手違い」によって，11月9日「ベルリンの壁」を含む東西ドイツ間の国境を，開放せざるを得なくなったのである。こうして始まったベルリンの壁の崩壊は，瞬く間に東ヨーロッパの諸国に飛び火し，1989年から90年にかけて東欧世界に激動をもたらしたので

ある。たしかに「ちょっとした行き違い」ではあったが，その背後には東欧諸国の「社会主義」政権に対する民衆・市民の不信・不満がマグマのようにたまり，それがベルリンの壁の崩壊をもたらしたのである。しかし忘れてならないことは，長年にわたる西ドイツの「東方政策」(4)が，東西ドイツ間にヒト・モノ・カネ，情報の太い流れを生み出し，西ドイツの東ドイツの吸収合併，ドイツ統一に大きな役割を果たしたのである。

　だが，「ちょっとした手違い」は「社会主義」体制の本家・ソ連邦崩壊劇の開幕でもあった。それは夏休みの静かな海岸沿いの別荘から始まった。1991年8月18日クリミア半島・フォロスで休暇中のゴルバチョフ大統領は，数名の政府・軍高官の訪問を受けた。シェーニン共産党書記・ワレンニコフ陸軍総司令官・ボルジン大統領府長官らは，ゴルバチョフ大統領に8月20日調印予定の「新連邦国家条約」(5)の取り下げを迫った。しかし目的を果たせなかった彼らは，ヤゾフ国防相・クリュチコフKGB議長らとともに，翌19日に健康上の理由でゴルバチョフが連邦大統領の職務を果たすことができないので，ヤナーエフ連邦副大統領が職務を引き継ぐという「非常事態宣言」を「国家非常事態委員会」の名前で発表した（「8月クーデター」）。彼らが恐れたことは，急激な市場経済化とともに，「新連邦国家条約」が各共和国や民族自治区の権限強化，すなわち連邦からの独立をうたっていたことである。そして何よりも，ミサイルを扱う戦略ロケット軍や航空戦力を各共和国で分割すれば，防空システム体系が機能しなくなる。それはソビエト連邦軍の解体・崩壊を意味していた。

　この「8月のクーデター」に即座に反応したのは，前月7月にロシア共和国大統領に就任したエリツィンだった。エリツィンは，ロシア最高会議ビル前に国家非常事態委員会が配備したソビエト軍事機構の象徴である戦車の上から，クーデターを「憲法違反」である，と断罪した。モスクワ市民はこれを支持し，派遣された兵士に撤退するよう説得したのである。市民3名が戦車から振り落とされ，バリケードの小競り合いで10数名の犠牲者が発生すると，ヤゾフ国防相は軍隊の撤退を決定した。これによって「8月クーデター」は失敗した。22日未明にゴルバチョフがモスクワに帰還すると，その日のうちにエリツィンは勝利集会を開き，「クーデター」を傍観したロシア共和国共産党の活動停止を命じる大統領令を発した。エリツィンとゴルバチョフの二重権力状態は解消し，

権力は一気にエリツィンへと移行したのである。

　1991年12月までにソ連邦を構成していた共和国はすべて独立を宣言していたが，12月8日にエリツィン・ロシア大統領，ベラルーシのスタニスラフ・シュシケビッチ最高会議議長，ウクライナのレオニード・クラフチュク大統領ら3共和国の首脳が，ベラルーシのベロヴェーシの森の旧フルシチョフの別荘で秘密裏に会合をもった。ここで3共和国は，ソ連邦成立の根拠である1922年の連邦条約からの離脱と独立国家共同体（CIS）創設を合意した（ベロヴェーシ合意）。その後他の8共和国も加盟し，1991年12月25日クレムリン尖塔からソ連邦国旗が降ろされ，ソビエト連邦は法的にも消滅した。

2　戦時冷戦社会主義ソ連の誕生

　第1次世界大戦中のロシア10月革命（1917年11月7日）から74年間，20世紀に資本主義とは異なる政治経済体制をうちたて，戦後も「社会主義」国として資本主義に対抗し，資本主義世界に甚大な影響を与えてきたソビエト社会主義共和国連邦とは一体何であり，なぜ崩壊したのか。その理念であった20世紀の「社会主義」とはなんだったのか。

　ロシア10月革命で歴史上はじめて労働者・農民政権を樹立したレーニンは，第1次世界大戦の渦の中にたたされ，戦争（破滅）か，社会主義（平和とパン）かの二者択一を迫られた。レーニンはおくれた経済構造をもった軍事的封建的な帝政ロシアを倒したものの，ドイツのウクライナ占領，外国列強による包囲網，そしてその支援を受けた白衛ロシア軍との内戦の中で，労働者農民の政府権力を守り維持しなければならなかった。その方策は必然的に戦時共産主義体制となった。10月革命ののち，レーニン・ボリシェビキ政権は大土地の国有化と農民への分配，銀行，穀物，軍事などの重要産業を国有化したが，小規模な民有企業はそのまま据え置いた。それは過渡的な「国家資本主義」体制である。

　しかし「包囲された要塞」＝成立したばかりの労働者農民政府はそれを放棄せざるを得なかった。それに代わって「戦時共産主義」体制を敷くことを余儀なくされたのである。トロツキーの簡潔な言説によれば，「戦時共産主義」体制とは「戦時共産主義を定義するためには三つの問題が最も適切だ。すなわち，食料はいかにして供給されたか？　それはいかにして分配されたか？　国営

工業の運営はいかにして規制されたか?」であった。つまり，国家（軍隊）によって農民から食糧を徴発し，それを都市住民・労働者に均等に分配・配給する。そして国家の官僚的指令によって，軍需生産に特化した工業生産へ原料・資源を傾斜的に分配することであった。価格による需要と供給の調整機能である市場メカニズムは戦争＝内戦という非常事態にはあまり役に立たない。

戦時共産主義は，周知のとおり内戦の終結，帝国主義列強の干渉戦争の撃退とレーニン・ボリシェビキ政権の維持という目的を果たしたものの，死者1300万人の犠牲と経済の極度の疲弊をまねいた。社会主義国家の建国実験が無菌室の中で行われることなど到底考えられないとしても，あまりにも大きな犠牲だった。非常事態にはやむを得ない政策だったとしても，その基礎であった穀物の軍事的徴発は農民の不満を招き，また労働者の困窮も限界に達していた。

ソビエト・レーニン政権は戦時共産主義を終結させ，経済の再建にとりかかる。1921年「食糧徴発制度」を転換し，「食糧税」の導入という「新経済政策（ネップ）」にふみきる。レーニンは，農民に余剰食糧の自由販売を許し，私営商業も認めて，疲弊した経済を甦らせようとしたのである。農民から穀物を強制的に取り上げる食糧徴発令即ち農産物の強制供出を廃止し，穏健な累進性の現物食糧税（後に金納制）に替えようとするものであった。「徴発→配給」という現物経済から，「市場と貨幣」を媒介とする経済への転換がはかられた。これにより農民には，余剰穀物の自由販売が認められることになり，土地の私有・貸与貸借も認められた。外国貿易，銀行，大工場は「管制高地」として国家に独占的に管理されていたが，基幹産業をのぞいた中小企業は民営化された。外国資本の導入＝「利権事業」も認められた。帝政末期，鉱山の90％，金融や工業のおよそ半分を所有し，ロシアをいわば半植民地状態においていた外国資本も認めよう，という大転換であった。レーニンは，市場経済の導入による商業と資本主義的経営の復活を許し，それを協同組合的，国家資本主義的発展の方向に国家がコントロールしていくことに，社会主義経済体制構築の展望を見出した。おくれたロシアの発展にとって避けて通ることのできない道，資本主義的発展の道が再提起されたのである。しかし1924年のレーニンの死後，この道は遮断される。

1920年代の半ばになるとヨーロッパの革命的高揚期は終わり，資本主義も

アメリカの回復に牽引されて,相対的安定期に入った。ソ連も革命期をすぎ,レーニン死後1926年には革命前の経済水準を回復した。「新経済政策(ネップ)」を吟味し,「社会主義」建設の方針の練りなおしが提起された。1926年から27年にかけトロツキー,ブハーリン,スターリンらの激しい党内論争が行なわれた。結局はスターリン派指導部の「農業集団化の強行,超工業化,『文化革命』などを構成要素とする一連の措置」[8]によって,外国資本や市場の導入を含んだネップの道は遮断された。その後ソ連は,1928年の第1次5カ年計画を皮切りに,第2次5カ年計画(1933～1938年)へと「社会主義計画経済」の道をひた走ることになる。この計画は1920年作成の電化計画(ゴエルロ計画),21年設置のソ連計画委員会(ゴスプラン)をベースに,20年代後半に実施された単年度計画の経験をふまえて作成された。大部分の工業企業は国有化された。

　この時期のソ連の計画は後進的低開発国をできるだけ早く「工業化」させることを意図していた。計画は国民の最低限の社会保障と生存条件をいくらか上回る物的生活水準を想定していた。ソ連の経済開発はこの二つが前提条件であった。この「工業化」計画は図3-1でみるとおり,「見事な成功」をおさめた。急速な右肩上がりの鉱工業生産の伸びがそれを示している。だが,スピードが問題なのではなく中身が問題だったのである。このことは後の歴史が証明することになるが,内容がどのようなものであったかは,図中に示されたソビエトと並んで急進する日本の鉱工業生産を見ればおよその見当はつく。周知のとおり日本の重化学工業成立の画期は,官営八幡製鉄所の操業開始(1901年)である。第1次世界大戦中の「成金」の簇生に現れた軍事景気をバネに,29年世界大恐慌による落ち込みを経験しながらも,1931(昭和6)年の満州事変以降の軍事費の増大に支えられて,軍事＝重化学工業は急激な発展をみせた。先進資本主義国では,企業が平時には民需品を生産し戦時には軍需品生産に切り替える,という戦時動員方式をとるのが戦前までは一般的だった。だが後発資本主義国日本では,初発から重化学工業すなわち軍事工業という形でしか,「工業化」はできなかったのである。しかも農民の犠牲と労働者の抑圧・低消費を前提にして,である。これはソ連でも同様であった。図3-2がそれを如実に示している。1930年代半ばから民生用を置き去りにした機械の急速な右肩上がりのグラフの線は,ソ連機甲(戦車)師団そのものだろう。

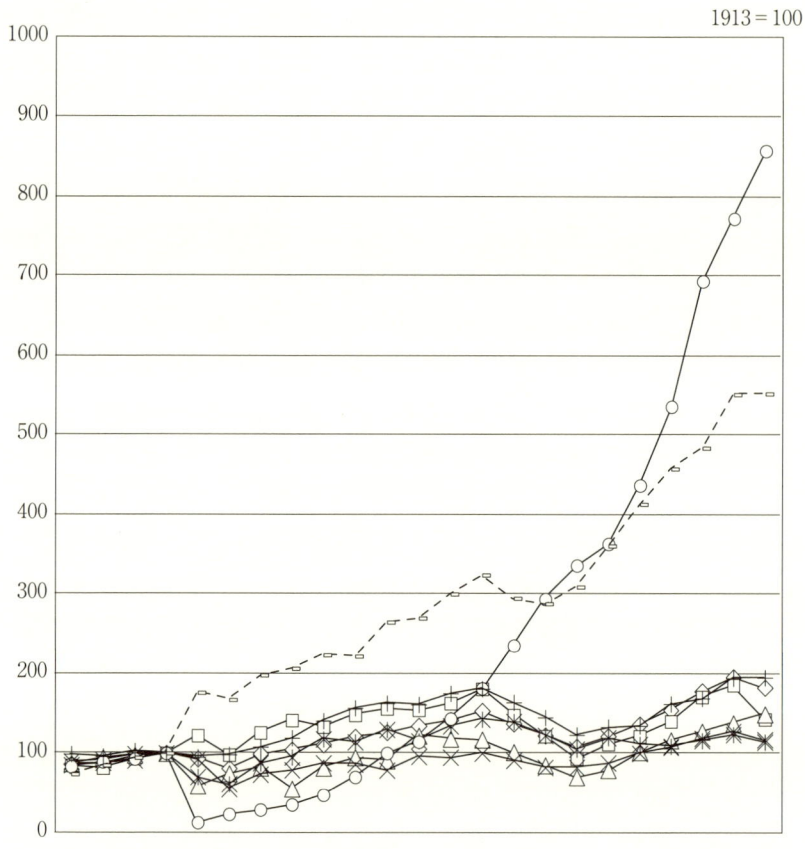

図3-1　指令型「計画経済」による軍事＝重化学工業化―日本とソ連

1913＝100

凡例：世界　アメリカ　ドイツ　イギリス　フランス　ロシア　イタリー　日本

注) (1) 下記資料　p.134 Table Ⅲ.Annual Indides of Manufacturing Production. より作成。
(2) 凡例のロシアは1917年のロシア革命以降はソ連。

出所) League of Nation, *Industrialization and Foreign Trade, The World Economy*, (Geneva, Switzerland, 1945), (Reprint Graland Publishing Inc., New York & London, 1983).

　その点を表3-1のデータで再確認すると以下のようになる。
　1928年から1940年のソ連経済の成長の特徴を摘記すれば，工業，それも重工業の優先的成長だったといえよう。まず産出の構造（表中B. 1 純国民生産物に

第3章　冷戦構造の溶解＝冷戦体制の解除とアメリカ一国覇権主義　　59

図3-2　ソ連軍事＝重化学工業化

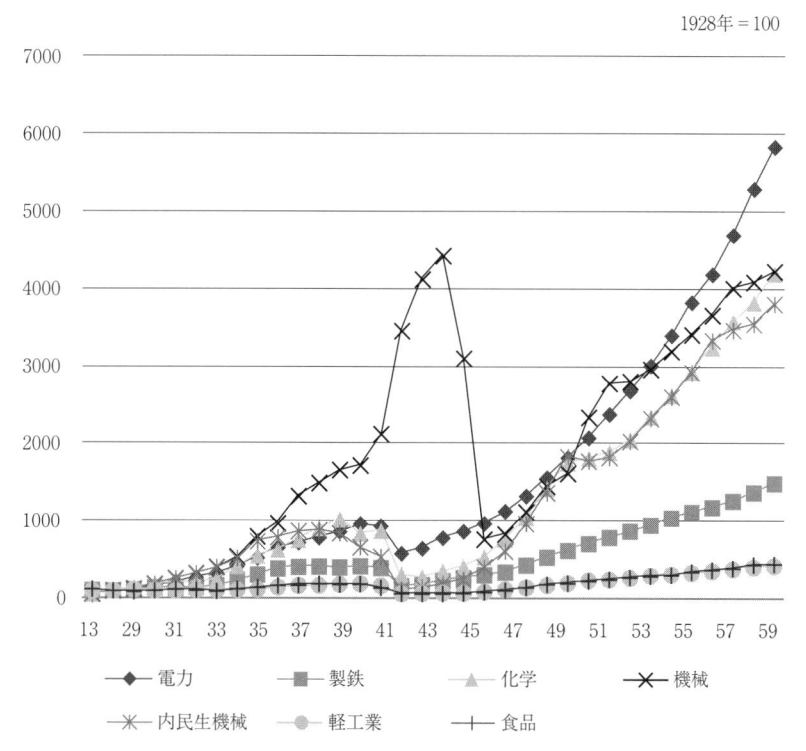

1928年＝100

注）資料出所の指数をグラフ化した。
出所）栖原学「ソ連工業生産指数の推計」（『日本大学経済学部ワーキングペーパー』2007年）http://www.eco.nihon-u.ac.jp/center/economic/publication/pdf/07-01suhara.pdf（2012/12/25）

占める割合（1937年価格））でそれを見れば，1928年農業49％工業28％（表中Ⓐ）であったものが1940年にはほぼ逆転し，農業29％工業45％（表中Ⓑ）となっている。これを反映して工業生産と農業生産の1928年から1937年の年平均成長率を見ると工業生産が11.3％（表中Ⓒ）の伸びであるのに対して，農業生産は1.1％（表中Ⓓ）にしか過ぎない。しかも純生産物でみた重工業の割合（A．製造業の変化）が1928年の31％（表中Ⓔ）から1940年には62％（表中Ⓕ）へと増大している。この間のGNPの伸びが4.8％（表中Ⓖ）であるから，急速な重化学工業が成長を牽引したことがわかる。また支出GNPの構造変化（D支出GNPの構

造変化）を見ると1928年に80％（表中Ⓗ）を占めていたGNPに占める家計消費の割合は1940年には49％（表中Ⓘ）へと低下している。これと対比的にGNPに占める公共消費・政府行政・国防費の対GNP割合が増加し、3項目の合計割合は1928年の8％（表中Ⓙ）から1940年には31％（表中Ⓚ）へと増加している。これを反映してだが、1928年から1937年の年平均GNP伸び率は家計消費0.8％（表中Ⓛ）でほぼ横ばいであるのに対して、公共消費（D2）の伸び率は15.7％（表中Ⓜ）、政府行政及び国防費のそれは15.6％（表中Ⓝ）の高さを示している。1930年代から第2次世界大戦までの時代は、列強帝国主義諸国が29年恐慌からの脱出をかけて軍事経済へと突き進んだ時代であった。ソ連もスターリン体制のもと軍事力強化のための軍事＝重化学工業化を強力に推し進めた。農業剰余をすべて重化学工業へとつぎ込み、農業・農民と国民消費の犠牲のもとで軍事＝重化学工業化が推進されたのである。

その国民の低消費を前提条件とした軍事＝重化学工業化の内容は以下の3点にまとめられる。①農業から工業への人的資源の供給、②農業から都市への食糧と非農業・工業部門への原料等の供給、③機械設備の輸入を賄うための一次産品及び農産物の飢餓的輸出、この3点である。

① 比較的短期間に膨大な農民が工業労働者として都市におしだされた。「1926年から1939年の間だけで都市人口は2630万人から5610万人——純増加約3000万人——へ増加し、1959年頃に……（都市人口）……は1億人——純増加7300万人——に増加した」[9]。急速な軍事＝重化学工業化は農村からの強力な労働力（者）の移動によって達成された。

② 穀物生産量と政府による農村からの穀物の調達量の割合が、農村余剰の強権的な工業・都市への移動・注入の有様を示している。1929年穀物の調達率（調達量÷生産量）は16.2％であったが、その割合は次第に増加した。1930年に22.5％に達した後、1930年から1938年の間では35％程度、1938年には43.1％に達した。

③ ソ連は軍事＝重化学工業化のために、先進資本主義諸国からの機械設備を輸入する必要に迫られた。しかし先進資本主義国は1920年代半ばにソ連を承認したものの、駆け出しの「社会主義」国・ソ連を信用するはずもなかった。ソ連は伝統的な輸出財である石油、材木及び穀物を外国に輸出し、

表3-1 ソ連の工業化論争の結果, 1928—1940年の工業化すう勢

	1928	1933	1937	1940
A. 製造工業の変化				
1. 重工業÷製造工業全体				
a. 純生産物の割合 (1928年価格)	31	51	63	62 注1
b. 労働力の割合	28	43	—	
2. 軽工業÷製造工業全体				
a. 純生産物の割合 (1928年価格)	68	47	36	38 注1
b. 労働力の割合	71	56	—	
B. 主要経済部門の変化				
産出の構造				
1. 純国民生産物に占める割合 (1937年価格)				
農 業	49	—	31	29
工 業	28	—	45	45
サーヴィス	23	—	24	26
2. 労働力に占める割合				
農 業	71	—		51
工 業	18	—		29
サーヴィス	12	—		20
C. 成長率 (1928-1937年) および資本ストック				
1. GNP (1937年価格)			4.8%	
2. 労働力				
a. 非農業労働力			8.7%	
b. 農業労働力			-2.5%	
3. 工業生産 (1937年価格)			11.3%	
4. 農業生産 (1958年価格)			1.1%	
畜 産			-1.2%	
5. 粗工業資本ストック (1937年価格、10億ルーブル)	34.8	75.7	119	170
D. 支出GNPの構造変化 (1937年価格)				
1. 家計消費÷GNP	80	—	53	49
年成長率 (1928-1937年)			0.8%	
2. 公共消費÷GNP	5	—	11	10
年成長率 (1928-1937年)			15.7%	
3. 政府行政および国防費÷GNP	3	—	11	21
年成長率 (1928-1937)			15.6%	
4. 粗資本投資÷GNP	13	—	26	19
年成長率 (1928-1937年)			14.4%	
E. 外国貿易の割合				
1. (輸出＋輸入)÷GNP	6%	4%	1%	—
F. 社会主義部門の割合				
1. 資本ストック	65.7%		99.6%	—
2. 工業粗生産	82.4%		99.8%	—
3. 農業粗生産	3.3%		98.5%	—
4. 商業売上価値額	76.4%		100%	—
G. 物 価				
1. 消費財価格 (国家および協同組合商店、1928＝100)	100	400	700	1000
2. 農産物の平均販売価格 (1928＝100)	100		539	—

注) (1) 資料出所100-101頁の第10表から摘記。
(2) 図中の注1は望月喜一『ソ連の経済統計』(アジア経済研究所, 研究参考資料219, 1974年) の64頁の第2-1-1表中の1940年のデータを参考値として加筆。

出所) ポール・R・グレゴリー, ロバート・C・スチュアート『ソ連経済, 構造と展望』(教育社, 1987年) 100-101頁掲載の第10表。

代金を支払わねばならなかった。図3-3は石油や原木・木材，穀物などの一次産品の輸出によって，軍事＝重化学工業化のための機械・設備の輸入が強行されたことを示している。

国民の消費を犠牲とした軍事＝重化学工業化は，資本主義と切断されていたがゆえに1929年恐慌に巻き込まれることはなかった。しかしスターリンによる反対派の大規模な粛清と人民に対する大弾圧が行われ，国民は多大な犠牲を払わねばならなかった。スターリンは1927年にトロツキー（1940年メキシコで暗殺）やジノビエフらを党から除名し，さらに29年にはブハーリン，ルイコフ（1938年銃殺）ら反対派党幹部を次々に粛清した。30年代に入ると，スターリンは，党と政府を一身に掌握する独裁的政治体制を築き，34年のキーロフ暗殺事件を契機に「大粛清」を開始した。それは反対派幹部だけでなく，古参ボリシェビキ党員，軍首脳部から一般党員や一般市民にまで及んだ。20年代末から始まった急速な工業化と農業の全面集団化は，この強権・独裁体制のもとで強行された。

とりわけスターリンによって進められた農業の全面的な集団化は，大きな犠

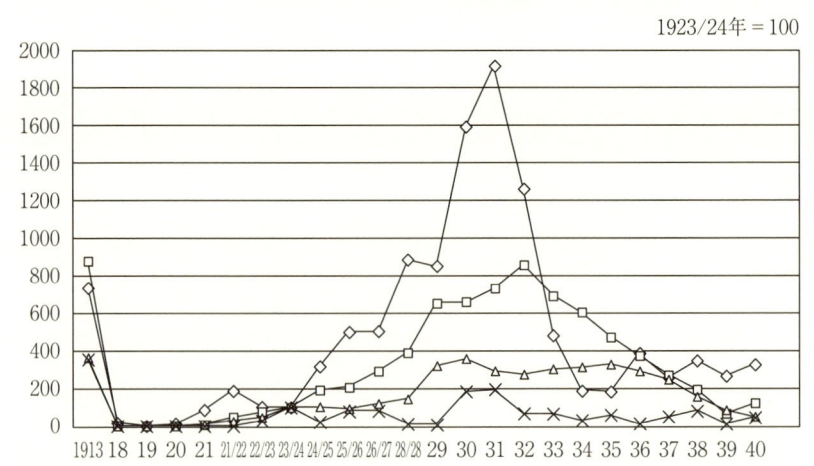

図3-3 ソ連機械・設備輸入と穀物飢餓・一次産品輸出

1923/24年＝100

凡例：機械設備輸入　石油輸出　丸太木材輸出　穀物輸出

注）資料出所の74頁掲載の第18表から筆者作成。
出所）Roger A.Clarke, Dubravko J.I. Matko, *Soviet Economic Facts 1917-81*, (London and Basingtoke, The Macmillan Press LTD), 1983.

牲を農民に強いた。農地，家畜，農具の大部分は共同利用とされ，農民は新たに編成された共同農場で働く労働者となった。この集団化によって，1928年わずか1.7％にしかすぎなかった集団化農民世帯は1938年には93.5％に達し，わずか10年の間に数世紀も続いた農村共同体（ミュール）は解体された。これに抵抗する農民は「富農破壊分子」とみなされ，350万人が集中収容所（グラーグ）に収容され，別の350万人が見知らぬ土地に再定住させられ，さらに別の350万人が強制的農業集団化の過程で死亡した。この集団化の結果，1932～33年に穀倉地帯のウクライナを中心にすさまじい飢饉が起きた。全体の餓死者ははっきりと分からないが，その数は600～700万人ともいわれている。

　こうしたソ連の指令型軍事＝重化学工業化は，戦争準備と1939年のナチス・ドイツのポーランド侵略から始まる第2次世界大戦を契機にいっそう強化された。この戦時経済は第2次世界大戦後も原爆の開発・保有（1949年），同水爆（1955年），大陸間弾道弾の開発（1957年）から宇宙開発へと姿を変えて引き継がれた。1957年の世界で初めての人工衛星スプートニクの打ち上げから始まり，宇宙ステーションの打ち上げ（1959年），人間衛星ヴォストーク1号打ち上げ（1961年），火星や金星の探査，そして1975年の米ソ宇宙船のドッキングへと宇宙開発はつづいたのである。ソ連は国民生活を犠牲にして「社会主義」体制の優位性を誇示し，アメリカ資本主義体制に圧力をかけ，悩ましつづけたのである。これはアメリカの軍産複合体とちょうど表裏の関係にあったといえよう。

　いずれにしても冷戦構造のもとで，ソ連はこうした特定部門への大規模投資を確保するため，「行政的・指令的方法＝計画」によって軍事・宇宙＝重化学工業化を強力に強権的に推し進めた。いや推し進めざるを得なかったのである。なぜなら冷戦の恐怖，核戦争の恐怖は「天が落ちる」に等しい杞憂だったかもしれないが，米ソは互いにその恐怖に突き動かされて，経済構造の背骨がしなるほどの軍事費を負担しなければならなかった。アメリカ・アイゼンハワーは軍産複合体の肥大化を離任演説（1961年）で憂慮したが，それはソ連でも同様だった。ここでは兵器の性能を上げるために，1台でも多くの兵器を生産するために，最良の人員と生産手段が軍事生産に集中的に投入された。費用はいくらかかってもいい。労働生産性は無視されることになる。軍事・宇宙＝重化学工業優先と労働生産性の等閑視はソ連経済の構造的問題となり，企業の自主性

を高めて国民経済全体の効率を引き上げ，消費財生産を拡大して国民生活の水準を上げるという課題は置き去りにされた。

3　ソ連経済，国民生活犠牲の軍事・宇宙＝重化学工業化

図3-4と図3-5は，そうした軍事優先・行政・指令的経済が消費を置き去りにし，国民の低消費を前提とした経済構造になっていった様子を示している。経済全体が右肩下がりになる中で，国民生活の必需品である非耐久消費財の下落が際立っている。その状態を先進諸国と比較してみると，1955年の「ソ連の1人当たり消費はおおよそ米国の消費水準の3分の1，英国，フランス，及び西独の消費水準の2分の1で，イタリアの消費水準に対しては4分の3以上であった。1955年と1970年の間にソ連は……追い上げていった。1970年頃にはソ連の1人当たりの消費は米国のそれの2分の1，英国，フランス，および西独のそれの60パーセントから70パーセントであり，……日本の84パーセントであった[10]」。1970年頃まではソ連の消費水準は上昇傾向にあったものの，1970年半ば以降停滞へと向かい1989年には図で示すような状態になった，と思われる[11]。

「計画経済というのは，もっぱらサプライ・サイドのそれであったことは明かである。それで，1960年代のはじめには，誰も消費しない『滞貨』が社会問題化し，『利潤率指標の導入』等が騒然と行われたりしたのであったが，根本的な性格は，全く変ることがなかった。それは，国民経済全体が，冷戦の中で，軍事に宇宙に『動員された』経済であって，軍需産業という一般の『消費者』とは全く異なる位置にある領域が，特権のうちに，非市場的に維持される，という旧ソ連期の特殊な歴史状況から来たものであった――もっとも，軍事『動員』経済だと消費は抑圧されるということ自体は，戦時下の日本での『欲しがりません，勝つまでは』というスローガンによくあらわれている――ペレストロイカの中で発言力を強めていた『経済改革派』の論客シュメリョフの表現によれば，『目下，国は本質において軍隊と軍事生産の屑で生きているようなものである[12]』」。こうした構造的問題が1970年代以降「減退」となってはっきりとしてきた中で「1965年鳴り物入りで始まったコスイギン改革は1970年代中ごろには事実上死んだ[13]」。経済改革が求められたにもかかわらず，1973年の石油危機は世界のエネルギー市場を一変させた。ソ連経済にも石油危機はカンフル

第3章　冷戦構造の溶解＝冷戦体制の解除とアメリカ一国覇権主義　　65

図3-4　国民生活犠牲の軍事・宇宙＝重化学工業化　その1

1960年＝100

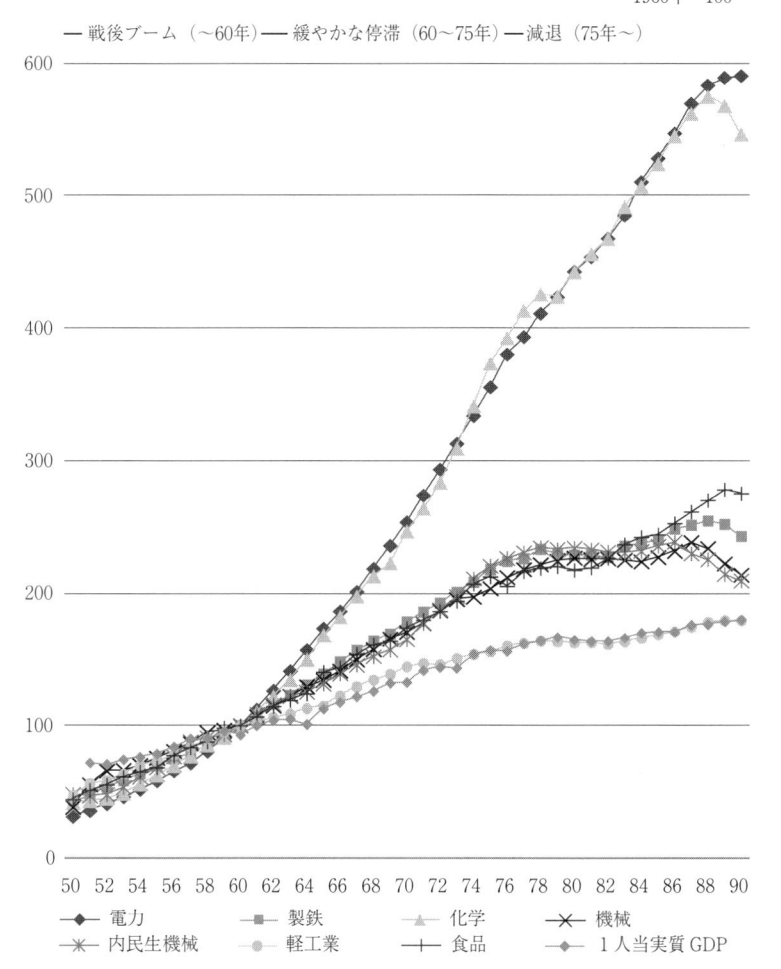

— 戦後ブーム（〜60年）— 緩やかな停滞（60〜75年）— 減退（75年〜）

凡例：◆ 電力　■ 製鉄　▲ 化学　✕ 機械　＊ 内民生機械　● 軽工業　＋ 食品　◆ 1人当実質GDP

注）(1) 資料出所(1)の表7の数値をグラフ化した。ただし、1人当たりGDPは資料出所(2)の303頁の表の数値。
(2) データ確認のため出所(3)も参照した。

出所）(1) 栖原学「ソ連工業生産の推計」『日本大学経済学部ワーキング・ペーパー』2007年）16頁。
(2) アンガス・マディソン，金森久雄監訳『世界経済の成長率，1820〜1992年』東洋経済新報社，2000年，303頁。
(3) Joint Economic Committee Congress of the United States, *USSR: Measures of Economic Grows and Development, 1950-80* (Washigton, 1982), pp.191-195.

図3-5　米ソの軍事・宇宙＝重化学工業化（国防費推移）

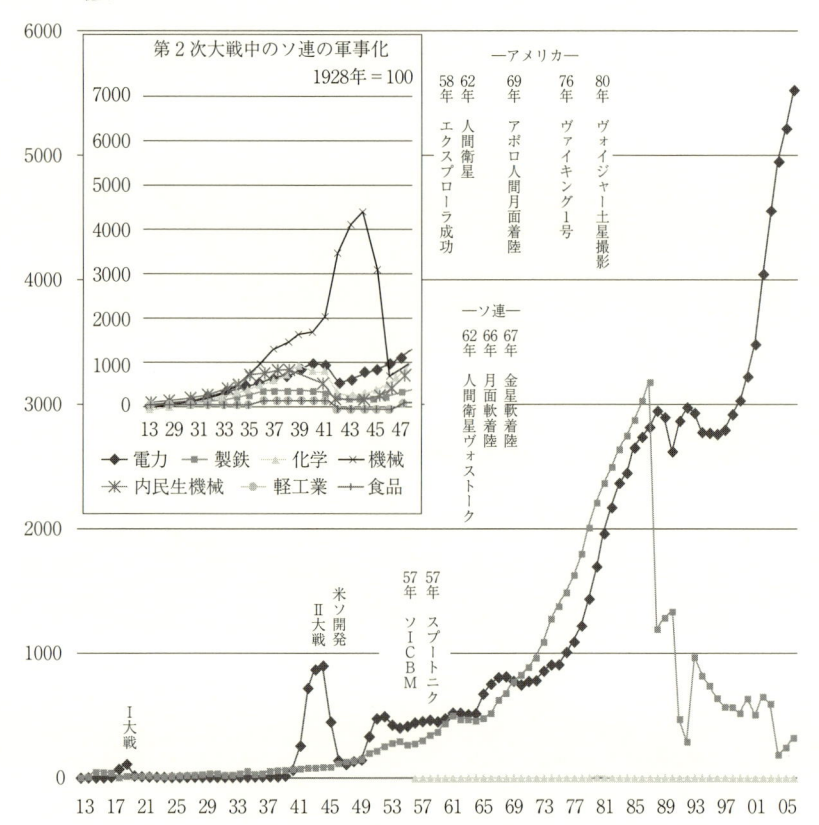

注) (1) 金額は時価評価で，為替レートの変換については，資料出所参照のこと。
　　(2) 資料出所のデータからグラフ作成。注記は，資料出所のアドレスを参照のこと。
出所) Correlate of War Homepage, National Material Capabilities (v4.0) http://www.correlate.sofwar.org/COW2%20Data/Capabilities/nmc4.htm (2012/12/29)

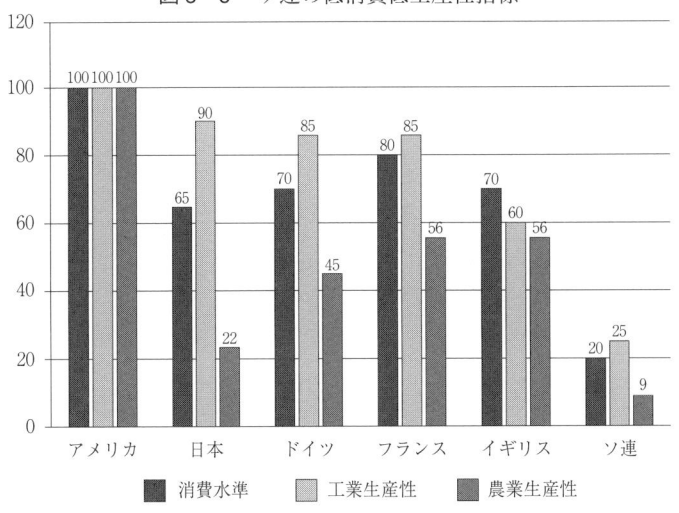

第3章　冷戦構造の溶解＝冷戦体制の解除とアメリカ一国覇権主義　　67

図3-6　ソ連の低消費低生産性指標

国	消費水準	工業生産性	農業生産性
アメリカ	100	100	100
日本	65	90	22
ドイツ	70	85	45
フランス	80	85	56
イギリス	70	60	56
ソ連	20	25	9

注）アメリカを100とする各国の％で，1989年のデータ。出所の数値をグラフ化。
出所）*Аргументы и Факты*, Москва: Изд-во "Пресса, No26 1991г, p.4.

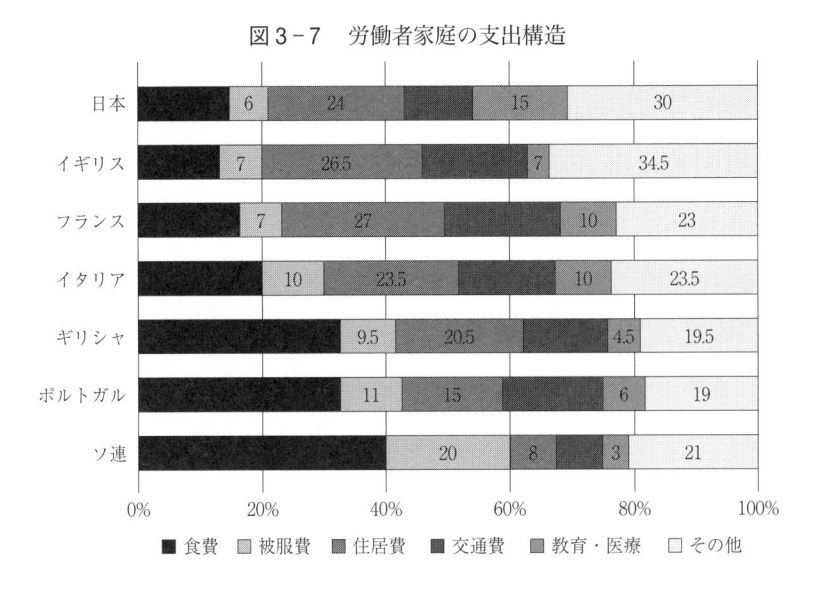

図3-7　労働者家庭の支出構造

国	食費	被服費	住居費	交通費	教育・医療	その他
日本		6	24		15	30
イギリス		7	26.5		7	34.5
フランス		7	27		10	23
イタリア		10	23.5		10	23.5
ギリシャ		9.5	20.5		4.5	19.5
ポルトガル		11	15		6	19
ソ連			20	8	3	21

注）各国の％で，1989年のデータ。出所の数値をグラフ化。
出所）*Аргументы и Факты*, Москва: Изд-во "Пресса, No30 1991г, p.6.

注射の効果をもたらした。1970年に1バレル2.5ドルの原油価格は1980年には40ドルに跳ね上がった。ソ連はもともと産油国であったから，石油輸出による外貨収入はその構造矛盾を覆い隠してしまった。こうした構造的矛盾に加えて，東欧の衛星諸国やエジプトやアフガニスタンなどへの途上国への経済・軍事援助の負担は大きかった。朝鮮戦争，ベトナム戦争，アフガニスタン戦争などの局地戦への軍事援助も，大きな負担をソ連経済にかけ続けた。とくに1979年12月から1989年2月まで，あしかけ10年にわたったアフガニスタン戦争では300億ドルを超える軍事費を[14]，ソ連は支出しなければならなかった。そして何よりも累計で62万人の兵員を動員したアフガニスタン戦争のソ連兵士の戦死者1万4000人と3万4000人の負傷者は[15]，アメリカがベトナム戦争の泥沼にはまり込んだように，ソ連邦崩壊の最後の鉄槌となったのである。

II 中国の転換，「改革・開放」

1 自力更生論としての中国「社会主義」

「われわれのこの四千年文明の古い国は，まるで国がなかったもののようなものなのだ。国といっても空っぽの屋台骨。中には何もない。人民がいるじゃないかといっても，人民はばらばらで『ばらばらな砂粒』，なさけないたとえだ。中国人は四千年，生きてきた。なにをして生きてきたのか。……中国というこの大地に中国人がいるのといないのと，どんな区別があるのだ[16]」。1920年10月10日に発表された，毛沢東28歳の評論である。辛亥革命のはじまりとなった武昌起義[17]が起こされたのは，9年前のその日であった。近代中国をつくろうとする辛亥革命は不徹底なまま終わりを告げ，反帝反封建の課題はこれ以後の中国の人民闘争に引き継がれていくことになる。

辛亥革命に兵士として参加したものの，毛沢東は挫折し，「軍隊をやめ，勉学に帰ろうと決心」する。彷徨模索する毛沢東である。その後「五・四運動」に『湘江評論』創刊でこたえ，人類解放の「浩々蕩蕩たる新思潮」の流れを語り，陳独秀を救えと訴え，民衆の大連合を呼びかけながらも，進まぬ道程が毛沢東を絶望の淵に追いやる。その激情を吐露した詞文が，冒頭のものである。その詞文からは，こんなはずはないと自分に言い聞かせながらも落胆する，毛

沢東の民衆への嘆きが伝わってくる。その後の中国近現代史のジグザグは文字どおり，この毛沢東の「揺れ」そのものだった。1949年の「社会主義革命」の成功・解放以降，その「揺れ」は体制の基本理念の揺れ，「計画と公有」から「市場と私有」への揺れとなった。

　1979年の鄧小平の「改革・開放」以降，1980年代には一部の国営企業への独立採算制の導入，中小零細企業設立の容認，外国技術・外資導入のための「経済特区」と対外開放都市の設置，社隊企業から郷鎮企業への編成替えなど，次々と市場経済化の布石は打たれていく。こうした中で，新中国建国以来の国是・「計画と公有」という基本理念は大きく「市場と私有」へと旋回し始める。1982年中国共産党12期全国代表大会では，「計画経済を主，市場調整を補助」とする「社会主義現代化建設」(いわゆる陳雲「鳥籠論」)が確認され不動方針とされたが，84年には「公有制を基礎とする計画の存在する商品経済」へ，さらに87年には「計画と市場の内的統一」へと基本理念は移り変わる。中国共産党はついに1992年「社会主義市場経済」を宣言した。「計画」は次第に後ろに退き，「市場」が前面に現れてくるようになる。1997年9月中国共産党第15回大会は，国有企業への株式制度の導入を決定，1999年3月には建国50周年を期して憲法を改正し，公有制を主体としながら私企業を含む多様な所有制経済を建設する方針を宣言した。「公有と計画」という社会主義経済の根幹の一つである「計画」にまず手がつけられ，ついで「公有」も見直されるようになった。中国は，建国以来の「社会主義」建設という「夢」から覚めて，資本主義に向かおうとしているのか。それとも計画と市場経済を接合する「市場社会主義」[18]を経て再度「社会主義」の門口に立とうとしているのか。そもそも生産手段の公有制を基礎におきながら，計画に市場の機能を組み込んだ社会主義経済など理論的に可能なのか。中国の「社会主義市場経済」とは何かが，今問われている。中国はその「社会主義市場経済」を掲げ，その大方針に基づく政策を実行し，今日「世界の工場」といわれるほどの生産力発展，「経済成長」を遂げてきている。中国の現状はどうなっているのか。そこで，全容解明のための第1歩として，「社会主義市場経済」が提起されてきた道筋がどのようなものなのか，を見極めたい。

　「社会主義市場経済」は「改革・開放」政策の延長線上に，そのいわば総仕

上げとして提起されているのであるから、とくに「改革・開放」政策の歴史過程を跡づけてみることは重要である。跡づける際に留意すべきことは、冷戦構造、冷戦体制というグローバルな視角をたてることである。なぜならば第2次世界大戦後の世界を造形してきた米ソの冷戦対抗、資本主義と社会主義という体制間対抗、さらに社会主義体制内部の路線対抗という磁場の真っ只中に、中国がたたされ続けてきたからである。

周知のとおり中華人民共和国の建国は1949年である。その時即座に中国を承認したのは旧ソ連・東欧諸国であったが、ソ連との間には10年もたたないうちに、社会主義路線をめぐる厳しい対立が生まれ、溝は深まり、中国は孤立を余儀なくされることになる。資本主義体制の側からは、当初から一貫した「封じ込め」が続けられてきた。中国の国連加盟は1971年。米中国交回復はそれから遅れること8年後の1979年のことである。少なくとも1971年までの間、資本主義世界にとって中国とは台湾のことであり、中国は世界の「孤児」とも言われるような立場にいたのである。中国が自ら「改革・開放」をいかに唱えようと、「改革」はともかくも、「開放」は相手がいることだから、中国だけで「開放」はできるはずもない。このこと一つとってみても、「改革・開放」政策その延長線上の「社会主義市場経済」を跡づけてみようとするとき、米ソの冷戦構造、アメリカの冷戦体制の消長、対中戦略・政策の展開過程を見なければ、解明は到底できない。この点を中国のまず外側から見て、次に内側からも見る、というように二段にわたって検討しよう。具体的に言えば、最初は外からアメリカの冷戦戦略のなかでの対中政策をたどり、次に内から中国のアメリカ戦略への対応・対米戦略をトレースし、それとの関連で経済発展政策の形成・変移を検討することにする。

「沸騰する中国」「21世紀の超大国・中国」など経済雑誌の表紙に踊るこうしたキャッチコピーが示すように、中国は驚異的な「経済成長」を遂げている。いくつかの簡単な数値でもそのことは確かめられる。GDP（国内総生産）は1990年3569億ドル、2000年1兆1985億ドル、2010年には5兆8786億ドルで、その伸びは2000年代平均で年率9.8％に達している。この生産力発展を可能としたメカニズムは、NICsを生みだし、さらに他の欧州や南米のNICsを尻目に、東アジアNICsを「4頭の龍」へと変身させたメカニズム（蓄積機構）＝外生循

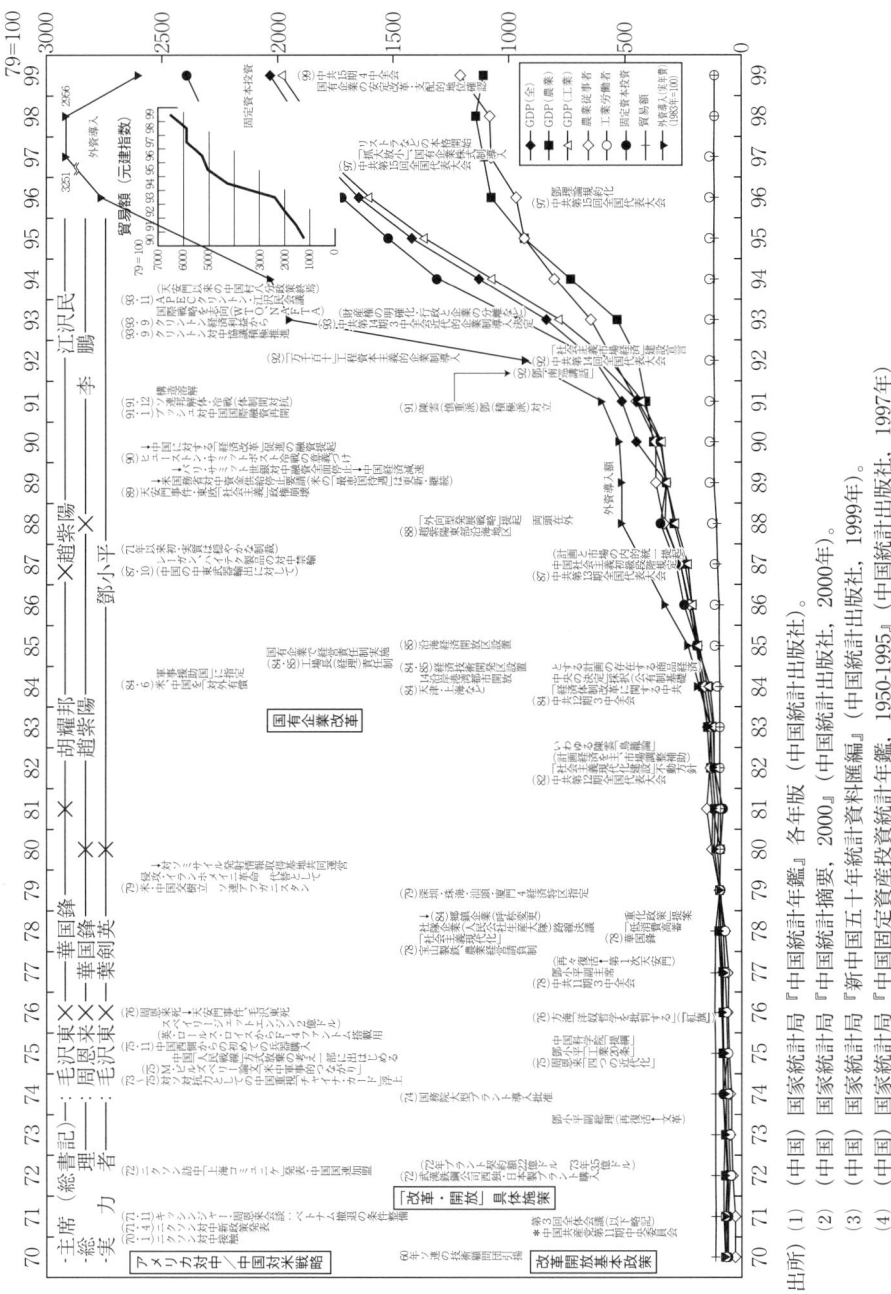

図 3-8 「市場体制」としての中国（改革・開放）

環である。その構造は，国外との再生産循環が国内の再生産循環を抱え込み補完する構造である。農業は労働力の供給源となり，発展が阻害され停滞を余儀なくされる。こうした一国の再生産構造が外生循環構造である。1990年代，このメカニズムが「改革・開放」・社会主義市場経済政策をとる中国の沿海部をとらえたのである。

　歴史は繰り返すと言う。中国の「改革・開放」・「社会主義市場経済」化は，レーニン・ソビエトが戦時共産主義・祖国防衛戦争体制を解いて「新経済政策（ネップ）」を実行する過程と似てはいないか。1917年ロシア革命の後，資本主義世界からの封じ込め・包囲がゆるみ，資本主義の側が社会主義の存在を受け入れ始めた1920年代初頭の時期と類似してはいないか。無論歴史は単純には繰り返さない。世界史の段階的差異が前提とされなければならないだろう。ソ連・東欧「社会主義」が置かれていた状況と，「社会主義市場経済」を打ちたてようとしている21世紀の中国の置かれている状況の差異である。列強帝国主義諸国の包囲と冷戦体制の重圧の中，息を殺して生き，そして崩壊した20世紀「社会主義諸国」の中軸としてのソ連・東欧。これと対照的に民族・国民国家の狭い枠を生産力が突きやぶり，資本がグローバルなシステムの中にいなければ価値配分にあずかれず，地球規模の社会・経済調整システムが求められている21世紀に「社会主義市場経済」の道を進もうとしている中国。この大情況の差異は決定的である。

2　アメリカの冷戦戦略と中国「改革・開放」への道筋

　「まるで国がなかったようなものなのだ」。この国は滅びる。半植民地として民も土地も蚕食されていた中国。中国の外国諸列強からの解放こそは，毛沢東をはじめとした心ある中国人の悲願であった。1949年1月人民解放軍は北京を解放，ここに中国は軍事的，政治的には半植民地状態から脱することになる。しかしこの政治的，軍事的解放は，解放を保証する経済的基盤の構築という困難な，しかしやり遂げなければならない課題を彼らに突きつけた。それは，1950年の国内総生産ベースで言えば，アメリカの16分の1，焦土と化した飢餓状態の日本と比較しても3分の1の経済力で，[19]人口5億4000万人を養うという課題である。しかも屈辱的な外国による支配を再び許さない軍事力を維持しな

第3章　冷戦構造の溶解＝冷戦体制の解除とアメリカ一国覇権主義　　73

がらである。

　こうした条件からは，5億4000万人をすべて自前で養おうとする道を選択する余裕はなかった。政治スローガンとして「自力更生」はありえても，現実はそれを許さなかった。中国は，全土解放，建国が具体的日程にのぼるにつれて，対米融和方針をうちだしていく。1949年6月にはさらに具体的に，中国の反動派と結託しない限り，また中国人民と友好的な態度をとる限り，アメリカをも含む諸外国の政府と「外交関係の樹立について話し合う用意がある」[20]，中国共産党はこう述べた。しかし毛沢東・新生中華人民共和国はその15日後の7月1日毛沢東の論文「人民民主主義独裁について」で，疑念を抱きつつもソ連との同盟関係，「向ソ一辺倒」へと政策を急旋回させた。中国は「対等・平等・互恵」の「社会主義国際分業」路線による，社会主義国家の建設に着手したのである。「ソ連の真心をこめた，私心のない，兄弟のような」援助により軍事力の基盤＝重化学工業を造り上げる計画を立案した。第1次5カ年計画（1953～57年）である。しかし，それを成し遂げるための原資，すなわちソ連の援助は執拗な代償要求をともなうものであった。スターリン・ソ連は中ソ友好同盟条約での「3億ドルの利子つき借款」供与の見返りに，新疆地域の石油や稀少金属などの利権を要求してきた。「夢」を打ち砕かれた毛沢東は，次第に顕在化するソ連との軋轢の中で，国際分業を断ち切る「自力更生」路線への転換を決断する。中国・毛沢東は帝国主義者顔負けの「社会帝国主義者」ソ連を見限った。労働力の大衆動員・大量投入という独自の方法によって，生産の量的拡大を目的とした重化学工業化に着手する。「大躍進」である。しかし封建制と植民地支配の残骸の上に，この方式で「社会主義」中国の経済建設を進めることは，それが国民の意識統合，思想動員のスローガンになり得たとしても，重化学工業化は現実には不可能だった。強力な「自力更生」路線であった「大躍進」[21]の失敗は，中国共産党・政府内部に外国との連関，とりわけ機械設備を中心とした労働手段の輸入＝国外依存を仰ぐ近代化路線の蘇生，「調整」をもたらした。無論ソ連とのリンク・「国際分業体制」の道が遮断された状況下では，とりうる道は西側資本主義諸国とのリンク以外に方途はなかった。1963年から1966年までの間に350件2億ドル以上にのぼる完成プラントの購入契約が日本及び西側諸国との間で締結されたという[22]。この政策の失敗，調整という息継ぎ

もつかの間，今度は，北のソ連からの脅威に加えて南からの脅威に，中国はさらされることになる。中国は，対ソ対決に加えて，ベトナム問題での対米対決に備えなければならなかった。

　1961年1月，J・F・ケネディは第35代アメリカ大統領に就任した。大統領選挙で沈滞を破る「清新な候補」として「ニュー・フロンティア」のスローガンを掲げ当選した彼は，ソ連と対抗できるのは「自由社会の力」であり，なによりも「アメリカの力を築き上げる」ことこそが必要だ，と力説した。就任への「祝福」とばかりに，ソ連・フルシチョフは「民族解放戦争」の支持・支援を再度強調した。これは，前年1960年11月の「共産党・労働者党代表者会議の声明」ですでに表明されていた内容ではあったが，それを再度表明したところに「祝意」が込められていた。フルシチョフ・ソ連の方針は，1957年のスプートニク打ち上げ成功の優位性と，「平和共存」というイデオロギーを隠れ蓑にしながら，米ソの直接対決を避けつつ，その間に国力を増大させ資本主義世界を圧倒しようとするいわばソ連本体温存戦略であった。[23]

　ケネディ政権も，「大戦略」として核の圧倒的優位を保持しつつ，あらゆる非核限定戦争とくに「共産主義勢力のゲリラ戦争（特殊戦争）」に対応しうる戦略を対置した。[24] ケネディ政権はまず手始めに，1961年4月フロリダ半島南方165キロメートルの小島・キューバ奪回の「特殊戦争」を実行する。キューバ侵攻失敗の後，失点を回復すべくベトナムでの「共産主義勢力」の駆逐を本格的に開始した。前年から南ベトナムではじまったゴ・ディン・ジェム・南ベトナム政権に対する反政府・反米の武装闘争は，南ベトナム解放民族戦線（1960年末）の結成を機に，南ベトナム政府軍と解放戦線の本格的戦争へとエスカレートしていった。これに対しケネディ米大統領は，ジュネーブ協定に違反して，特殊部隊4000人の派遣を手はじめに，軍事援助司令部の設立を決定する。とともに枯れ葉作戦を開始した。当初アメリカの軍事援助を受けた南ベトナム政府軍と，北ベトナムの支援を得た解放戦線の交戦であったが，63年1月のアプバクの敗北により南ベトナム政府軍の無力が露呈された以降，米軍の関与が深まっていく。ケネディ暗殺後，大統領に就任したジョンソンは，1964年8月「トンキン湾事件」[25] を口実にして戦争遂行・拡大の白紙委任状を議会から引き出したのち，翌年2月7日，17度線北方の北ベトナム・ドンホイ爆撃＝北爆

に踏み切った。さらに3月8日，ダナン港に米海兵隊が上陸，ベトナム人民軍（北ベトナム正規軍）と直接的な交戦がはじまり，本格的なアメリカと北ベトナムの戦争へと拡大した。

　この南の情勢を見て，北ベトナムを支援する毛沢東・中国が自国へのアメリカの侵略を想定したとしても何の不思議もない。毛沢東・中国は二つの対抗策を実施する。一つは，かつて日本帝国主義の侵略に対して，八路軍とともにゲリラ戦で対抗した人民の再武装再教育であり，彼らの拠点となる人民公社を中心とした「解放区」の再強化であった。鉄鋼，機械をはじめ軍備も食料も自給できる「解放区」を，今度は南から迫ってくるアメリカ帝国主義に対する「抗米救国，防衛戦争」の拠点にしようとしたのである。だが，「大躍進」の失敗は実務的現実主義的な志向を中国共産党内部に蘇生させ，「実権派」と呼ばれる劉少奇，鄧小平らの力を増大させつつあった。この志向が人民内部にも影響を及ぼさないはずはなく，毛沢東は仮にアメリカが中国に侵攻を開始したならば，かつてのように全人民が軍事的に対抗できるか否かについて，強い危機感をもっていたものと思われる。解放区で実施した整風運動のような人民の政治思想の高揚と共産党自身の自己点検を，全国的な政治運動として展開しなければならない。これが毛沢東の考えであった。解放区時代という初心にかえるべき。これが毛沢東の原則であった。と同時に，前述のように「大躍進」政策の失敗によって中国共産党内少数派に追い込まれていた毛沢東らは，「抗米救国，防衛戦争」を実行するために実権奪取の「大衆運動」を組織した。党内政敵の打倒を大衆運動で成し遂げよう，という毛沢東一流のやり方が，1965年秋から開始された「文化大革命」であった。「造反有理」を掲げる中学，高校，大学生らを中心とした青少年・「紅衛兵」の「ブルジョア思想」イコール「実権派」打倒という単純な思考・エネルギーは，権力奪取を目指す毛沢東と江青・王洪文ら「四人組」の思惑にそって，その後10年間，中国国内を大混乱に陥れていく。

　もう一つの策とは，当然のことながら軍事力の基盤である軍事＝重化学工業を米ソの攻撃から防御しつつ軍隊を近代化することであった。1964年原爆実験の成功を背景に，ソ連を訪問した周恩来の対ソ関係修復も成功しないまま，毛沢東の強力なイニシアチブのもと，米ソ両面からの攻撃に備えて，全国を一線

（沿岸地帯）と三線（内陸奥地と西部）と二線（それ以外の中間地域）との3地域に区分し，準戦時下での内陸奥地と西部の三線地域への軍事・重化学工業の移設・集中方針を，毛沢東は1964年の中央工作会議で決定した。こうして中国は第三線での軍事＝重化学工業の強行構築を開始した。文化大革命の混乱のなかでも，この国防，軍事＝重化学工業のための三線建設だけは敢行され，5年間（1966～70年）の基本建設投資850億元の60％は国防関連の重工業に振り向けられた。1964年原爆をはじめとして67年の水爆実験成功，70年には人工衛星の打ち上げなど，核とミサイルの開発とともに，中距離ミサイルの配備，TU-16中距離爆撃機，F-9戦闘爆撃機の開発配備などが強行され，1960年に9％にまで低下していた国防費はこの間上昇を続け，1968年には国家財政に占める割合は26％にまで増大していった。しかもこの間中国はベトナム戦争での北ベトナムへの支援を余儀なくされており，1965年11月から70年7月の約5年間で，物資の援助額は約13億ドル，人的支援はのべ32万人にのぼったという。[29]

　南からはアメリカ帝国主義，北からはソ連「社会帝国主義」の軍事的脅威に対抗するために，軍事＝重化学工業の強行構築を，中国は押し進めた。この結果中国は1960年代中葉から1970年代初めにかけて，経済の能力を越えた膨大な国防費と，三線建設にかかわる生産性無視の，そして国民の低消費，即ち85％を占める農民の低生活水準を前提とした軍事＝重化学工業の構築を強行した。これによって，国民経済のバランスは完全に崩されていった。[30]

　ベトナム戦争はこのように中国の現実に重大な影響を及ぼしたが，直接的当事者となっていたアメリカにも大打撃を与えた。ベトナム戦争は，南ベトナムを解放し，北ベトナムの社会主義を守り，南北を統一することを大きな目標として戦われた，ベトナム民族による民族解放闘争であった。ベトナム人は新植民地主義からの離脱を目標とする民族解放戦争・社会主義革命として，この戦争を戦った。だが反対側の当事者であったアメリカ国民にとっては，意義を見出せないダーティーな戦争として遂行された。アメリカは戦争というジャングルに迷い込んでゆく。通常では大義を掲げて「威風堂々」と行われる宣戦布告もなかったことが「迷い込んでいった」様子をよく表している。ベトナム戦争には，少なくとも1965年から1971年の間に1500億ドル，間接経費も含めれば2400億ドルもの戦費がつぎ込まれた。その戦争は，アメリカが戦後世界に敷い

た社会主義体制に対抗する「資本主義の維持・統合システム」=「冷戦体制」解体の序曲となった。だがアメリカ国民にとっての直接的な関心事は，兵士・青年の負傷者・死者の多さであった。派兵数のベ260万人，最高時には55万人を駐留させ，戦死者は5万8000人，負傷者は75万2000人に達した。共産主義を不道徳，邪悪なものとして，その脅威からアメリカ的民主主義・生活様式を守らなければならないという決意は，これだけの犠牲を払いながらも，アジアの「小国」・ベトナムでいっこうに実現されない。その決意は苛立ちに変わっていった。逆にそうした戦争行動は，アメリカの憲法，国連憲章，国際法，国際条約に違反し，アメリカの歴史的・伝統的精神にもとるのではないかという疑問が生じた。それはアメリカの兵力派遣が加速され，戦闘が激化するにつれて高まっていった。その疑問は，さらに自らの価値観，生活様式，反共主義・自由を守るという正義への強い懐疑へと転化していった。北爆が強化され，枯れ葉作戦やソンミ事件の実態が明るみに出るにつれて，ベトナム戦争に対する懐疑は，ベトナム戦争反対の動きとなって広がった。このベトナム反戦運動は，黒人公民権運動(31)とともに全米に拡大していったのである。

　アメリカ・ニクソン政権は，1970年に入ると政権の屋台骨を揺るがす内政問題へと転化したベトナム反戦運動，その根底にあるベトナム問題の本格的な解決に乗り出さざるを得なくなった。中国「封じ込め政策」を反転させ，中国との接触を模索し始めた。それは，台湾駐留米軍の一部削減を見返りに，アメリカのベトナムからの撤退協力を中国からとりつけようという外交戦術であった。この背景にはベトナム戦争に中国が朝鮮戦争の時のように介入して，支援するのではないかという，ジョンソン政権当時からの危惧があったと思われる。中国の協力があればベトナム戦争を有利に終結できるかもしれない，(32)という考えが実行に移された。中国との直接交渉によって中国介入の懸念をぬぐい去り，大規模な攻撃を北ベトナムにかけ戦局を有利にした上で，北ベトナムを停戦交渉のテーブルにつかせるという筋書きが，この時出来上がった。

　一方中国の側にもそれに応ずる事情が存在していた。中ソ対立のもっとも先鋭な表れとなった中ソの国境問題は，69年3月のウスリー川の中州，珍宝島，ソ連名ダマンスキー島の領有権をめぐる軍事衝突，同年6月と8月の新疆ウイグル自治区テレクチ地区をめぐる2度の軍事衝突と，都合3回にわたる中ソの

図3-9 米中和解の構図

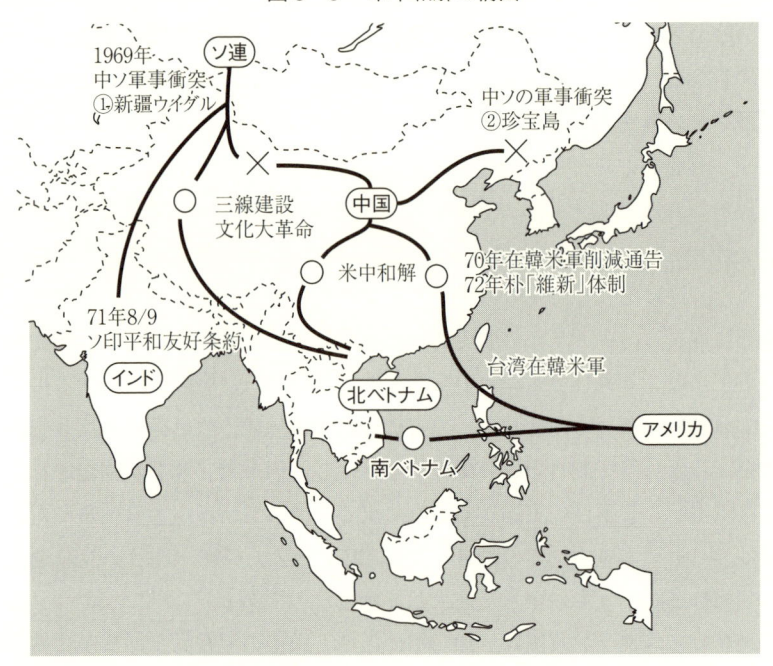

注）諸資料より作成した模式図。

軍事衝突となって表面化した。ソ連からの軍事攻撃にさらされることになった中国は、いまやソ連を最大の敵と考えるようになり、前述のアメリカの戦術に乗ったのである。1969年に対中貿易緩和という接近のシグナルが中国に送られた。アメリカの中国接近政策は、70年1月に開始され、1971年7月キッシンジャー中国訪問、10月中国国連加盟、翌72年2月のニクソン訪中へと進んだ。中国の介入を恐れることなく軍事行動、戦争エスカレートの自由を手に入れたアメリカは、70年11月に北ベトナムへの大規模爆撃を再開し、72年5月には北ベトナムの全港湾の機雷封鎖を実施した。だがアメリカはこうした軍事行動によってもベトナム情勢を好転させることはできなかった。73年1月平和条約の締結後、75年4月北ベトナム・南ベトナム共和国臨時革命政府（解放戦線）のサイゴン武力解放によってベトナム戦争は終結した。結局アメリカの対中関係改善による、ベトナム戦争からの「名誉」ある撤退はうまく行かなかったが、この外交努力によって、アメリカはインドシナ半島全域の「共産主義化」とい

第3章　冷戦構造の溶解＝冷戦体制の解除とアメリカ一国覇権主義　79

う「思わしくない影響」を最小限に抑えることはできた。これ以降アメリカは，ソ連に対抗するために中国との協力関係を構築・拡大・強化し，中国を「チャイナ・カード」として利用することになる。同時に中国もアメリカのこの考え方に乗りつつ，ソ連を視野に置きながら「改革・開放」をすすめることになる。

中国は国連復帰で国際社会にデビューを果たしたとはいえ，ベトナム戦争でのアメリカの敗北は，アメリカ国民の目とりわけ親台湾派には「共産主義の拡大」と映ったから，米中の国交正常化・回復は中国の国連復帰とは裏腹に一時的にいきづまった。だが対ソ・社会主義体制「拡大」への対抗力として中国の軍事力を利用して，アメリカがソ連に対して新たな影響力を行使する。冷戦で有利な立場にたつために中国を利用する，という考え方は，「チャイナ・カード」としてアメリカのソ連・社会主義体制に対する政策の柱(35)となっていった。アメリカおよび周辺諸国の安全保障にとって脅威にならず，ソ連を押さえ込める程度の軍事力を中国につけさせる外交政策が実施され，航空機や兵器が積極的に中国に供給・売却された。この考え方は，米ソの体制間対抗・冷戦構造が溶解し，世界戦略の転換が可能になるまで，基本的には堅持されたといえよう。

中国も対ソ対立を利用し，アメリカに中国の重要性を認識させるというやり方でチャイナ・カードを逆手にとって利用した。西側資本主義諸国から軍事技術と兵器を導入し，軍事力の近代化を図りつつ，労働手段（設備，プラント等）を呼びこんで軍事＝重化学工業の立て直しをはかった。建前としての「自力更生路線」最後の産物である「第4次5カ年計画」(1971～75年)ののち，周恩来「四つの近代化」その具体化としての鄧小平「工業二〇条」を経て，総路線は「自力更生」から「改革・開放」へと旋回する。華国鋒の経済政策（「第2次大躍進」－洋躍進）をへて，鄧小平へと主導権・権力が移る過程で，この路線は「改革・開放」路線へと染めあげられていく。とりわけ1979年以降矢継ぎばやにうちだされてくる諸政策で，それらは明確になっていった。具体的(36)施策は「経済特区」，国外資金調達と国外資本との合弁を目的とした「中外合資経営企業法」，宝山製鉄に見られる大規模国外プラントの輸入・移植などである。かつての国際分業路線は20年の空白をへて息を吹き返し，経済建設方針は国外資本主義とのリンク，「国際分業」路線へと再び転轍されたのである。1979年1月に米中国交正常化が成立すると同時に，日本の対中経済協力3原則

が発表され，260万ドルの無償技術協力が，つづいて第1次円借款も開始された。これが後の中国沿海部のNICs化，インフラストラクチャー整備に役立ち，国外資本・企業受入の基盤になったことは言うまでもない。

3 米中協力の産物としての「改革・開放」政策の確立——内資動員から外資依存へ

前段で述べたように，米ソ冷戦構造の下，中国がアメリカの冷戦体制に組み込まれていく中で，「改革・開放」路線は中国の国是となった。これは，「内資動員」による経済建設のいきづまり・放棄を意味している。急速な農村の「人民公社化」，「大躍進」後の調整・回復期における人民公社政策の手直し（人民公社の生産大隊，生産隊への縮小変形や自留地，個人請負制の部分的復活）など，中国共産党・政府は軍事＝重化学工業化の原資としての農業剰余の増大に腐心してきた。それらの施策はどれも失敗に帰したと言ってよいが，いずれにしても自国・自前の剰余による軍事＝重化学工業化であった。「外からの（資本主義的）発展」の道を選択することによって，中国は経済の失速を食い止め，「成長」の第2エンジンとしてその推力を利用し，本体を浮揚させようとしたのである。本体とは，国有企業，なかでも重化学工業であるが，遅れた国有企業改革は，避けて通ることのできない課題だったのである。

だがこうした方針が確固たるものになるには，1980年代の10年間という時間が必要だった。とくに国有企業などの本体といわば外延（外生循環に組み込まれる沿海部地域）との調整に関して，中国の「改革・開放」に対する積極派と慎重派の対立があった。1979年「改革・開放」の第一歩が踏み出されたものの，「改革・開放」慎重派・「計画経済」重視の考え方はそう簡単に消えたわけではなかった。1982年の時点（中国共産党第12期全国代表大会）では「社会主義現代化建設」が不動の方針として採択されたものの，「計画経済」を主とし「市場調整」を補助的に活用するという，いわゆる陳雲の「鳥籠論」が依然として影響力を残していた。その方針は1984年の中国共産党12期3中全会でも追認され，「公有制を基礎とする計画経済」のもとで商品経済を認める，という路線となった。この「計画」重視の方針が「市場」重視へと軸足を移し始めるのは，1987年の中国共産党第13期全国代表大会での計画と市場の「内的統一」の議論をへて，趙紫陽が翌88年に「東部沿海地域外向型経済発展戦略」を打ち出して

以降のことである。この戦略は沿海地域を巨大な輸出加工区とするもので，国内経済への「悪影響」を排除するために，「両頭在外」，つまり原材料・部品等の調達と製品販売の両方＝「両頭」とも，国外＝「在外」に依存するという戦略である。いうまでもなくそれは韓国や台湾などのNICsがとった「輸出指向工業化戦略」である。この方針が中国で定着し不動のものとなるためには，「改革・開放」10年目に国民は大きな犠牲を払わねばならなかった。1989年の天安門事件である。

　1989年4月中旬，胡耀邦追悼の名目ではじまったデモは民主化要求のデモに発展し，広範な市民を巻き込み，やがて100万規模のデモ隊が天安門広場を埋めつくす事態に発展した。独裁的支配を強める鄧小平「人治」に対して，学生や知識人らは「法治」を要求し，経済開放政策が引き起こした物価高騰[37]に対して抗議をした。同じ頃東欧諸国で進行していた民主化改革，とくに5月中旬のペレストロイカの旗手，ソ連・ゴルバチョフ書記長の訪中は，反独裁・民主化闘争を高揚させた。5月20日には北京市に戒厳令が布告される事態となった。ついには6月4日「六・四」戒厳軍は学生や市民に発砲し，天安門広場から彼らを排除した。その結果300人余が死亡し，多数の指導者が逮捕された。事件の4日後の6月8日には世界銀行は対中国融資を「事実上停止[38]」し，翌月フランス・アルシュで開催されたサミットでは，中国の人権抑圧非難を織り込んだ「中国に関する宣言」が採択された。たしかにこの宣言文[39]には，世銀の「新規融資の審査の延期」も確認されていたが，中国の孤立回避と協力関係の復活もあわせて盛り込まれていた。中国経済の失速は資本主義世界にとってのマイナスである，という共通認識がサミットにあったからである。これはアメリカの認識でもあった。中国政府の「人権弾圧」は，アメリカ国内での中国人留学生(4.3万人：リーダー趙海清：ヂャオ・ハイチン)の中国反政府活動の高揚とあいまって，「人権」を金看板とする民主党にとっては共和党ブッシュ政権への恰好の攻撃材料になった。無論アメリカ・ブッシュ政権も対中資金供給を停止せざるを得なかったが，対中「最恵国待遇」継続が示すように，兵器，航空機産業の要請からも，弁解できる条件が整えばこれらの「制裁措置」[40]は直ちにとかれることになっていた。

　しかしいずれにしても中国の外資導入にブレーキ[41]がかかった。曲がりなりに

も順調に伸びてきた外資導入額は，この事件を契機として1989, 90, 91年と3年あまり停滞することになる。外資に先導される恰好で「成長」を遂げていた中国経済は立ち往生を余儀なくされた。1990年代の量と比較すればまだ少なかったとはいえ，借款を中心とした外資が中国経済に刺激を与えていたからである。「改革・開放」が中国経済の浮揚にとって必要不可欠であることが痛感されると同時に，急速な「改革・開放」が，東欧のように政権崩壊をもたらすかもしれないという危惧も実感された。陳雲ら「改革・開放」慎重派は，鄧小平ら積極派と対立を深めることになる。だが天安門事件を力で押さえつけ東欧のような「体制変革」に発展させなかった積極派が，イニシアチブを握った。外資の順調な流入こそが発展の原動力であると考える鄧小平は，1992年の「南巡講和」で国内世論を統一した。中国はより大胆で積極的な「改革・開放」，市場経済導入へと邁進することになる。「統一された世論」は，同年10月中国共産党第14回全国代表大会で「社会主義市場経済」という「ウクラード」[42]（社会経済制度）として，概念化された。以降この方向は，97年の中国共産党第15回全国代表大会では「鄧小平理論」として成文化され国是となった。

　1990年6月中国民主化運動の指導者方励之（ファン・リージー）のイギリスへの出国を「制裁」解除の格好の言い訳にして，ヒューストン・サミットでは「中国の経済改革」を促進する融資再開が決定された。国民の手前「制裁」をつづけていたアメリカも，91年には新規融資の禁止を解除した。こうしたソ連「社会主義」を共通の敵とする，アメリカと中国の間に打てば響く「協力関係」が強まり，中国の「改革・開放」が強力に推し進められた。その年の暮れにソ連邦は解体したのである。

　以上，中国の「改革・開放」への道程を述べてきた。アメリカは，ソ連・社会主義体制への対抗のための切り札（中国カード）として，中国を扱ってきた。中国もこのカードを「改革・開放」の切り札として利用してきた。しかし，東欧・ソ連邦崩壊後，アメリカは対中国関係の調整・見直しを進めるようになる。「米ロ憲章」（1992年）という安全保障装置が機能し始めた1990年代に入ってからは，アメリカの世界戦略は軍事安全保障の見地，対社会主義体制対抗という視角からではなく，アメリカの経済的利益の視線から見直されるようになる。アメリカがAPECに介入し，環太平洋の主役であるとアッピールしたのも，

GATTをWTOへと改編したのもその表れである。冷戦コストを1人で負担する必要はなくなった。アメリカの利益は世界の利益である，と「堂々」と主張することができる。中国「人民解放軍」の軍事力と兵器輸出に神経を尖らせながらも，中国が世界の成長の牽引役「青い鳥」になることを，アメリカは期待しているのである。1997年江沢民の訪米は，天安門事件以来の中国国家元首の訪米となり，また翌年にはクリントンも中国を訪問した。クリントンの歓迎式典は，その弾圧の現場，天安門広場で行われた。米中双方にとって安定した米中関係の構築はそれぞれの国益にかなう。

　NICsは「アジアの奇跡」の主役だった。アジアNICsは，1970年代半ばから少なくとも98年のアジア通貨・金融危機までの約20年間，資本主義世界を「青い鳥」としてはばたき，「アジアの世紀」の主役となり世界資本主義をささえた。今度は，半島，島，都市国家ではない，人口12億の大陸国家中国が「青い鳥」となりその役割を果たしてくれれば，半世紀は「持続的成長」の可能性がある，とアメリカは考えている。

III　半植民地中国と後進ロシアの社会主義導入実験
——二つの「利権事業」

　　　　　霊台無形逃神矢　　風雨如磐闇故園
　　　　　寄意寒星荃不察　　我以我血薦軒轅

　「心（霊台）は，日本で受けた様々の刺激（神矢）を逃れられない。風雨はいよいよ激しいが，祖国（故園）はなお闇にとざされている。遠く寄せる私の思いを，わが国民は察してくれない。私は自分の血を，祖国に捧げるのみである」。魯迅が同郷の親友，許寿裳（シュー・ショウシャン）に自分の写真に書き付けて送った詩文である。その親友と魯迅は闇に閉ざされた祖国を憂い中国民族にもっともかけているのは何か，そしてその病根は何かをよく語り合ったという。彼らの結論は，「2度にわたって異民族の奴隷となったことが，最大最深の病根である，奴隷たるものに誠だの愛だのが問題にできるであろうか，唯一の救済方法は革命だ」。これが魯迅と親友・許寿裳の結論だった。

異民族による植民地支配からの脱離，独立・自立こそ，魯迅であれ，毛沢東であれ自覚的な民衆であれ，近現代中国を造り上げた人々の宿志ではなかったろうか。日中戦争，国共内戦を経て達成された独立を維持するために，存在するすべてのものがつぎ込まれたとしても何の不思議もない。アメリカ帝国主義はいうに及ばず，盟友と信じたソ連も，中国にしてみれば代償を求めるアメリカ顔負けの（社会）帝国主義者であった。北方ソ連との50年代後半からはじまる中ソ論争・国境紛争・武力衝突にそなえつつ，同時に南方でのベトナム戦争の激化・拡大にともなう，中国本土へのアメリカの侵略に中国は備えなければならなかった。中国は米ソ冷戦構造の磁場の真っ只中に立たされ，国家存亡の危機にさらされつづけた。新中国成立以降も中国は準戦時下にあったといえる。少なくとも1971年にアメリカによる封じ込め政策が転換されるまではそうだった。達成した解放と独立維持のために最良のものが最大限動員された。戦争に備えて攻撃されにくい内陸奥地に重化学工業基盤は移設され，軍事工業として強化された。三線建設である。「自力更生」・「大躍進」・急速な農村の「人民公社」化は，対ソ・対米戦争に備えた農村コンミューンとしての人民戦争陣地の再構築であった。「文化大革命」による人民戦争陣地のさらなる強化。いずれも準戦時期に毛沢東・中国のとった対ソ・対米対抗策である。この対抗策は独立と共産党政権の維持という目的は果たしたが，3000万人が死亡したといわれる「大躍進」，40万人の死者と1000万人の被害者を出したといわれる「文化大革命」という人的犠牲と経済の極度の疲弊をもたらした。
　歴史は繰り返すという。ロシア革命の後，帝国主義諸列強の包囲網がとかれ，緊急避難としての「戦時共産主義」を転換し，レーニン政権は「息継ぎ」ができるようになった。おくれたロシア発展の方途として資本主義的発展の道が再提起された。その具体策の一つは「利権事業」を開始することであった。「利権事業」とは，国有の施設や資源などの生産手段を資本家企業家に貸し出すことである。「経済関係の見地からすれば，利権とはいったいなにか。それは国家資本主義である。……特殊な工場さえも（スウェーデンのベアリング企業との利権契約案）が，資本家の手にゆだねられる。社会主義国家権力は自己に属する生産手段──工場，資材，鉱山──を資本家に提供する。資本家は，請負人として社会主義的生産手段の賃借人として仕事をし，自分の資本に対して利潤

を受けるとともに，生産物の一部を社会主義国家に引きわたす」[45]。ソビエト権力が資本家と契約を結ぶ。その資本家とは，無論西ヨーロッパの資本家である。レーニンは，権力が労働者階級，レーニン政権の手中にあり，利権を統制しうることを前提に，国外資本とのリンクを足がかりに社会主義建設を展望したのである。

　1949年にはじまる中国の準戦時下の時期，ソビエトになぞらえれば「戦時共産主義」の時期は，1970年の米中接近によって，ひとまず終わることになる。第1次5カ年計画の終了（1958年）から大躍進，調整，文化大革命と続いた準戦時体制は，「宿敵ソ連」を抱えたままではあるが，アメリカの接近によって，西側資本との「利権事業」を行う余地がうまれ，息継ぎが可能となった。1969年対中国貿易緩和政策にはじまった米中の接近は，1971年10月中国の国連加盟，翌72年のR・ニクソン訪中へと進んだ。毛沢東「自力更生路線」と周恩来「現代化路線」の妥協の産物である第4次5カ年計画が進められる中で，大型プラントが矢継ぎばやに導入された。「反毛・走資派の首魁」との批判を浴びながら失脚した鄧小平も，1973年副総理に復活した。中国は，余剰内資を創出し，それを動員しておくれた経済をのりこえる道をあきらめ，経済発展を国外蓄積＝外国資本に依存し，期間を圧縮して成し遂げる方向へと転換した。レーニン・ソ連がそうであったように，西側の資本家を引き入れ「利権」を提供して，疲弊した経済の立て直しに方向を転換したのである。これ以降中国は「改革・開放」の道をひた走ることになる。

　もちろんレーニンのいう「利権事業」と今次の中国のそれとは同じではない。第一，世界史の段階差がある。レーニン・ソビエトの時代は帝国主義がそれぞれ植民地を擁し，資本投資，ここでいう「利権事業」は，軍艦と大砲に守られての証券投資が主流であった。それから半世紀あまりのち，資本の国際移動は常態化した。しかも工場・設備・原材料部品という生産手段を投下し経営する直接投資が主流となった。資本はグローバルなシステムの中にいなければ生き残れない。世界市場革命の一側面である「価格破壊」によって，資本・企業は生き残りのために，絶え間ない費用価格の圧縮，「コストダウン」から逃れられない。労賃部分，「人件費」の壁につきあたった資本・企業は，低賃金労働力を求めて，中国をはじめとする途上国に資本投下をせざるを得ない。こう

して投資国も被投資国も「利権事業」契約を守ることが双方の利益となり，投下された資本，生み出された果実・利益（剰余価値）も保証される。中国の「利権事業」はこうした環境下のものである。

次に，「利権事業」の内容が違っている。ロシアの場合は，後進資本主義国とはいえ，ツァー・ロシアの強力な上からの資本主義的発展のうえに，「自己に属する生産手段」である「工場」や「原料，鉱山，油田，鉱石」が利権として提供されようとしていた。これに対して，中国の場合は農村という大海原から，農家請負制によって離農せざるを得なくなった農民が，都市へ押し出され過剰人口となった。この未熟練・低賃金労働力が，「利権事業」の対象となった。工業製品を互換性部品の集合体ととらえる考え方をさらに推し進め，ユニット化電子部品化して，未熟練さえ熟練にしてしまうほどの生産方式が，中国にもち込まれた。これが中国の過剰労働力と結合した。

レーニンの時代に1つも結べなかった利権契約を，75年後のグローバル化の中で1992年に中国は4万8764件結んだ。かつてのロシア・共産党（ボリシェビキ）政権「封鎖」にかわって，中国共産党政権の「開放」を資本＝国際社会は認めたのである。企業は生き残りのため，「資本家」はコストの削減のために，低賃金労働力という「利権」を求めて中国に殺到せざるをえない。中国における最良の「利権」とは，「人的資本」（労働者）である。この結果，国外との紐帯，物財補塡関係を必要不可欠とする「外生循環」が構築され，これが中国経済の基本骨格となった。[46]

先ほど述べたように，ソ連，新経済政策（ネップ）は，自由な私的利潤の追求を生産回復，経済復興の切り札としていた。レーニンはこれによって生み出された市場の復活のもとで，いかにして社会主義経済に市場との整合性をもたせ，社会主義を建設するかという問題に直面した。予想を越えてはるかに広がった市場経済は，国家機関が媒介する「商品交換」をたやすくのりこえてしまった。だが，そもそも相反する「市場」と「計画」を併せ呑むということはなにかという結論が出る前に，もっとも乱暴な形で，スターリンは集権的な「上から」の軍事重工業建設を至上命題とした「社会主義計画経済」で「市場」を抹殺した。

先ほどらい，中国の「改革・開放」を，ソ連の「戦時共産主義」の後の新経

済政策と比定しながら述べてきた。では社会主義経済の二大範疇である「計画」と「所有」の問題をどう考えたらいいのであろうか。レーニンはネップの柱である「利権事業」で，「所有」について次のように述べている。「ソビエト権力が自分の手に属するものの大部分を利権として供与すれば，それはまったくばかげたことで……資本主義への復帰となるであろう。……われわれが国有企業を確保しどういう利権をどういう条件のもとで，またどういう規模で提供することができるか厳密に考量するかぎり，利権は恐ろしくない」[47]。生産力低位，後進ロシアの現実は，権力掌握の前と後で変わるわけでもない。かといって「戦争か平和か」を迫られ，社会主義建設の準備が整っていませんから権力を放棄します，などとは言えなかった。もはや後戻り，帝政への復帰など許されようはずもなかった。革命成功の要を「生産関係」「所有関係」におき，後進性を前提として社会主義建設を進めざるを得なかった。その時，とられた緊急避難的措置が「利権」事業であり，その先の展望は，先進国「社会主義の経済的・生産的・社会＝経済的諸条件」「最新の成果」を備え，当時においては社会主義にふさわしい生産力水準に達していた，と思われたドイツとのリンクだった。レーニンは，ドイツ革命に期待を寄せながら，プロレタリアート・ボリシェビキ政権が権力を掌握し，主要生産手段をそのもとに国有化し，西側資本の導入という資本主義の復活「利権事業」を梃子に，ドイツとの連携を視野に置きつつ社会主義を建設しようとした。中国も「改革・開放」以降，西側資本の導入「利権事業」によって同じ道を歩もうとしている。しかしその後の歴史が示したとおり，ソ連は崩壊し，中国は資本主義に回帰した。

IV 20世紀社会主義とは何だったのか

1 ソ連「社会主義」の光と影

　1991年ソ連・東欧の社会主義の放棄と1992年中国・全人代での「社会主義市場経済」化の決定。こうした「社会主義」から資本主義へのなだれをうった回帰は，国家的所有に社会的所有の内実を与えること，即ち，国・公有のもとでの生産力・生産性上昇の難しさを改めて我々に認識させてくれた。それは生産と消費（需要と供給）の調整システムとしての「計画」の難しさを，計画経済

をとおして所有を維持し再生産することの困難さを再認識させてくれた。「社会の物質的生産諸力は，その発展のある段階で，それらがそれまでその内部で運動してきた既存の生産諸関係と，あるいはその法律的表現にすぎないが，所有諸関係と矛盾するようになる」。「生産の社会的性格と取得の私的・資本主義的性格」の矛盾は，20世紀「社会主義諸国」では，私的所有が廃棄され主要生産手段は国・公有へ移されて解決されたかに見えた。だが，解決されたかにみえた矛盾は，社会的所有（国・公有）からの労働者の疎外として，具体的には官僚機構による集権的・官僚的・命令的計画経済機構が，国民経済の効率的運用を阻害する問題として出現し，「社会主義」諸国を苦しめ続けた。ユーゴスラビアの労働者自主管理計画化システムやソ連における自由化の部分的導入を認めたコスイギン改革などは，そうした二つの「ソガイ」（「疎外」と「阻害」）を克服しようとする試みではあったが，結局は「社会主義」の放棄・崩壊となって，失敗は周知の事柄となった。

　所有とは，一般的には，人間が外界の自然を支配することであるが，本来的には，特定の社会関係のもとで諸個人が生産の諸条件および生産物に対して，自分のものとして行動しそれらを自己のものにすることである。この諸個人の生産諸条件・生産物に対する支配は，歴史の各発展段階において，それぞれ異なった形態をとっている。ロシア革命後あるいは新中国成立時の所有は，噛み砕いて講釈すれば次のようになるだろう。労働者・農民が樹立した国家だから，生産手段を国家が所有すれば，生産手段を私的所有していたことによる弊害（例えば封建領主の支配）を除去できる。国家の意思はイコール労働者・農民の意思でもあるから，全社会的規模での計画的生産や労働に応じた消費財の配分も国家の意思にもとづいて行えばよい，というものであった。

　こうした考え方のルーツはK・マルクスにある。マルクスは株式会社の中に私的所有を止揚する萌芽を見出していた。しかし株式会社の限界にも気づいていたから，労働者たち自身が運営する協同組合生産に社会主義への通路，すなわち，結合・連合的生産を実現する鍵を見出していた。「資本主義的株式企業も，協同組合工場と同様に，資本主義的生産様式から結合生産様式への過渡形態として見られるべきものであるが，ただ，一方（株式企業――涌井）では対立が消極的に，他方（協同組合――涌井）では積極的に止揚されているだけで

ある」。マルクスは株式会社が達成したものを，協同組合化すればいい，連合的（associated）生産様式に変換すればよい，と考えたのである。こうした考え方は，その後エンゲルスに引き継がれることになる。

「産業の好況期は，信用を無制限に膨張させることによって，また恐慌そのものも，大規模な資本主義的企業の倒産をつうじて，各種の株式会社においてわれわれが見るような，大量の生産手段の社会化の形態に向かって押しすすめる」。つまり，好況時でも恐慌時でも社会の発展につれて，工場設備や原材料など生産のために必要なさまざまな財は，私的な形態から社会的・共同的な形態に変わらざるを得ない。「同一産業部門に属する国内の大生産者たちは相結んで，『トラスト』すなわち生産の規制を目的とする連合体をつくる」。私的に勝手にではなく共同生産をせざるを得なくなる。「彼らは，生産すべき総量をきめ，それを自分たちのあいだに割りあて，こうしてあらかじめきめられた販売価格を強制する。だが，このようなトラストは，不況にあうと，たいていはたちまちばらばらになってしまうので，まさにそのためにトラストはいっそう集積度の高い社会化に向かって駆りたてられる。一産業部門全体がただ一つの大株式会社に変わり，国内の競争はこの一つの会社の国内的独占に席をゆずる。……自由競争は独占に転化し，資本主義社会の無計画的な生産は，押しいってくる社会主義社会の計画的な生産に降伏する」。エンゲルスは「そのような巨大な株式会社を『国有化』すれば，社会主義はすぐに実現できると考えていたのである。彼にとって，社会主義は資本主義経済を全体として計画的なものにすることだ。ここから，レーニンのように，社会主義とは，社会を『一つの工場』のようにするものだという考えが出てくる。以後，マルクス主義において，社会主義＝国有化という考えは疑われたことがない。それはけっしてスターリニズムの所産ではない。むしろ，国有化がスターリニズムを生んだのである」。

第2次世界大戦後，ソ連，東欧社会主義諸国での国家所有に起因する労働者の疎外や国民経済の停滞という阻害が表面化する中で，国家的所有と計画の再検討が浮上してきた。さきほど，図3-1で第2次世界大戦前のソ連の「成長」と図3-4で1960年代までの戦後ブームの「成長」の軌跡を図で示した。これを見ると「国・公有にもとづく計画経済」が初めから駄目だったわけではないことがわかる。図に示されたように右肩上がりのグラフ線は，それが

有効に機能した場合・時期もあった,ということを示している。それは1920年代後半から1960年代にかけての40年間ほどの期間である。この時期は第2次世界大戦のための軍事重化学工業化と戦後の原水爆開発・大陸間弾道弾などの開発,それに続く人工衛星スプートニクの打ち上げ(1957年)から金星への軟着陸成功(1970年,ベネラ7号)へと続く宇宙開発の時期である。この宇宙開発は,1987年有人宇宙ステーション・ミールに見られるように,ソ連邦崩壊直前まで継続した。スプートニク・「ショック」が示すように,世界はソ連の宇宙開発技術の高さに驚くと同時に,そうした高い技術を生みだしたソ連の「社会主義」体制のほうが経済制度として優れているのではないか,とさえ考えたのである。国民の生活水準を犠牲にして,人間も含めて最良の資源を軍事・宇宙＝重化学工業につぎ込む。「計画的」に動員する。ここにおいては計画は,日本の太平洋戦争中の「国家総動員法」下の「物資動員計画」[54]に等しいものだったのであろうが,有効に機能したのである。

　資本主義のアンチテーゼであった社会主義思想が,20世紀の初頭の歴史的状況と出会ったとき,それは「工場」と「国家」を手段とした官僚機構の下での中央集権的計画経済を特質とした,命令と動員によって稼動する社会の建設となった。ソ連における計画経済とは,結局,中央省庁の官僚組織による各生産組織への生産財の配給と供出先の指示,および納期と価格設定に関する強制的命令をつうじて,生産組織間の取引・流通を管理し,生産組織を垂直的に統合し,国民経済の生産・流通・消費全体を統制し規制することであった。ソ連や戦前日本やナチス・ドイツのように戦争のための軍事工業を強力・急速に構築するためには,この「公有にもとづく計画」が適合的で有効であったことも事実である。ではなぜこれが破綻し,体制崩壊にまで至ったのであろうか。

　第1の理由は,ソ連型の計画経済が生産のための計画であって消費のための計画ではなかった,ということである。生産が軍事や宇宙開発のための生産であればむしろ当然のことであろう。国民経済全体が熱戦と冷戦の中で軍事と宇宙に「動員された」経済であり,民間の「消費者」とは全く異なる消費者＝軍が,特権のうちに非市場的に維持される,という旧ソ連の特殊な歴史状況からくる経済であった。

　1960年代にはいり,誰も消費しない民生品の「滞貨」が社会問題化し,「利

潤率指標の導入」(62〜64年，リーベルマン論争)や「企業に対する指令的計画指標の数の削減」(1965年コスイギン改革)などが行われたりもしたが，結局，軍事＝宇宙主導経済は変わることはなかった。1985年ミハエル・ゴルバチョフ・ソ連は「1986年から2000年までの15年間にわたる消費物資生産・サービス部門の発展総合計画を発表した。これは，質のいい家庭用品や生活必需品を豊富に供給し，ソ連の代名詞になっている行列をなくし，サービスの悪さを抜本的に改善しようという」ペレストロイカ(改革)であった。

ソ連国民経済の集中的管理を担っていた資材機械供給委員会(ゴスナブ)は2万5000種の生産財を管理し，国家計画委員会は2000種の生産財の物財バランスを作成していたという。この膨大な種類の生産物の生産において，垂直統合的な管理機構でバランスを取ろうとすれば，「投入―産出モデルといったもっとも単純な演算でも，なんと3836億年の時間を要する」という。ソ連の巨大なヒエラルキー組織下では，とうてい不可能の改革であり，それは，現在進行中の「ME＝情報革命」，すなわち自在で分散的双方向ネットワーク(インターネット)の下での課題，といえよう。

しかも圧倒的多数の一般市民が，生活に必要なものに事を欠き，長い行列を待ってやっとそれらを入手できるかどうかという生活をおくっていたのに，ノーメンクラツーラと呼ばれる75万人ほどのソ連共産党と国家の幹部は，あふれる特権を手に生活していた。ソ連の市民たちはジルやチャイカに乗った彼らを見ていた。そしてモスクワを代表する百貨店グムの特別売場や外貨専用商店で自由に買い物をする彼らを知っていたのである。この不公平，行列を強いられていた消費者・一般市民は不満を一層募らせた。しかしソ連が崩壊し資本主義に回帰する混乱の中で，ペレストロイカ計画最終年度の2000年を待たずに，この改革は実現した。皮肉なことに資本主義の下で，「実現」したのである。

「国民経済達成博覧会(ヴェデンハ)はソ連時代，分野ごとの成果を実物で誇示した常設テーマパークだったが，今や巨大なマーケットである。最初の人工衛星や米ソ宇宙船ドッキングなどの展示で相当人気のあった宇宙館は，巨大な電気商店街と化した。ソニー，パナソニックなどの段ボールを人々は次々と運び出していく。ほかにもいくつもある市内の大きな常設市場の活気は，戦後のアメ屋横丁といったところ。土曜日ともなれば地方からの徹夜バスが買い物

客を満載して押し掛ける。モスクワの行列は，レーニン廟のものもマクドナルドのものも，すべて消えうせた。いつでも持ち歩く買い物袋『アボーシカ』という単語も，今の若い世代にはもはや無縁。若者はパンツルック，へそ出し，ヘッドホン付きカセットにビデオ(60)で街を闊歩していた。

　第2の理由。ではなぜ1970年代以降そうした矛盾が顕在化したのか，ということが今度は問題になる。少なくとも1960年代まではソ連の経済は，成長のスピードという点では，西側先進諸国と互角もしくはそれ以上だった。戦前などむしろ図3-1で示したように先進西欧諸国を圧倒していた時期もあった。これは重厚長大に象徴される在来重工業段階においては，上からの指令・統制型の計画が効果を発揮する。ヒトもモノも最良のものを集中的に投下し生産することができるからである。こうした点でソ連の軍事・宇宙＝重化学工業生産には最適なシステムであったといってよいだろう。

　だが1970年代以降，製造業における狭義の意味での生産様式に根本的変化が起きた。この新たな生産力段階はまだ萌芽段階だったとはいえ，既存の機械制大工業の生産システム，上からの指令命令が効率を発揮するようなシステムではとうてい対応できる代物ではなかった。「性能100倍＝価格100分の1」というコンピュータの価格性能比が示すように，激変する技術革新を製品に結び付け，それを絶え間なく新製品として市場に供給し続ける。これを包摂しうる生産システムが必要となる。IBMのメインフレームではない，マイクロ・コンピュータとそれを動かすソフトがガレージから生まれてきたことが示すように，既存・在来の重化学工業とはコンセプトの違った生産システムが生まれたのである。アメリカにはそれを受容し生み出す基盤があり，アジアにはそれを大量生産に結び付ける素地があった。だがソ連の官僚機構はそれをつかみ損ねたのである。

　1970年代以降生産の革命，「ME＝情報革命」に基づく生産の【アジア化＝ME化】が始まった。機械式時計が水晶振動子を搭載したデジタル時計に変わったことが端的に示すように，製造工程も製品もデジタル化され，民需品の生産・供給が量も質も飛躍的に増大した（ME化）。そしてアジアから世界にそれらの製品が供給され始めた（アジア化）。資本主義社会にあふれる豊富で多様な消費財は，必要最低限の生活水準に甘んじて満足せざるを得なかったソビ

エト国民を魅了し始めたのである。だがこれは「所有」の問題をも白日の下にさらすことになる。

　第3の理由。国家・(ソビエト場合のボリシェビキ労農)政府が工場や農場などの主要生産財を所有すれば、国・公有（社会的所有）に移せば、その生産財は全人民のものになる。なぜならその国家・政府は全人民を代表するからだ。だが現実にはそうならず、計画、官僚的指令を通して、許認可や財の配分を通して、生産財を所有する特権層、ノーメンクラツーラが生み出された。彼らは特権的に財の配分を自己利益に結びつけてしまった。この全人民的社会的所有のノーメンクラツーラへの移行は、別の矛盾も生み出してしまった。

　生産手段が社会的所有になれば例えば貧困などの社会矛盾は解決するかといえば、そうではない。それは矛盾解決のはじまり、第1歩（前提条件としての所有）にしかすぎない。問題はその所有によって生産手段が更新され、労働生産性の上昇を伴った新生産力が生み出され、社会に財、とりわけ食料をはじめとする民生品が、豊富に供給され適切に分配されて、はじめて国・公有は意味をもつ。これこそ所有の内実、「労働者の共同占有」「社会的所有」である。そうした点からみると、20世紀社会主義の崩壊は、所有関係に媒介される生産諸関係が生産力の運動と発展の条件として機能しなかったことを明らかにした。主要生産手段を公有化したものの、それはあるとき以降、生産力を発展させるどころか、むしろ発展の阻害要因になったのである。それは「労働」の問題をつかみ損ねたからだ。この問題、人間の問題、労働（力）の問題をつかみ損ねたことが、結局ソ連崩壊の決定的要因となったのである。

2　ソ連社会とは何だったのか

　1917年から74年間継続したソ連社会とは一体どんな社会だったのだろうか。どんな社会と規定できるのだろうか。ソ連社会についての諸規定はおおむね次の四つに分けることができるだろう。
　①高度に発達した社会主義社会
　②生成期もしくは過渡期の社会主義社会
　③国家資本主義社会
　④社会主義でも資本主義でもない別種の階級社会

①の説は，ソ連が1970年代ごろまで主張していた考え方である。しかしソ連が崩壊した今となっては，この規定は妥当しないだろう。

②も同様であるが，ソ連崩壊が確定するまでは，共産主義社会を建設するプロセスに関する理論，すなわち「過渡期論」として主流の考え方だった。そこで要点だけでも述べておく必要はあるだろう。

マルクスは未来社会の青写真を描くことについてはきわめて慎重だったが，パリ・コミューンの経験を踏まえて書かれた『ゴータ綱領批判』(1875年)では，一歩踏み込んだ叙述を行っている。過渡期においては，「資本主義社会から生まれたばかりの共産主義社会」を経過することが必要である。「したがって，この共産主義社会は，あらゆる点で，経済的にも道徳的にも精神的にも，その共産主義社会が生まれでてきた母胎たる旧社会の母斑をまだおびている。したがって，個々の生産者は，彼が社会にあたえたのと正確に同じだけのものを――（公共的に必要な諸費用を）控除したうえで――返してもらう」。ここではすでに生産手段の共有が実現され，生産は協同的に社会的に計画的に行われているので，生産者は生産に必要なものを売買することはない。それはちょうど一つの工場内の生産のように行われるからである。しかし消費資料の分配については，「労働に応じて分配を受ける」という「ブルジョア的権利」の支配を避けることができない，というのである。そして「共産主義社会のより高度の段階で，すなわち個人が分業に奴隷的に従属することがなくなり，それとともに精神労働と肉体労働との対立がなくなったのち，労働がたんに生活のための手段であるだけでなく，労働そのものが第一の生命欲求となったのち，個人の全面的な発展にともなって，またその生産力も増大し，協同的富のあらゆる泉がいっそう豊かに湧きでるようになったのち――そのときはじめてブルジョア的権利の狭い視界を完全に踏みこえることができ，社会はその旗の上にこう書くことができる。各人はその能力におうじて，各人にはその必要におうじて！」高度な段階の共産主義社会に至るには，こうした過渡期の社会を避けて通ることができない，というのである。

同時に同じ著作の別の個所で，マルクスは，「政治上の過渡期」についても触れ，「資本主義社会と共産主義社会とのあいだには，前者から後者への革命的転化の時期がある。この時期に照応してまた政治上の過渡期がある。この時

第3章　冷戦構造の溶解＝冷戦体制の解除とアメリカ一国覇権主義　　95

期の国家はプロレタリアートの革命的独裁以外のなにものでもありえない。」[64]とも述べている。これがマルクスの過渡期論の要旨であるが，いずれにしても抽象的なスケッチにしか過ぎない。この過渡期論は十月ロシア革命を成功させたレーニンに引き継がれることになる。

　レーニンは，ロシア二月革命後の十月革命（1917年）を目前にして，いやおうもなく過渡期の問題に直面することになる。レーニンは，祖国擁護を口実に自国の戦争遂行を認めようとするカウツキーやプレハーノフを批判しながら，国家の「完全な」死滅にむかう過渡期を想定した。同時にレーニンは，過渡期においては政治的には武装した労働者の国家のもとで，経済的には「計算と統制」によって組織された国民経済や平等な労働と賃金といった具体的イメージを示しながら，共産主義社会への「一小段階」・社会主義社会を構想した。[65]しかしそののち，この構想の前提となっていた先進資本主義国・ドイツの革命は失敗し，孤立したソビエトは内戦と列強帝国主義諸国による干渉戦争に直面する。その対策は戦時共産主義であったが，それは1300万人の死者と経済の極度の疲弊という結果をもたらした。レーニンは圧倒的多数の小農民人口を抱える遅れた社会では特別な中間的段階＝時期を経由しなければ，社会主義への移行は不可能であるとし，「ネップのロシア」「国家資本主義」という過渡期論を提起した。しかしその結末を見定めることなく，レーニンは1922年に脳梗塞の発作に見舞われ1924年に病没した。

　1920年代から30年代のソビエトにおける通説的過渡期（社会）論は，異なった生産関係，例えば残存する封建的土地所有関係や家内工業の同時併存（二重性）のなかで，プロレタリア独裁の国家の諸変革（国有化，工業化，農業集団化など）を通して，最終的に社会主義の経済関係が確立される，というものであった。しかしこの理論の実践は，すでに述べたように1920年代後半以降の強権的な農業集団化による1000万人の死者や大粛清の犠牲者を伴ったものであった。こうしたソ連の国家建設の現実は「社会主義」社会に対する疑念を生み出し，この社会の再定義の思潮を生み出していくことになる。その思潮がソ連＝「国家資本主義」論である。

　③ソビエト社会が国家資本主義であるとする主張は，次のようなものである。ロシア革命はブルジョア革命であり，その結果生まれたソビエト体制はブル

ジョア支配の一変種である。そしてボリシェビィズムはファシズムの露払いの役割も果たした。アントン・パンネクーク（Anton Pannekoek）が「ソ連＝国家資本主義」説の最初の唱導者であろう。「ロシアで発展した生産様式は，国家社会主義である。それは，国家が普遍的な雇用者であり，生産機構の主人である，組織された生産である。労働者たちはそこでは，西欧資本主義の下における以上に，生産手段の主人ではない。彼らは賃金を受け取り，唯一の資本家（なんという巨大な！）である，国家から搾取されている。それゆえに，国家資本主義という名を，この体制に与えることもできる。国を指導し統治する官僚階級の総体が，工場の真の所有者である。それが，所有者階級を形成する。そのメンバーたちは，事実，生産手段の所有者たちであり，ただ分割してではなく，各自が自分のものを要求する権利を持ちながら，しかし総体で共同して所有している。西欧やアメリカにおいてブルジョアジーが果たしている役割や任務，つまり産業や生産性を発展させるという役割や任務を果たしているのが彼らである。未開の農業国を文明化した近代的な，つまり大産業を持つロシアに変えたのは，彼らである」。(66)

こうした思潮は，ポール・マティック（Paul Mattick），その後シャルル・ベトレーム（Charles Bettelheim）へと受け継がれ，その思潮はフレデリック・ポロック（Frederick Pollock）の言説に，「最もまとまった内容規定」が示されている。「ポロックは国家資本主義とは資本主義の自由主義段階に続くもので，国家が利潤といった資本主義の重要な機能を肩代わりする。そして社会主義ではない。国家資本主義は二つのタイプ，すなわち全体主義的国家資本主義と民主主義的国家資本主義に分けられる。こう前提した上で次のように規定する。「⑴生産と分配の調整機能は市場ではなく，（国家の）直接的管理にとってかわられる。取引・企業・労働の自由は政府の干渉を受け，いわゆる資本の自由は消えていく。⑵こうした調整・干渉は国家・政府に託されて，消費に伴う生産調整や拡大は，『擬似市場』ともいえる新旧のさまざまな機構にゆだねられる。なによりも（雇用も含めた）諸資源の完全雇用の達成が追及される。……⑶全体主義的国家資本主義の下では，国家は新支配集団の権力機構となる。この新支配集団は最強の既得権益集団，すなわち産業や企業管理のトップの人々，国家官僚・党官僚（軍を含む）などによって構成されている」。(67) 以上が「ソ連社

会＝国家資本主義」論である。

　④の説の唱導者はP・M・スウィージーであろう。ソ連は「資本主義でも社会主義でもなく，またトロツキー主義者が主張しているように，官僚主義的変形によって一時的に偽装されているそれら二つの社会の間の過渡的社会でもない」[68]。こう論定したうえで，次のように述べている。「資本主義の経済的基礎は次の三つの決定的な特徴を有している。(1)私的資本家による生産手段の所有，(2)多数の競争的あるいは潜在的に競争的な単位への全社会資本の分散，および(3)みずからの生産手段を所有せず，生活手段を得るために，資本家に労働力を売らざるをえない労働者による諸商品（財およびサービス）の大量生産。ソビエト型の諸社会においては，これら三つの決定的な特徴のうち二つが除去されてきている。すなわち，大部分の生産手段は国家によって所有され，あるいは，形式上協同組合的な集団農場の場合にも国家によって厳重に管理されている。そして，管理上および行政上の目的から分割されている諸単位も自律的なものではなく，相互に競争的諸資本のような関係にはない。そのかわり，それらの単位は，国家の政治機構のトップにおいて頂点に達する階層的な意志決定と管理との機構の諸部分をなしている。それゆえ，この体制の指導的推進力は包括的計画であって，それは表現の巧拙を問わず法的効力をもつ一連の指令であり，資本主義のもとでの経済計画のように，単に自律的資本単位がみずからの利害に沿って，より合理的に振る舞うのに役立つよう企図された指標といったものではない。

　資本主義の第三の決定的な特徴――無産の賃金労働者による生産は，ソビエト型体制においても保持されているが，重要な相違を伴っている。……労働者と農民……が得たもっとも重要なもののなかには，完全雇用と就業権の制度的な保障があった。換言すれば，ソビエトの労働者は資本主義のもとでの労働者と異なり，極端な事情でもなければ管理者により解雇されることはない」[69]。

　再び，問い直されなければならない。ソ連社会とは一体どのような社会だったのか。ポロックの言説は，ソ連社会をほとんど言い当てているような気がする。このポロックの言説の中で，注目すべきは次の箇所である。国家資本主義の「『典型的類型』を『全体主義的形態』と『民主主義的形態』に分けるが,そのいずれも『私的資本主義』から区別される」。ここで想起されるのはケイン

ズである。ケインズは1936年に主著『雇用・利子および貨幣の一般理論』を著わし，その序末尾で次のように読者に注意を喚起した。「困難は新しい概念にあるのではなく，大部分われわれと同じように教育されて来た人々の心の隅々にまで広がっている古い観念からの脱却にある」(70)と。ケインズはこの主著で29年世界大恐慌後の1300万人に及ぶアメリカの失業者の大群を見て，次のように考えた。A・スミス以来の古典派経済学の「神の手」に経済を任せておけばうまくいく，という「古い観念」から「脱却」しなければならない。こう説いたのである。この考え方はアメリカ，F・D・ルーズベルト政権により実施された「ニューディール政策」としてつとに有名であるが，アメリカの資本主義経済を救済するために，経済のほぼすべての部門にわたって積極的施策が講じられ，連邦政府の経済的機能は著しい拡大・進展をみせた。これがポロックの言う国家資本主義の「民主主義的形態」である。この段階のアメリカ資本主義は，AT&T（資産額43億ドル）・ペンシルバニア鉄道（資産額26億ドル）・USスティール（資産額23億ドル）・スタンダード石油（資産額18億ドル）のような大独占・大企業が支配する経済である。スウィージーが(1)でいうとおり生産手段の私的所有と資本主義的競争が貫徹している。

ではポロックが言う国家資本主義の「全体主義的形態」とは，何を指しているのか。それはナチス・ドイツによる「国家社会主義」を指す。周知のように当時のドイツは，ライヒス・バンクやドイツ銀行を頂点とした金融寡頭制のもと製鋼や化学・機械工業のコンツェルンの支配する国家独占資本主義段階にあった。アウシュビッツの第3収容所＝モノビッツは「強制労働収容所」であり，収容所内にはI・G・ファルベン社，クルップ，ジーメンス，ウニオンといった大企業の工場が置かれ，強制労働という究極の搾取が行われていた。ドイツでもアメリカと同様，コンツェルンによる生産手段の私的所有と資本主義的競争が貫徹していたのである。国家資本主義と国家という語が冠せられたとしても資本主義である限り，資本による絶対的・相対的剰余価値の極大化＝搾取強化という資本の原理が貫徹していたのである。ナチス・ドイツの強制労働は究極の絶対的剰余価値の搾取である。

こうした観点からすると，ソビエトにこうした資本主義的資本賃労働観関係が成立・存在したとはいえない。「資本主義の第三の決定的な特徴」とス

ウィージーがいう賃金労働者による生産は，たしかにソビエト型体制において
も行われていた。だが決定的に違う点はソ連の労働者には完全雇用と就業が制
度的に保障されていたのである。ここには資本主義の競争原理，コスト競争の
原則は働かない。新しい効率のよい設備を導入するなどして資本の「有機的構
成」「労働生産性」を高めて労働者を解雇し競争力を強める。こうして資本は
超過利潤獲得のために熾烈な競争を行うが，ソビエトではそうした資本のビヘ
イビアー・原理は封印されている。なぜなら今述べたように，労働者の完全雇
用と就業が制度的に保障され，労働者を解雇できないからである。

　たしかにノーメンクラツーラと呼ばれる党・国家官僚層が存在し，あふれん
ばかりの特権を享受していた。しかし彼らが享受していた財やサービスは指
令・命令という特権によるいわば不正利得であって，搾取に基づくものではな
い。そこには資本賃労働・搾取関係は成立していない。階級とは経済メカニズ
ムの土台に立つものである。彼らは階層として存在していたのであり，階級を
形成していたとはいえない。この視点からすると現代の中国は国家資本主義と
いえるだろう。資本主義の準備を外国資本に依存（国外資本による本源的蓄積の
代位＝補完）しながら，中国は直接投資による外資とそれによって誘発された
国内資本（国家資本）が機能し，資本主義的生産が行われ，究極の搾取も行わ
れている。近年続発する賃上げと労働条件の改善の抵抗運動はそうした関係が
成立していることの証である。では，改めて問い直されなければならない。ソ
連社会とは一体どのような社会だったのか。それは資本主義に対抗する「アン
チテーゼとしての社会主義」社会であり，スウィージーも言うように資本主義
とは相いれない，「社会主義でも資本主義でもない別種の失敗した過渡期の空
想的社会主義社会」だったといえよう。

3　人間労働と社会主義

　資本主義社会では，不断の拡大再生産，大量生産が必然的となる。マスプロ
ダクション，「規模の経済」が必然的となる。すなわち「成長」が存続の大前
提となる。20世紀初頭新大陸アメリカは，工業製品を互換性部品の集合体とと
らえるシステム，精度の高い規格化された部品を組み合わせることによって，
工業製品を大量に生産するというシステムを生み出した。するとこの傾向はさ

らに強い原理として作用することになる。規模の経済性を実現するためには，大量の人間・労働者からなる組織を編成・利用し，機械・器具などの直接的労働手段だけではなく，人間・労働者を具体的に使役・運用する労務管理技術，いわばソフトが必要となってくる。資本・企業家は，科学的方法によって作業を分析し，「公正な1日の作業量」と「作業内容」である課業（タスク，task）を設定する。それを基礎にして生産を計画的・能率的に行うと同時に，賃金を算定する。

　こうして大量になった労働者の管理問題を「科学」的に考えることにより，怠業や罷業といった労働者の反抗を押さえ，勤勉さを引き出し持続させる管理技術が生み出された。このような管理技術が必要となったのは，大量生産に伴うこうした，労働者・人間自身にいわばくくり付けられた作業内容や量から労働意欲にいたるまでの労働にまつわる一連の情報の処理・伝達が労働者自身に依存せざるを得ないからである。「情報機械」としての「人間機械」＝労働者，ルイス・マンフォードのいう「見えない機械」が必要となる。それをテーラー・システム，フォーディズムという形で完成させたのがアメリカである。機械制大工業という生産様式は，こうした管理システムのもとに，いかに大量の労働者と生産手段を組織・管理するか，腐心しつづけてきたといえよう。「労務管理」，労働者の組織化こそが生産力の要であり，同時に生産関係の要でもある。これが，所有の根幹部にあるといえよう。「官僚制による管理機構をもつ大組織の中で『命令する者』と『命令される者』との間の厳然たる区別は，……近代的大量生産技術の論理そのものが要請したものである」[71]。機械制大工業での工場制度という生産システム，資本主義的生産様式の下での所有は，そうした「人間の労働意欲の問題」がいやがおうでもついてまわる。もちろん20世紀「社会主義」のもとでも，この問題が認識されなかったわけではない。生産が機械制大工業，近代工場制度の下で行われているかぎり，全人民的所有を宣言しても，所有にこの「要の問題＝労働者・人間」の問題はついてまわる。

　レーニン・ソビエトの「土曜労働」や1930年代の「スタハーノフ運動」，中国・人民公社の「政治学習」，太平洋戦争下での「お国のため」などのスローガンによって「モラル」と意欲の向上を労働者に訴えこれを解決しようとしても，それはカンフル剤にはなり得ても限界がある。それは歴史が示すとおりで

ある。レーニンがネップの導入，資本主義の復活によって社会主義への通路を切り開こうとしたときに，レーニンは「資本家階級」を「労働過程」と生産組織の「指導者」に採用しようとした。さらに「知識，技術，経験のいろいろな部門の専門家の指導」によって分散した小生産の優勢なロシアを，国家が所有し管理はするが資本制的な経営形態を維持した企業に経済活動を任せよう，と提起した。それは，労働（者）管理の重要性を認識していたからである。機械制大工業，しかも遅れた帝政ロシアに移植され接木された工業を土台として，社会主義社会を建設しようとしたときに，直面した労働にまつわる一連の問題を資本家から学ぶことを，レーニンは提起したのである。

「最後の闘争」となった，社会主義への通路を切り開くために書かれた口述論文「協同組合について」で，レーニンは次のように述べた。「いまやわが国が完全に社会主義的な国となるためには，われわれにとっては，……全住民が1人残らず読み書きができ……十分な理解力をもち……協同組合を担えるようになるという歴史的一時代を要する……文化革命が必要である。だがわれわれにとっては，この文化革命は，純文化的な困難（なぜなら，われわれは無学だから）も，物質的な困難（なぜなら，文化的となるためには，物質的生産手段のある程度の発展が必要だし，ある程度の物質的基礎が必要だから）もふくめた計り知れない困難に満ちみちているのである」[72]。生産者，労働者自らが労働過程を組織化し協同的な自主管理システムを創造する。それを機能させ生産力水準を不断に引き上げていくことをめざしたのである。

資本主義的所有（私有）はこれを，失業の恐怖と労働報酬でコントロールして，所有を更新し意味あるものにしてきた。所有を内実化してきたのである。資本主義社会は，「命令する者」が「命令される者」におしつける「科学的管理としての労務管理」，ルイス・マンフォードの言う「見えない機械」を機能させてきた。社会主義社会においても，機械制大工業を生産力の基盤におくかぎり，この問題を避けて通るわけにはいかない。資本主義社会の失業の恐怖と報酬に代えて，社会主義社会では協同的自主管理システム，報酬主義を超えたシステムで生産力水準の不断の発展を成し遂げなければならない。そうしたシステム成立の見通しがたってこそ社会主義的「所有」は意味をもつ。生産手段を国有化したとしても，それは「没収」を宣言したことにしかすぎず，内実化

された「所有」といえない。しかもソ連の場合，全人民的所有であったはずのボリシェビキ労農政府による所有＝国・公有が変質し，実はソ連共産党の特権階級であるノーメンクラツーラの「統制という所有」となってしまった。

では社会主義的「所有」の内実となる協同的自主管理システム，報酬主義を超えたシステムとは一体何か。これは第9章で述べるが，ここではそれを簡潔にふれておこう。資本主義社会が，そしてソ連・「社会主義」が，基盤としていた機械制大工業の論理とは別の新生産様式の萌芽が今見られる。初めての商用汎用コンピュータIBM360の基本設計者ブルックスの「神秘的なマン・マンス」で知られた話ではあるが，基本ソフト開発では期限が遅れたからといって，途中から同じような能力を持つ人間を追加しても開発は進まず，むしろ遅れるという。もう少し今日の事態に即して具体的に述べてみよう。キーワードでいえば「工業製品のコピー」である。例えば半導体生産などは人手を介さずに，露光機や実装基板機といった科学的加工装置の中で，あたかもコピーのようにして生産される。ここでの生産の決め手は，化学的に処理されたウエハーであり，事前にデジタル化された加工情報・ソフトである。それらを生み出すのは科学的・精神的労働であり，それが生産の要・決め手となる。人間の手，肉体労働は製造工程ではむしろ妨げとなる。このように労働対象と労働手段に，そして労働そのものにも，いま革命がおきている。こうした生産が，人間の暮らしに必要なもの，民生品を生産する決め手になったとき，労働者の自発性こそが問題となる。そこでは強制は，もっともなじまない労務管理の手段となるに違いない。何時間働いたから，成果が生まれるとは限らない。労働時間で価値を計測できない。「計画・所有」そして「労働」の問題は，20世紀「社会主義」の再検討・再吟味を我々に要求する。と同時に崩壊の意味を我々に問いかけてくる。

歴史が始まって以来，人類は【生産と消費】の問題に苦闘してきた。誰が何をどれだけどうやって生産し，誰が何をどれだけ消費するのか。これが問題だった。封建制社会では，生産者は暴力的に封建領主に収奪され，しかも生産力が低かったから，消費者でもある生産者・農民は消費不足＝飢餓に苦しんだ。資本主義社会ではこの関係の調整は，市場をつうじて事後的に決定される。高くて悪い商品は当然，高くて良い商品も売れない。安くて良い商品だけが売

れる。これが市場（原理）であり，そうした商品を生産した者だけが生き残り，それ以外の生産者は市場から退場し，粗悪商品は原理的には廃却される。市場競争であり，この競争が安価良品を消費者に提供し社会進歩を促進してきた，というわけである。そしてこの競争に勝利した生産者は，すべての剰余価値・富を手に入れることができる。なぜなら生産者・企業家が，生産手段を私有しているからである。しかし売れない商品は廃却される。市場の生産調整機能であるが，無駄が生じることは必然的である。しかも，商品生産は木綿のシャツ1枚とってみても判るが，綿花栽培から始まり，製糸・織布・縫製，それらの製造に必要な製糸・織機・縫製等の機械などの工業製品などなど，すべての商品はこうした無限の連鎖に似た産業連関をもって生産されている。この一つひとつの取引に，市場原理（販売―購買）は働き，商品はそのたびに「命がけの飛躍」をしなければならない。「販売と購買」の幾千万の「命がけの飛躍」の連鎖が続く。この飛躍の一つの失敗が連鎖的に広がり，資本主義社会の矛盾となって発現する。

　この無駄をなくそうとするのが「計画」であった。だが20世紀「社会主義」社会では，このメカニズムが機能する余地も可能性も少なくとも1970年頃まではなかった。なぜならソ連では民間の「消費者」とは全く異なる消費者，すなわち軍が消費者だったから，安くていい商品など作る必要はなかった。軍事・宇宙＝重化学工業のエンドユーザーは国家＝軍である。1パーセントの性能向上のために，コストはいくらかかってもいい。ここに民需品の生産に見られるような，安くていいものを作ろうというインセンティブは働かない。「親方・日の丸」ならぬ「親方・鎌と槌」のもとでは，科学・技術者も含めた労働者のインセンティブはソ連型「お国のために」へと向かわざるを得なかったのである。この場合には図3-1で示したように，上からの指令・統制型の「計画」でも戦時・準戦時という非常事態の下で，うまくいったのである。むろん日本やナチス・ドイツがそうであったように，軍需品生産は究極の奢侈品生産（ムダ）であるから，再生産構造は，いつかは必ず崩壊する。事実日本，ドイツ，イタリアなどは敗戦という形で崩壊した。

　だがソ連は戦勝国として戦後もその構造を引きずり続けた。民間の消費者のための安価良品の民生品の「計画」の課題が，1970年代以降ソ連にも生じてき

たことをきっかけに，構造矛盾が誰の目にもはっきりと映るようになった。そして崩壊した。このことは，民生品の生産において，事後的に汲み上げざるを得ない中間消費者＝生産者と最終消費者のニーズを，事前にどうやって汲み上げるのか。こうしたニーズをどうやってフィードバックするのか，という課題が突き付けられた。今，生み出されつつある双方向・フラットな分散と共有を編成原理とするインターネット社会はそれを解決できるのか否か，が問われている。つまり，何十万種類の日用品を含む民生品の計画生産の問題である。これを，中央指令型の計画で行おうとすれば，メインフレーム・コンピュータでは「3836億年かかる」という。分散と共有を編成原理とするインターネット・ネットワーク社会は，民生品を計画的に生産できるのか，可能なのか，という「問い」である。

　極微と極大の世界は，我々の日常生活とは全く違った世界だ，という。ゾウリムシという微生物は体表面にある繊毛を動かして運動する。その移動は，脳の中枢神経による命令（メインフレーム＝中央指令）ではなく，膜電位で繊毛を数十ヘルツの頻度で継時的にむち打つことによって可能になる，という。隣の繊毛の動作情報をキャッチして繊毛が動く。こうして次々と情報がリレーされて全体（ゾウリ虫）は動く。到来するだろう本格的な「インターネット新世界」では，こうした中央指令によらない隣接し合った情報が，市場（価格・品質情報）に置き換わるかもしれない。このことを20世紀「社会主義」・ソ連崩壊は我々に問いかけている。と同時に労働のモチベーションを報酬主義を超えた労働が担いうるのか，も問いかけている。これが20世紀社会主義の崩壊の理論的意味であろう。

　そして崩壊の歴史的意味がある。それは20世紀後半の世界システムとしての冷戦構造溶解，米ソ冷戦体制の解体と解除にかかわることである。1991年のソ連邦解体は，第2次世界大戦後の，戦間期のベルサイユ体制に比肩しうる第2の「相対的安定期」ともいえる冷戦の終焉を意味する。米ソは己の体制の存亡をかけた死闘を繰り広げ，神経をすり減らしてきた。フォレスタル国防長官が「ソ連が攻めてくる」と叫びながら，海軍病院の16階から飛び降り自殺したように。そして世界は，キューバ危機で破滅の淵も見たのである。むろん，朝鮮，ベトナム，数次にわたる中東戦争。それらは民族間の局地的熱戦ではあっ

第3章　冷戦構造の溶解＝冷戦体制の解除とアメリカ一国覇権主義　105

たが，第1次，第2次大戦のような世界戦争には至らなかった。だが，ソ連崩壊後，アメリカは同盟国を気遣う必要もなく，自国の生き残りに全神経を集中している。ソ連・20世紀「社会主義」の崩壊は，唯一の超大国となったアメリカの単独行動主義の跳梁・跋扈時代の幕を開いたのである。

(1) New York Times, Nov.19, 1989, p.A1, http://search.proquest.com/docview/427428419?accountide=26265（2012/01/10）
(2) ピクニック直前の1989年8月上旬，ハンガリー・ネーメト首相は西ドイツ・コール首相から何度か電話をもらった。「私（ネーメト首相）は『二つのドイツ国家の闘いに解決がもたらされるでしょう』とシグナルだけは送った。ピクニック直後，私は（ボン郊外の）ギムニッヒ城でコール氏と秘密会談し，東独市民がハンガリー国境を越えるのを容認するとはっきり伝えた。彼は巨体を揺らして涙ながらに言った。『私とドイツ国民はあなたの決断を永久に忘れない。』」「朝日新聞」2009年12月17日朝刊，8頁。
(3) 「朝日新聞」1989年09月12日朝刊，6頁。
(4) 分断国家ドイツにとって，東西の統一は国民の宿願であったことは言うまでもない。当初の西ドイツの対東側政策＝「東方政策」は，1955年末に表明された「ソ連を除き，東ドイツを承認する国家とは外交関係を結ばない」（ハルシュタイン・ドクトリン，W・Hallstein）が原則であった。この原則は，西ドイツのみが国際法上存在する唯一のドイツ国家であり全ドイツ民族を代表するという「一つの民族，一つの国家」原則であった。しかし地理的に東欧諸国に一番近い西ドイツにとって，これら諸国との友好な通商関係を築くことは国益にかなう。戦後の一時期の東独孤立化・排除政策は，1963年頃から次第に現実政策へと移行し始める。63年のエアハルト政権の誕生以来，積極的な東欧接近政策がとられるようになる。63年から64年にかけてポーランド，ハンガリー，ルーマニア，ブルガリア，1967年にはチェコとの間に通商協定が締結され，経済交流は拡大していった。さらに69年のブラント政権は対東欧接近政策を外交の最重要方針に掲げ，ルーマニアとの国交樹立（1967年1月），ユーゴとの国交回復（1968年1月），など政治的な結びつきを強めていった。それは東ドイツの孤立化政策でもあったが，これに痛撃を与えたのが68年8月のソ連・東欧4カ国軍によるチェコ軍事介入である。これによって東欧諸国は，ソ連抜きで西ドイツと政治的取引をすることがいかに危険な行為であるかを知らされる。と同時に，西ドイツもまた東西陣営の並立という現状承認を迫るソ連の固い決意を，いやというほど思い知らされることになる。武力不行使と現状承認などを内容とする西ドイツ・ソ連条約が1970年8月，西ドイツ・ポーランド関係正常化条約が同年12月に調印された。その後，1972年末には東西両ドイツ基本条約が調印され，1973年にはブレジネフ・ソ連共産党書記長が西ドイツを訪問した。73年には東西両ドイツが同時に国連加盟を果たし，「一つの民族，二つの国家」が定着することになる。
(5) 新連邦条約は，ソビエト連邦においてミハイル・ゴルバチョフ大統領（当時）が提

案し，1991年8月20日に正式調印が予定されていた条約である。だが，8月クーデターによって破棄された。同条約は，中央集権制だったソ連をより緩やかな国家連合へと再編し，15の各共和国の大幅な権限強化を謳っていた。ゴルバチョフの意図としては崩壊にむかっていた連邦を維持しようとする意図だったが，シェーニンら共産党保守派は連邦軍の解体と社会主義の崩壊を危惧した。条約では，国名をソビエト社会主義共和国連邦からソビエト主権共和国連邦（Союз Советских Суверенных Республик）へと改称することが謳われていた。

(6) 1913年のロシアの1人当たりの国民所得は119ルーブルで，フランスの40％以下，ドイツの3分の1，イギリスの5分の1，アメリカの10分の1であった。ポール・R・グレゴリー，ロバート・C・スチュアート『ソ連経済，構造と展望』教育社，1987年，38-39頁掲載の第3表から算出。

(7) L・トロツキー『トロツキー選集，第2巻』（現代思潮社，1962年）296頁。このソビエト社会主義経済の構想と体制の成立，すなわち初期社会主義構想から戦時共産主義そして新経済政策（ネップ）と新たな社会主義構想としての国家資本主義へというコンテクストは鈴木春二『20世紀社会主義の諸問題』八朔社，1997年，65頁の「第1部，3」によっている。

(8) 佐々木力『マルクス主義科学論』みすず書房，1997年，419頁。

(9) ポール・R・グレゴリー，ロバート・C・スチュアート，前掲書，122頁掲載の第15表から算出。またこのパラグラフと次のパラグラフの記述は，同書107頁から123頁に依拠している。

(10) ポール・R・グレゴリー，ロバート・C・スチュアート，前掲書，363-364頁。

(11) この数値は次の論文によっても確認できる。金田辰夫「消費生活」総合開発研究機構『ソ連経済の中長期分析』1987年，145頁。

(12) 中山弘正「ロシアにおける再資本主義化」明治学院大学産業経済研究所『研究所年報』第19号，2002年12月，103頁。

(13) Paul Gregory and Robert Atuart, *Russian Soviet Economic Performance Structure, 7th Edition* (Addison Wesley Longman, Inc. 2001), p.231.

(14) 「アエラ」1999年11月22日号，20頁。

(15) 「アエラ」1989年2月21日号，54頁。

(16) 毛沢東，竹内実編訳『毛沢東詞文集，中国はどこへ行くのか』岩波書店，岩波現代文庫，2000年，143頁。

(17) 1911（宣統3）年10月10日の武昌における反清朝武装蜂起で，辛亥革命の発端となった。当時武昌城内外に駐留していた湖北新軍は，著しく急進化していた。しかし計画は指導者のいないまま実行された。新しく成立した革命政府（中華民国軍政府鄂省都督府）の長には捕虜の清朝政府軍旅団長黎元洪が擁立された。その後1912年1月1日に孫文を臨時大総統とする臨時中央政府が組織され，中華民国の成立が宣言された。

(18) この「市場社会主義」論は，ソ連型計画経済（官僚機構のもとでの軍事主導型の中央集権的計画経済）の機能不全を受け，それに代わる社会主義のモデルとして提起された理論のひとつである。その理論は，生産手段の公有を基礎におきながら，計画に

市場の機能を組み込んだ社会主義の経済（政治）体制を構想するものである。既に1930年代末にO・R・ランゲらによって提示されていたその理論は，「消費者の自由な購買を前提に，中央当局が任意の価格を提示して需給に応じた価格の上下変動を通じて価格の訂正を繰り返せば，市場経済と同様の合理性が実現でき，資源の合理的配分・調整は可能である」（鈴木春二『20世紀社会主義の諸問題』八朔社，1997年）という理論であった。戦後には価格の決定は企業の自主性に委ねてよいとするW・ブルス（大津定美訳『社会化と政治体制』1982年，新評論）の「生産要素を市場化した市場社会主義」なる分権モデルも提起された。これは東欧改革派の理論的基礎となった。中国が言う「社会主義市場経済」が，こうした「市場社会主義」理論の系譜にあるのか否か，又あるとしたならばどの位置にあるのかは別の研究課題となるだろう。

(19)　アンガス・マディソン，金森久雄監訳『世界経済の成長史，1820年～1992年』東洋経済新報社，2000年，11-12頁。

(20)　中嶋嶺雄『中ソ対立と現代』中央公論社，1978年，85頁。

(21)　例えば鉄鋼生産においては全国の人民公社に60万基の小型溶鉱炉「土法高炉」が作られたという。だが鉄鋼生産「高」の達成を競うあまり農具が鋳潰され，穀物の収穫も放棄された，という。「1960～61年……大躍進の失敗によると思われる大飢饉が起こり，……死者数は2000万人と推定」（竹内啓「中国の人口問題」明治学院大学国際学部付属研究所・プロジェクトペーパー12『中国における発展の持続可能性』7頁）される。同時に生産された「銑鉄」の成分がまちまちのために，およそ鉄鋼として使い物にならなかったという。また「作業標準」は近代機械制大工業においては科学的管理法（テーラー・システム）の要であるが，星野芳郎氏は「1980年代半ばまで，大部分の中国の工場では，そもそも作業標準の考え方も制度もなかった。その生産性が日本の企業の10分の1にも達しなかったのは，一つは，これが大きな原因なのであった」（星野芳郎『日米中三国史，技術と政治経済の55年史』文藝春秋社，2000年，47頁）と，述べている。また大躍進の総括は，江西省廬山で開かれた廬山会議（1959年7月2日～8月1日までの中央政治局拡大会議）と，つづく第8期八中全会（8月2日～16日）で行われた。前者の会議で彭徳懐は毛沢東の大躍進政策を厳しく批判した。この報徳壊の意見に中央と地方の多くの責任者は同調したが，毛沢東は彭徳懐らの意見を右傾分子の反党活動と批判した。続いて行われた後者の第8期八中全会では，彭徳懐らは反党軍事グループを結成したと糾弾され，事実上党内外の職務から解任された。廬山会議後，全国で反右傾運動が展開され，多くの幹部が批判されただけではなく大躍進政策の是正も中断され，経済状況は悪化した。その後毛沢東の路線は，小休止ののち「三線建設＝文化大革命」へと受け継がれていった。

(22)　A・H・Usack, R・E・Batsavage, "The International Trade of The People's Republic of China", Joint Economic Commitee Congress of The United States ed., *People's Republic of China: An Economic Assessment* (Washington, 1972), p.345.

(23)　1960年1月6日の演説でフルシチョフは同時に，大国間の核戦争回避の必要性も述べている。

(24)　具体的には通常戦力と局地核戦力を2本柱とする「地上兵力とくにROAD師団（改編対外目標陸軍師団）の強化である。……アイク政権当時の大量報復力に依存した局

地戦対策，戦術核兵器の使用を前提とした局地限定核戦争論にくらべ，きわめて重要な変化といわなければならない」(山田浩『戦後アメリカの世界政策と日本』法律文化社，1967年，301頁)。

(25) 国防総省のベトナム秘密報告「The Pentagon Papers」の「ニューヨーク・タイムズ」紙の報道によって，この事件がアメリカ軍の捏造であることが，暴露された。同報告は1971年6月13日から連載が開始された。同報告(ニューヨーク・タイムズ編，杉辺利英訳『ベトナム秘密報告，上・下』サイマル出版会，1972年)によれば，アメリカは64年2月1日から南ベトナム軍事援助軍司令官の指揮の下に，秘密作戦「34―A作戦計画」を発動していた。この計画は情報収集，破壊活動，沿岸施設の砲撃にはじまり，最終的には北ベトナム経済を破壊するという計画であった。アメリカのベトナムに対する「宣戦布告なき戦争」の開始であった。

(26) 「私たちには，ベトナム戦争と文化大革命とがつながる東アジアの軍事的・政治的構造は理解できなかった」と述べている(星野芳郎『日米中三国史，技術と政治経済の55年史』文藝春秋社，2000年，79頁)。

(27) 毛は文化大革命直前の状況についてエドガー・スノーにこう述懐している。「1966年8月に中国共産党第8期中央委員会第11回総会が開催され，16項目からなる『プロレタリア文化大革命についての決定』とそれにともなう粛正方針が採択された。『劉少奇は16項目の決定に反対したのでしょうか』と私はきいた。彼は総会ではその点について非常にあいまいであったが，実際は絶対反対であったのだと，毛沢東はいった。……当時は党の権力，宣伝工作に関する権限，省その他地方党委員会の有する権力，北京市党委員会に対する権限さえ，毛沢東の手を離れてしまっていた。(1965年1月)彼が私に，まだ"個人崇拝"といえるようなものは存在しないが，その必要性があると語ったのは，それ故であった」(エドガー・スノー『革命，そして革命……』朝日新聞社，1972年，28-29頁)。

(28) 1964年10月フルシチョフ書記長からブレジネフ書記長，コスイギン首相への政権交代がなされた。翌65年2月コスイギンは北ベトナムを訪問した。

(29) この三線建設に関する叙述は，毛里和子「文化大革命期経済の諸特徴――経済の軍事化を中心に――」(加々美光行『現代中国の行方，文化大革命の省察II』58-64頁。)に依拠している。また数値は日中経済協会『中国経済統計資料集』(日中経済協会，1976年) 145頁。また物資の援助総額は200億ドルという説(毛里和子『中国とソ連』岩波書店，岩波新書，1989年，80頁)もある。

(30) データによる実証は拙著『情報革命と生産のアジア化』(中央経済社，1997年) 151頁第4-1図を参照されたい。特徴的な点は，1952から1979年のいずれの期間をとってみても労働生産性(労働者・職員1人当たりの生産額)の伸びが，労働者職員数また固定資産額の増加率よりも低い点にある。非効率の生産手段を労働力の動員で量的に引き上げるという経済である。約20年間にわたる「毛沢東思想」にふちどられた労働力の大量投入，「人海戦術」による軍事＝重化学工業の強行構築は完全に壁にぶつかったのである。データの出所は，Robert Michael Field, "Growth and Structural Change in Chinese Industry 1952-79", Joint Economic Committee Congress of The United States, *China Under Four Modernizations Part 1* (Washington, 1982), p.316.

第3章　冷戦構造の溶解＝冷戦体制の解除とアメリカ一国覇権主義　　109

(31)　それらの運動の記念碑として次の２つの運動が挙げられるだろう。ワシントンを中心にアメリカ各地で行われた大規模ベトナム反戦統一行動である1969年10月15日の「ベトナム反戦デー」Vietnam Moratorium Day。奴隷解放宣言から100年目にあたる1963年の８月28日ワシントンで黒人を中心にした20数万人の大群衆が「仕事と自由」のために結集し，黒人差別の即時撤廃を要求して行ったワシントン大行進。

(32)　ジェームス・マン（James Mann）は著作（鈴木主悦訳『米中奔流』共同通信社，1999年）でこの因果関係を詳細に取材し展開している。このパラグラフのベトナム問題解決と米中接近は同著第2章「キッシンジャーとニクソンの中国訪問」の取材に依拠している。

(33)　1970年中国共産党第９期中央委員会第２回全体会議（8・23－9・6，廬山会議）で，周恩来ら対米関係改善賛成派の意見が勝利し，これに反対する林彪の意見は退けられた。

(34)　ニクソンとキッシンジャー（Henry Alfred Kissinger）の指示に従って，ポーランド駐在アメリカ大使ウォルター・ストーセルは1970年１月20日，同国駐在中国代理大使雷陽に「アメリカはベトナム撤退への協力と交換に台湾駐留軍の一部を引き上げ」る用意があると「話し合い」を提案した。中国側は２月20日にこの申し出を「快諾」したという。ジェームス・マン，前掲書，39頁。

(35)　ジェームス・マン，前掲書，116頁。

(36)　図3-8を参照。

(37)　1988年の対前年消費者物価上昇率は19％，89年18％に達した。中国統計局ホーム・ページ，『中国統計年鑑2000年版』，http://www.stats.gov.cn/ndsj/zgnj/2000/I01c.htm（2012/05/11）

(38)　「朝日新聞」1989年６月９日朝刊，３頁。

(39)　「朝日新聞」1989年７月16日朝刊，４頁。

(40)　アメリカ政府は，国民に対しては高官レベルの交流停止を表明しながら，６月30日に極秘裏に高官２名，ブレント・スコウクロフト（国家安全保障問題担当補佐官）とローレンス・イーグルバーガー（国務副長官）を中国に派遣した。彼らは鄧小平と会見し①人権弾圧を止めることを求め②「制裁は軽く短い」と伝えた（ジェームス・マン，前掲書，314，328頁）。実際アメリカ政府の対中「制裁措置」はすぐに有名無実化する。アメリカは夏にはボーイング社の旅客機の対中供与を再開し，12月には商業用通信衛星３機の輸出を承認（「朝日新聞」1989年12月20日夕刊，１頁）するなど，「制裁」は中国に対する直接的打撃を避けた及び腰のものとなった。「このような米政府の慎重な姿勢の背景には，拡大する経済関係やソ連の軍移動，核兵器実験を監視する中ソ国境の米監視施設の存在などに象徴される，ある部分で濃密な米中関係を損なうのは国益に反する，との思惑もある」（「朝日新聞」６月24日朝刊，５頁）からだ。

(41)　図3-8参照。

(42)　語彙としては体制，様式などを意味するロシア語。一国経済の中で複数の社会経済制度が混在する状況を表現するために使われる。レーニンは1917年の「10月革命」後のロシアのウクラードは以下の５つの要素が存在するとした。①現物的な農民経済②小商品生産③私経営的資本主義④国家資本主義⑤社会主義（ヴェ・イ・レーニ

⑷3 ン「『左翼的』な児戯と小ブルジョア性とについて」『レーニン全集』27巻，大月書店，1958年，338頁)。レーニンは，これらの「諸要素」を前提とし，社会主義への発展の通路として「国家資本主義」を一歩前進と位置付けた。
⑷3 丸山昇『魯迅，その文学と革命』平凡社，東洋文庫，1965年，39‒40頁。
⑷4 丸山，前掲書，39頁。
⑷5 V・I・レーニン，レーニン全集刊行委員会訳「モスクワ市とモスクワ県のロシア共産党（ボ）細胞書記および責任代表者の集会での食糧税についての報告から」(『国家資本主義論』大月書店，国民文庫，1960年，132頁)。
⑷6 だが，この「経済発展」の後光に隠れて見えづらくはなっているが，1999年時点で全人口12億5909万人の75％，9億4000万人が農民である。また農村部の現物経済や小商品経済の大海原も広がっている。国家統計局『中国統計摘要，2000』中国統計出版社（北京），2000年，33頁。
⑷7 レーニン，前掲書，134頁。
⑷8 カール・マルクス『経済学批判，序言』大月書店，国民文庫，1953年，16頁。
⑷9 マルクス『資本論』第3巻第5編27章（大月書店，第4分冊，1968年，562頁）。
⑸0 エンゲルス「空想から科学への社会主義の発展」(『マルクス＝エンゲルス全集』第19巻，大月書店，217頁)。
⑸1 前掲書，217頁。
⑸2 前掲書，217頁。
⑸3 柄谷行人『世界史の構造』岩波書店，2010年，377頁。
⑸4 この計画は，1937年10月に企画院が「平戦時ニ於ケル綜合国力ノ拡充運用」の立案や調整をはかるための具体的方策として作成した，戦争遂行のための国家による緊急な物資の需給計画で，1938年度から1945年度まで実施された。1943年以降は軍需省がその計画作成にあたり，以後敗戦まで日本の経済体制は政府の直接統制のもとにおかれたのである。
⑸5 「朝日新聞」1985年10月10日朝刊，7頁。
⑸6 ポール・R・グレゴリー，ロバート・C・スチュアート，前掲書，174‒175頁。
⑸7 C・カストリアディス，江口幹訳『社会主義か野蛮か』1990年，法政大学出版局，67頁。
⑸8 1970年代以降インテルi4004の開発実用化を契機にマイクロ・エレクトロニクス技術の発展によって起きた技術革命をさす。それは量子力学の発展を基礎にした科学＝技術革命であるが，その核心はマイクロ・コンピュータとそれのネットワーク化（インターネット）にある。詳しくは第9章をお読みいただきたい。
⑸9 ミハイル・S・ヴォスレンスキー『ノーメンクラツーラ，ソヴィエトの赤い貴族』中央公論社，1981年，260頁。
⑹0 中山弘正「宇宙館が電気商店街に」，「朝日新聞」1996年9月18日夕刊，7頁。
⑹1 過渡期論については，門脇彰，荒田洋『過渡期経済の研究』（日本評論社，1975年）を参照されたい。
⑹2 K・マルクス「ゴータ綱領批判」(『マルクス＝エンゲルス全集』第19巻，大月書店，1968年，20頁)。

⑹₃　前掲書，21頁。
⑹₄　前掲書，28−29頁
⑹₅　レーニン「国家と革命」（岩波書店，岩波文庫，1957年，141−142頁）のパンネクークの引用。
⑹₆　江口幹『評議会社会主義の思想』三一書房，1977年，41−42頁。
⑹₇　Frederick Pollock, "State Capitalism :Its Possibilities and Limitations", *Institute of Social Research*, No.9 1941, p.201. なお，この③の論旨は小澤光利「『組織された資本主義』と『国家資本主義』——現代資本主義の把握のために」（『経済志林』第80巻第2号，法政大学，2012年，17−34頁）に依拠している。
⑹₈　P・M・スウィージー，伊藤誠訳『革命後の社会』社会評論社，1990年，223頁。
⑹₉　前掲書，224−225頁。
⑺₀　J・M・ケインズ，塩野谷九十九『雇用・利子および貨幣の一般理論』東洋経済新報社，1941年，10頁。
⑺₁　竹内啓『高度技術社会と人間』岩波書店，1996年，165頁。
⑺₂　レーニン「協同組合について」レーニン全集刊行委員会訳『国家資本主義論』大月書店，国民文庫，1960年，261頁。一部分を改訳。

第4章　冷戦体制の解体・解除とアメリカ製造業の空洞化

I　一国覇権主義の序章——逆プラザ合意と世界の利用

　1989年東欧「革命」，中国・天安門事件と1991年ソ連邦解体を画期として，第2次世界大戦後の冷戦構造は溶解した。それぞれに敷かれていた冷戦体制は，解体あるいは解除・再編の転機を迎えることになる。アメリカにとっては資本主義世界の維持・管掌・統合にかかる経費に圧縮の余地ができ，政策選択にも幅が生まれた。この状況下日本のバブル景気も収縮へと向かい始める。日本の対米投資も1990年は引き揚げが投資を上回り，その後も低調な状態が続いた。こうした1990年代前半の日本の対米投資減退をおぎなったのがアジアからの投資であった。役者は入れ替わるが，こうした資本還流で，アメリカは貿易赤字を補填し，為替・通商政策の圧力によって事にあたるという，例の政策も保持することができたのである。たしかに産業競争力を強化するための手立ても講じられてはいたが，結果として即効性が期待されたのは為替・通商政策圧力だった。勿論ターゲットは相変わらず日本だった。圧力は1993年のクリントン政権が発足しても変わらなかった。それどころか，前ブッシュ政権の個別的から包括的，さらに全体的とボルテージがあがった末に，「日米構造協議」さえ生ぬるいとばかりに，クリントン政権は対日圧力をますます強めていった。「経常黒字のGDPに対する比率を現在の半分以下にする」といった数値目標をかかげた「測定可能な成果」をちらつかせつつ，アメリカは日本にいよいよ厳しい要求を突きつけた。だが「保険分野の開放」などで個別「合意」はあったものの，全体としてクリントン政権発足後の対日交渉「日米包括協議」(1993-95年)には見るべき「進展」はなかった。

　こうしている間にも，為替レートの円高・ドル安は進んだ。1995年3月上旬には戦後初の1ドル90円を，4月には80円を割り込む水準にまで円高は進行し

た。このままこのドル安が進めば，ドル不安から暴落へと進みかねず，これを放置すれば，アメリカへの順調な資金流入にブレーキがかかり，アメリカ国内の株式・債券市場が崩れる危険が発生する。アジアや中南米の新興市場（エマージン・マーケット）からの資金流入にも影響が及ぶことは必至であった。とりわけ，この時期細っていた日本からの資金流入を補っていたアジア市場からの資金流入に影響が出ることが懸念された。こうした折り隣国メキシコで発生した1994年末のペソ切り下げから始まった通貨危機は，そうした不安をいっそう掻きたてた。メキシコの場合には，主として資金がアメリカのミューチャル・ファンド（投資信託）からの投機資金であったから，メキシコの通貨危機はアメリカ国内の金融市場を直撃する恐れがあった。アメリカは順調な資金の流入を確保する手立てを講ずる必要に迫られた。

　アメリカは1985年プラザ合意以来10年間継続した各国通貨高・ドル安政策を転換した。無論，この政策転換は，今述べた国際金融面からの要因の他に，国

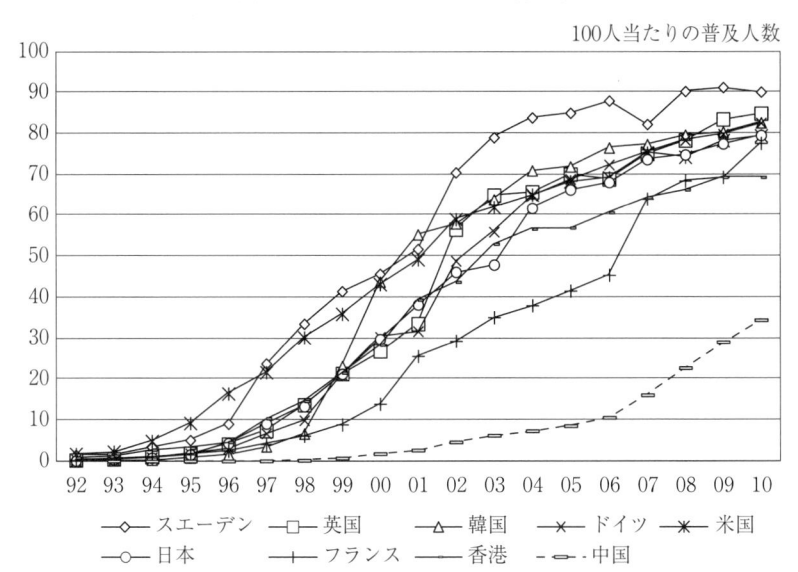

図4-1　インターネットの普及率

出所）The Wrold Bank Homepage, Word Development Indicater, Internet users（per 100 people）, http://search.worldbank.org/data?qterm=internet%20&language=EN（2012/12/12）

図4-2 外人による対米有価証券投資

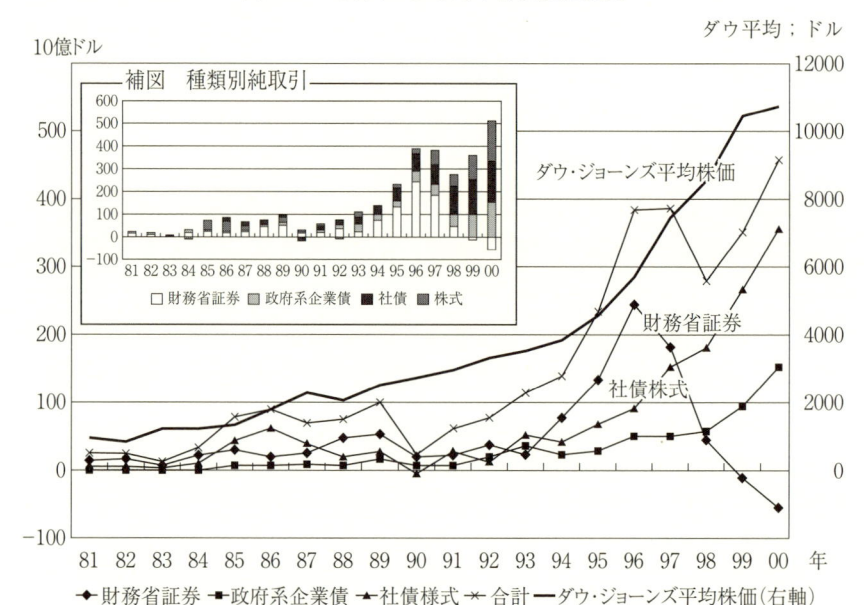

(図中凡例)
補図 種類別純取引
□ 財務省証券 ■ 政府系企業債 ■ 社債 ■ 株式

ダウ・ジョーンズ平均株価
財務省証券
社債株式

◆ 財務省証券 ■ 政府系企業債 ▲ 社債様式 ✕ 合計 — ダウ・ジョーンズ平均株価(右軸)

注) 資料出所から筆者作成。
出所) (1) U.S. Treasury Department, Office of Secretary, *Treasury Bulletin* (1983〜87年各年版の第1四半期号のCapital Movementsの章, Table CM-V-3, Table-C-V-5).
(2) U.S. Census of Bureau, *Statistical Abstract of U.S.* (1987〜2001年各年版のBanking, Finance, and Insurance章の表Foreign Purchases and Sales of U.S. Securities).
(3) U.S. Treasury Department, Office of Secretary, *Treasury Bulletin*, http://www.treas.gov/tic/country-longterm.html#g (2013/02/04)

内的な要因も絡んだ上での政策決定ではあった。だがともかくもアメリカは1995年4月の7カ国蔵相・中央銀行総裁会議（G7）の「為替相場の『秩序ある反転』」をへて，8月15日，日独の利下げと米の利下げをセットとする，金利差保持の金利協調と日米独の為替の協調介入によって，マルク安円安・ドル高を目指す「逆プラザ」に打ってでたのである。金利差益とドル高の地合での為替差益を保証して，アメリカは自国への資本還流を太くする政策を打ち出したのである。その日は8月15日，くしくも50年前の日本敗戦，24年前のニクソン・ショックの日でもあった。

世界の資本は，鹿が水を求めて鳴くようにアメリカに向かった。アメリカに

第4章 冷戦体制の解体・解除とアメリカ製造業の空洞化　115

図4-3　アメリカ貿易額と資本投資の倍率

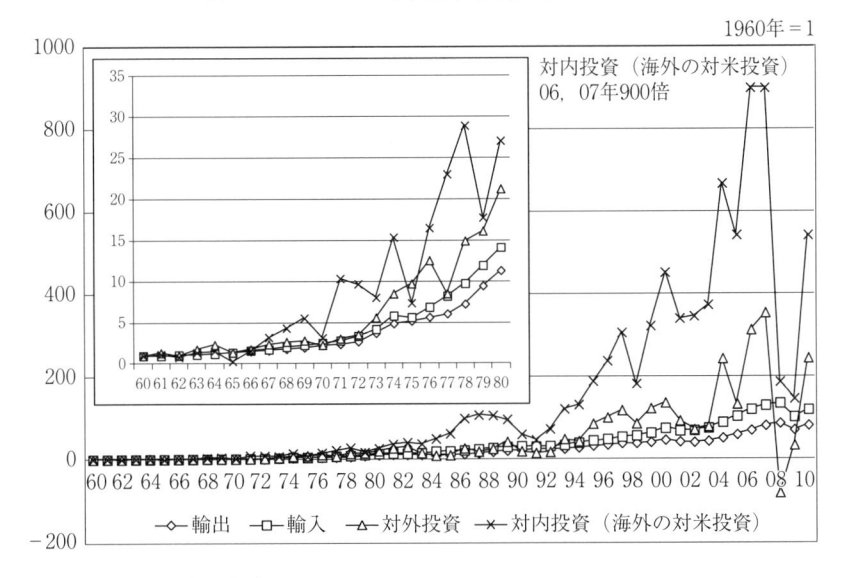

1960年＝1

対内投資（海外の対米投資）
06, 07年900倍

―◇― 輸出　―□― 輸入　―△― 対外投資　―✕― 対内投資（海外の対米投資）

注）資料出所から筆者作成。
出所）Bureau of Economic Analysis, Table 1, U.S. International Transactions, http://www.bea.gov/iTable/iTable.cfm?ReqID=6&step=1（2013/02/04）

流れ込んだ資本の内容をストック・ベースで見てみると，1995年を境にして海外からのアメリカ民間企業の株，債券への投資が増加[(1)]（図4-2）していることがわかる。いずれにしてもこうして勢いよく流れ込んだ国外からの資本は，折からの「インターネットブーム」で火がつき，設備投資ブームに沸く情報関連（IT；Information Technology）産業へと向かった。IT産業の株価高騰（ナスダック）を機関車にして，在来産業の株価（ニューヨーク証券取引所）も急騰した。その結果，ストック・ベースで見ても，2001年の海外からの対米投資残高8兆1443億ドルのうち35％が株と債券に，29％が通貨と銀行預金・貸付に投下された。

だがこれだけでは，海外から勢いよく流れ込んだ国外資本がアメリカの株バブルを演出したと主張するには少し弱いだろう。その点をもう少し突いてみよう。図4-2は海外からのアメリカの有価証券への投資状況をグラフ化したものである。ダウ・ジョーンズ平均株価の推移と外人投資の投資状況がほぼ同じ

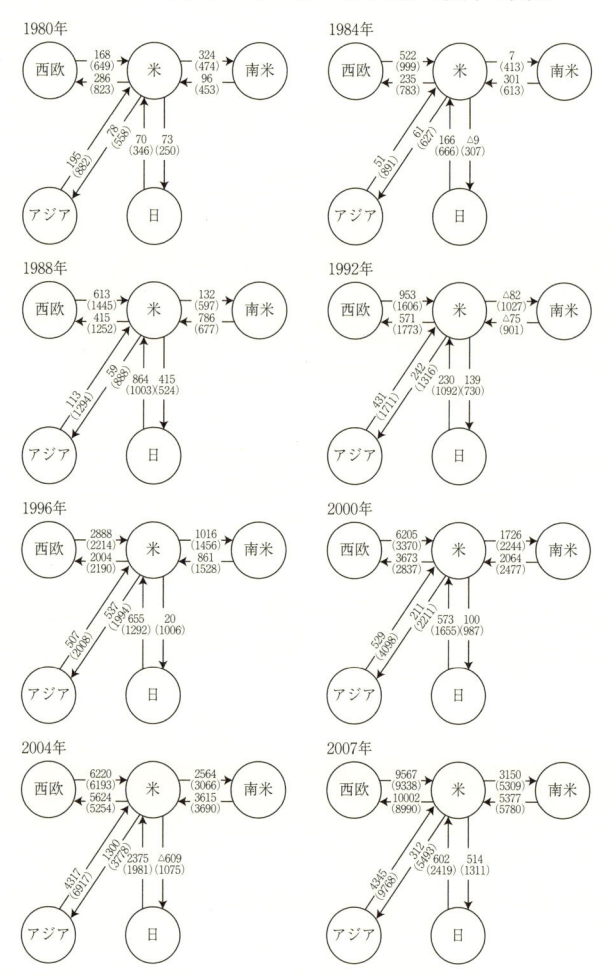

図4-4　アメリカを中心とした世界の資本と貿易

注）(1) 単位は億ドル，上段は投資額，下段のカッコ内は貿易（財サービス）額でいずれもフロー額。投資のマイナス（△）は年間の投資額より引き上げ額が多いことを示し，資本逃避の状態を表わしている。
(2) 下記サイト（出所）では地域分類が変更され，1998年以前のアジア（Asia and Pacific）地域のデータがない。そのため2004年と2007年はそれ以前のデータと連続性がない。

出所）U.S. Department of Commerce, Bureau of Economic Analysis, International Transactions, http://www.bea.gov/iTable/iTable.cfm?ReqID=6&step=1（2012/02/10）の地域別アメリカ国際収支表。

波形を示している。合計額もそうだが，とくに社債・株式投資の推移の波形は，ダウ・ジョーンズ平均株価の波形とぴたりと一致している。中身で注目すべきことは，1996年まで米国国債に向かっていた投資は，97年以降社債，株式へとシフトする。これに共鳴するようにして，アメリカの国内の資金も株式・社債へと向かった。同時にアメリカは流入海外資本と国内資本を，ご自慢のハイテク金融技術を駆使して海外へ投資した。この海外投資でも主役の座を占めているのは民間資本の株，債券投資である。2001年アメリカの海外投資残高6兆1961億ドルのうち，外国株，債券，貸付等に投資された分は64％を占めている[2]。以上のように逆プラザ，ドル高政策によって，外国から激流のように押し寄せた資本（資金）は，アメリカ国内の株式ブームに火をつけ，折からのインターネットブーム（1995年 Windows95発売）にあおられて「ニュー・エコノミー」を演出したのである。だがそれは，インターネットバブルがはじけ，のちに「フィクション」だったことがわかる。そのバブルは，今度は住宅バブルへとリレーされたのである。

　図4－4はアメリカを中心とした世界の資本と貿易（商品・サービス）の流れをおよそ30年間にわたって見渡せるよう作成した図である。アメリカは1982年以降，1991年の湾岸戦争時の1991年を例外として一貫して経常収支赤字国である。とくに1980年代後半までは日本，1990年代以降はアジアと貿易赤字相手先は交代するが，いずれにしてもアメリカは日本やアジアからの輸入がなければ日常生活が維持できない。この貿易赤字を海外のアメリカの株式・証券・債権・国債の購入（証券投資）やアメリカ国内での企業活動のための投資（直接投資）によってドルを還流させ，やり繰りをしている。しかしその資金循環において1990年代以降貿易もさることながら，海外のアメリカの株式・証券・債券の購入（対米投資）の流れが太くかつ速くなって来ている。同時にアメリカも対外投資を急速に強めている。

　そうした投資行動をはっきりと見ることができるのは欧州と南米である。アメリカがアジアから財とサービスを輸入し，欧州や南米で資本を動かしてやり繰りしている事がわかる。アジアが世界＝アメリカの「工場」となり，欧州と南米がアメリカの投資・投機市場となっている。欧州は伝統的にそうだが，南米は1990年代以降開拓されて出現（Emerging）した新興市場である。

これを持高ベースでみると，2007年末で海外の保有するアメリカの株式・債券（政府機関債券も含む）5兆2274億ドルのうち，69％（3兆6283億ドル）を占めるのが欧州である。その内訳はベルギー・ルクセンブル約1兆ドルとイギリス1兆1530億ドル，この3カ国で約6割を占めている。こうした傾向は1990年代半ば以降ほぼ変わらず，欧州がアメリカの株式・債券（政府機関も含む）の6から7割近くを保有し，なかでもイギリスは最大の株式・債券保有国である。イギリスが湾岸戦争と続くイラク攻撃で，アメリカの「最も良き理解者」となっている事情が理解できよう。

　こうした欧州を中心とした株式・債券の保有に対して，日本を含むアジアの対米投資で目立つことは，アメリカ財務省証券（国債）の保有が際立っていることである。海外保有の持高に占める日本の割合は1990年代後半以降おおむね4分の1，2000年代前半では3分の1強にまで増大する。同時に中国もその割合を増大させ，2008年には日本を抜いて，中国はアメリカ国債の最大の保有国になる。2010年ではアメリカ国債の海外保有持高4兆3853億ドルのうち，中国の保有1兆2801億ドル，日本の保有は8715億ドル，両者でほぼ5割を占めている。これは日・中が対米輸出を強めた結果である。両国は輸出競争力維持，すなわち元・円高阻止のために為替介入し，保有したドルで米国債を購入・投資・保有したのである。[3]

II　ITバブルとニュー・エコノミーの幻想
——アメリカ，ファブレス＝産業空洞化

　逆プラザ，ドル高政策によって，外国から激流のように押し寄せた資本（資金）は，1995年Windows95搭載パソコンによって大衆的な性格を帯びるようになる。インターネットブームに火が付き，IT関連企業を中心にしたアメリカ国内の株式ブームにも飛火した。それが「ニュー・エコノミー」を演出したのである。アメリカ政府がいう「ニュー・エコノミー」とは「テクノロジー，ビジネス慣行と経済政策における相互補強関係的な前進の結合から生じたパフォーマンスにおける顕著な成果——急速な生産性成長，所得の増加，低い失業率と適度なインフレーションによってニュー・エコノミーを定義する」[4]とい

うものである。文字どおり「新しい経済」である。たしかに1991年4月から始まった景気循環の好況局面は10年近くにわたって続いた。

　1993年1月に発足したクリントン政権は、アメリカ経済の立て直しをせまられていた。ソ連邦解体後、アメリカは同盟関係を気にすることなく、自国の利益を追求できる戦略的・政策的自由を手に入れた。いうまでもなくソ連を盟主とした社会主義体制が崩壊したからであるが、クリントン政権は、軍事・NSC（国家安全保障）より経済・NEC（国家経済会議）を重視できるようになった。その経済重視は次第に金融に軸足を置いたものへとなっていった。だがそう簡単に国内製造業を見限るわけにもいかない。

　アメリカは国内での「ものづくり」で、製造業を復活させようとするのではなく、経営体・資本として復活し生き残る道を選択した。いまさら日本・アジアなどと、国際競争力復活のためのコストダウン競争などしてみても、勝てる見込みもなかった。アメリカ資本・企業は、「外部資源を活用して自分たちの力以上の実力を発揮できる企業」、仮想企業体（virtual corporation）として生き残ろうとしたのである。すなわち、国際的戦略提携、アウト・ソーシング（out-sourcing　外部資源の活用）、ファブレス（fabless　製造部門を持たない開発メーカー）などの経営手法を活用し、国外で生産し国内には極力生産拠点・生産部門を持たないことによって、製造業・企業としての生き残りを目指したのである。その際、生産の中枢基本技術などの知的所有権を押さえることによって、企業としてのイニシアチブを握る。国外にそうした基本技術に関する知的所有権があればそれを保持する資本・企業をM&A（企業買収）で囲い込む。こうして国際的なコスト競争に打ち勝つ道、経営体として生き残る道を選択したのである。多国籍企業として競争力を強化しよう、という戦略である。

　アメリカの多国籍企業は世界中に散開しているが、これまでの多国籍企業は、欧州展開に典型的にみられたように、現地調達・現地生産・現地販売を基本としたもので、海外子会社の収益が連結決算時に本国親会社の「投資収益」（Direct Investment Income）として計上される、というものであった。ところが1990年代以降の米多国籍企業は、カリフォルニア州と国境を接したメキシコ側にマキラドーラという保税加工地帯を設定し、直接的な低賃金利用による人件費の圧縮をめざすようになった。ツイン・プラント（双子工場）が国境沿い

に建てられた。アメリカ国内の兄たる工場から部品・原材料が弟たるメキシコ側工場に送られ，低賃金での生産が行われ，最終工程を残して再びアメリカの兄工場に送り返される。この時，在メキシコ・米多国籍企業の1人当たりの雇用者報酬は年間1万807ドルで，香港の2万6152ドル，シンガポールの2万7126ドル，台湾の2万286ドルと比較して約半分で，ほぼタイの1万820ドルと同水準であった。こうして親会社が直接人件費の圧縮を，しかも自動車・電機などの製造業が享受することができるようになった。日本とアジアとの間でおこなわれる工程分割という生産方式が米墨国境に根付いた。そうしたアメリカ資本・企業，とくに製造業の生き残りの協定がNAFTA（North American Free Trade Agreement）であった。

　アメリカは，ファブレス，アウト・ソーシングなどといわれる経営手法によって，直接的な製造工程・生産過程を極力もたないようにするとともに，間接的な事務，流通部門と製品開発部門の徹底した「合理化」を並行して進めた。それが「情報ネットワーク化」である。製造業では直接的な生産過程，工場現場ではなく，むしろ事務，流通部門に主に「情報ネットワーク化」投資が行われた。この情報ネットワークは，製品の企画・開発・設計・製造などの過程をコンピュータのネットワーク上で行う手法であるカルス（CALS；Computer-aided Acquisition and Logistic Support：生産・調達・運用支援統合情報システム）や流通過程において取引先との間の受発注，資材の調達，在庫管理，製品発送をコンピュータによって総合的に管理する供給連鎖管理（SCM；Supply Chain Management）である。『米国議会調査局報告書』が述べているように，アメリカは直接的な生産工程を海外に移しながら，間接部門におけるコストダウンも追求した。なぜなら「製造業における人件費の総コストに占める割合は，通常5から15％程度にすぎない。オートメーション化の真のメリットは，在庫，生産の流れ，品質，設備，および経営に関したより大きな間接コストの削減にある。品質関連のコストだけで通常総経費の25から35％を占めている」。製造業部門の生産工程に関わることでも「生産をより容易にするような形にデザインする併行技術（Co-current Engineering）は生産コストを押さえ，同時に高品質で信頼性の高い製品を生むうえでしばしば大きな効果を発揮する」が，それは「製造コストの90％までが生産開始以前のデザイン決定段階で決まってしま

う」として，直接的な生産工程，現場でよりも，むしろ間接的な開発段階での併行技術の導入によるME技術の導入，情報ネットワーク化をすすめた。アメリカ商務省の『デジタル経済の出現』(*The Emerging Digital Economy*) は，こうした情報ネットワーク，インターネットを利用したコストダウンの実例と将来展望を，電子取引，電子配送，インターネット銀行，保険，自動車，電気など，各部門にわたって述べている。

しかしこうした情報ネットワーク利用が，雇用者の解雇，ダウンサイジングと表裏一体のものであったことを忘れてはならない。例えば，自動車産業では，GMが組織改革プランによって，1993年に全従業員の3分の1に当たる9万人を，さらに1994，95年で全従業員の約4分の1を解雇し，年50億ドルの経費を削減した。トヨタGM合弁のカリフォルニア州フリーモント工場では，日本型リーン・プロダクション方式である「アンドン」の導入によって，生産性を他社との比較で50％も上昇させた。また，もっともME情報革命の最先端となった電話通信産業では光ファイバー，ケーブルネットワーク，デジタル電話交換システム，デジタル伝送，衛星通信によって，従業員1人当たりの売上高を毎年5.9％上昇させた。アメリカ電信電話会社（AT&T）はコンピュータ音声認識装置の導入で6000人の長距離電話交換手を解雇した。またエトナ・ライフ＆カジュリティー保険会社は，1992年時点で22ヵ所のオフィスを4ヵ所に統合し，管理職－外交員という組織をワーク・チームに組織替えし，コンピュータを導入して保険申請手続きにかかる日数を15日から5日に短縮した。画像処理システムで文書をデジタル化し光磁気ディスクに保存し，携帯コンピュータによって顧客の前で契約・会員登録・ID発行の一連の作業をし，保険契約を完了する事ができるようになった。こうして3000人の従業員を700人に削減した。この人員削減（リストラ）が，「生産性」の上昇に大きく寄与したことは容易に想像できよう。

しかもアメリカは，こうした削減した人員をパートタイマー化（企業の直接雇用）するのはもちろん，労務管理を請け負う企業に転籍させる「リース社員」や企業にプロジェクトごとに雇用される「契約労働者：Independent Contractor」，あるいは人材派遣会社に所属する「人材派遣社員」で置き換えたのである。この「企業の再構築」(Re-engineering) は，ホワイトカラー層を

中心とした労働者の解雇や正規雇用者の契約労働者への切り替えを引き起こした。雇用なき景気回復（Jobless Recovery），これこそが1980年代の「生産性のパラドクス」をクリアーして，1990年代の「生産性の上昇」を引き起こした要因である。アジアではない，アメリカの「奇跡」「ニュー・エコノミー」の中身である。こうしてアメリカは1990年代半ば以降，産業をNAFTA化・中国委託化・情報ネットワーク化・派遣化し，経営体としての生き残りを追求した。この再構築においてキー産業となったのがIT（情報ネットワーク）産業だったわけである。

　たしかに，こうしたITを利用した「企業の再生」や株式や金融が主導するアメリカ型経済モデルは「ニュー・エコノミー」とも呼ばれ一世を風靡した。だが，ニュー・エコノミーの旗手ともてはやされたアメリカの経営者たちが，一転して国民の指弾を浴びることになる。例えば，長距離通信サービス大手のワールド・コムの株価が最高時の30分の1に下落し，創業者のエバーズ社長兼最高経営責任者（CEO）は辞任を余儀なくされた。美術オークション老舗サザビーズのブルークス社長が，不正協定の疑いで裁判所から自宅拘禁命令を受ける。あるいはエネルギー企業エンロンは，取引損失を連結決算対象外の子会社（SPE：特別目的事業体）に付け替える不正会計事件（巨額の粉飾決算事件）発覚を機に倒産した。こうした不正までいかなくとも，経営の鏡とされたゼネラル・エレクトリック社ウェルチの「リストラ」「ダウンサイジング」と呼ばれる大規模な整理解雇や企業の合併・買収（M&A）など，金融による企業経営手法も企業の社会的責任を放棄している，と指弾された。こうした株価重視のアメリカ型経営が実は経済全体の活力を奪い，社会の不平等と格差を広げたのである。これは「ウォール街占拠」，「99％対1％」の運動に連なっていく。

　さらにこうした経営手法は，国民経済の視点から見ればもう一つの問題を含んでいる。アメリカ多国籍企業の経営資源の最適配置という「国際経営ロジスティクス」，すなわち国外での低賃金労働力による付加価値生産とその製品の輸入は，国際収支から見れば結局アメリカの商品貿易収支の赤字に帰着する。アメリカは，経常的な貿易赤字に苦しみ続けることになる。1960年代まで，商品・サービス貿易の赤字を曲がりなりにも補塡してきた所得収支の黒字は，1970年代にはとびとびに5年分を補塡したが，1982年以降は商品・サービス貿

易の赤字を補塡しきれなくなった。1982年以降アメリカは経常収支の赤字国へ，さらに1985年には純債務国へ，そして1994年からは所得収支も支払い超過・赤字に転落する。こうした赤字は過剰ドルとして世界を徘徊するわけだが，この流れを止めることは許されない。なぜならアメリカ以外に滞留するドルは，ドル暴落の時限爆弾となるからである。血液の循環のように，心臓部アメリカに環流させ，再び国外に送りだすことによって，世界の資金循環は一巡することになる。アメリカはクリントン政権以降「金融商品」を開発し，これを「輸出品」にして世界に滞留したドルをアメリカに還流させ，再び世界に送りだす政策を実行した。この資金循環を「正常」に維持し続けることこそ，アメリカ生き残りの最後の手段となる。アメリカ製造業は，アジアとの勝ち目のない競争をあきらめた。企業・資本は生き残るために「Jobless Recovery」（雇用なき復活）と「Fabless」（工場なき製造）を実行した上で，1990年代以降国際金融に生き残り・復活の軸足を移し，ここに全神経を集中することになる。同時に軍事力の行使による石油・天然ガス資源とパイプラインの掌握によって，アメリカ「独り勝ち」＝世界軍事支配を目論んだのである。湾岸戦争と続くイラク攻撃，そして2001年の同時多発テロの後のアフガニスタン攻撃はそうしたアメリカの一連の戦略の表れである。

⑴　これに関するデータは，拙著『東アジア経済論』（2005年，大月書店）の「5-10図　外人（海外）の在米資産（アメリカの負債）の構成」（316-317頁）も参照。
⑵　データは拙著『東アジア経済論』大月書店，2005年，318-319頁「5-2表　アメリカ対外資産負債残高」。これが1997年のアジア通貨危機として発症するわけだが，それについてはのちの第6章Ⅱで述べる。
⑶　このパラグラフとこの前のパラグラフの数値データは，Survey of Current Businessの各年July号による。http://www.bea.gov/scb/date_guide.asp（2012/05/16）
⑷　アメリカ経済諮問委員会『米国経済白書：2001』（毎日新聞社，エコノミスト臨時増刊，2001年6月4日，35頁）。
⑸　前掲書はアメリカ政府が初めて「ニュー・エコノミー論」を追認した文章である。
⑹　マキラドーラ（Maquiladoras）は90年代になってブームになった。アメリカ製造業は国際競争を勝ち抜くために，組立工程（Assembly Operation）を国外に移すことをせまられた。メキシコ移転ブームをつくったのは韓国大宇（デウ）電子であった。デウはカリフォルニア州ユマからサンルイス（San Luis）へテレビの組立工場を移した。これがアメリカ製造業のメキシコ・ラッシュのきっかけとなった，と言われている。（Arizona Business Gazette, Vol.110 No51, Dec. 21, 1990.）Nifty Serve経由「米

国ビジネス誌記事情報」からダウンロード。
(7) U.S. Department of Commerce, Economics and Statistics Administration, Bureau of Economic Analysis, *U.S. Direct Investment Abroad, 1994 Benchmark Survey, Preliminary Results*（Washigton, 1997）, Table ⅢG1.
(8) アメリカの意図と概要は以下のとおりである。
①米国，カナダ，メキシコ3国間の自由貿易協定。域内GDP約11.9兆米ドル，人口約4.3億人のEUを凌ぐ大規模経済圏を創設する。
②重要産業分野に原産地基準を定め，加盟国の相互の投資を優遇する規則やサービス貿易，知的財産権に関する規則，実効性の高い紛争解決手続の導入，政府調達における優遇を定めるなど，実効性の高い経済統合の枠組みをつくる。しかしながら対外共通関税をもたず，また労働力移動の自由化，経済政策の協調を内容に含んでいない。
③1992年8月基本合意に到達，同12月に正式署名。1994年1月1日に発効。
(9) SCMとは，物流システムをある1つの企業の内部に限定することなく，複数の企業間で統合的な物流システムを構築し，経営の効果を高めるための経営手法である。こうしたコンピュータ・ネットワーク（インターネット）が構築されるための技術的基礎は，1985年テキサス・インスツルメント社の32ビットCPU（i80386）の開発を起点とし，89年の同社64ビットCPU（i860）の実用化・普及によるものである。CALSの実例についてはボーイング777の開発・製造，また後者SCMの事例についてはマッケンソン・ドラッグを述べた拙稿「ME=情報革命と産業・科学労働」涌井秀行・横山正樹共編『ポスト冷戦とアジア』中央経済社，1998年，第6章を参照されたい。
(10) Wendy H.Schacht, Science Policy Research Division, *Manufacturing Technology and Competitiveness*（Congressional Research Service, Feb.27, 1992）. 邦訳ウエンディー・シャハト『米国議会調査局報告書，米国製造業の技術及び競争力』株式会社C-NET，1992年，4-5頁。
(11) こうした製造工程をなおざりにしていることの証明として，製造現場・直接的生産過程で使用される工作機械の出荷額の推移を見ると次のようになっている。数値制御式工作機械，ロボットの出荷額は1988年の6億1600万ドルをピークに1990年代に入ると減少している。また，ロボットの出荷額も1985年の3億5400万ドルをピークに減少している。U.S. Department of Commerce, *Statistical Abstract of the United States: 1992*（Washington, 1992）, p.755; 1996（Washington, 1996）, p.751.
(12) U.S. Dept. of Labor, Bureau of Labor Statistics, *Outlook for Technology and Labor in Telephone Communication*（Washigton, 1990, Bulletin2357）, pp.1, 11-12.

第5章　アメリカ一国生き残り覇権主義としての世界軍事＝石油支配

I　湾岸戦争と石油・天然ガスの軍事支配

　1991年1月17日アメリカ軍を主力とした国連・多国籍軍は，イラクに対してミサイルによる空爆を開始した。湾岸戦争の始まりである。それは，すでに「死に体」となっていた同年8月のソ連邦解体劇の序幕でもあった。湾岸戦争とソ連邦解体，1991年は世界冷戦構造が溶解した年として，歴史年表に大書されるであろう。金融横奪と軍事＝石油支配へ，というアメリカのポスト冷戦期の新戦略は，アメリカの湾岸戦争への準備過程によく表れている。イラク・フセインの隣国クウェートへの侵攻に対して，アメリカは当初黙認しておきながら，「国連の最後通牒である安保理決議を成立させるために外交努力を尽くした。この時の9カ国の非常任理事国に対するアメリカの圧力は1947年のパレスチナ分割時のロビー活動に匹敵するほどの激しさで，アメリカは得票確保のため数十億（一説では数百億）ドルの汚い金を使い，数十億ドルの負債免除をしたといわれる。……イラクに対する最後通告の国連安保理決議678号（1990年11月）が成立するや，大規模な多国籍軍を結成すべく，ベーカー国務長官を主とするシャトル外交（または托鉢外交）[1]が開始され，その結果多国籍軍には世界の51カ国（総兵力67万人）が参加する大規模なものになった。……軍事的には米英仏の3カ国だけで十分なのに，また なぜかくも多数の小国を加えた大軍を結成したのだろうか。これはソ連の脅威が消滅した今，アメリカが誰憚ることなく新型兵器の実験[2]を行える絶好の機会到来と考えたからであり，かつアメリカが自国の世界各国に対する動員力を誇示し，ソ連崩壊後の世界における唯一の超大国の地位を揺るがないものにするための行為だったというべきだろう。」[3]

　東欧革命（1989年）と米ソ首脳（ブッシュ・ゴルバチョフ）マルタ会談（1989

年12月）は，金融横奪と軍事＝石油支配というアメリカの世界新戦略（国連帝国主義・一国覇権主義）実行開始のホイッスルであった。湾岸戦争後のアメリカの中東介入は，次のように展開し現在も進行中である。事態をやや年表風に記録すると以下のとおりである。1993年1月イラク軍が飛行禁止区域にミサイルを配備しているとして，米英仏＝「国連軍」はイラク（フセイン政権）を空爆。1998年には国際原子力委員会（IAEA：International Atomic Energy Agency）の「大量破壊兵器」査察をイラクが拒否したとして，米英軍＝「国連軍」が再度イラクを攻撃。2001年の「9・11」後の10月8日に，アメリカは「9・11」の首謀者「ウサマ・ビン・ラーディンをアフガニスタン政府がかくまっている」として，アフガニスタンを空爆。2003年3月20日，米軍25万人を中心とする米英軍がイラク攻撃を開始し，4月9日には，サダム・フセイン政権を崩壊させた。5月1日にはジョージ・W・ブッシュ大統領は「主要な戦闘の終結」を宣言し，翌2004年6月にはイラク政府へ主権を委譲した。しかし現在（2012年）でも，自爆テロや宗派間抗争が頻発し，イラクは「内戦」状態に陥っている。

こうした対イラク，アフガニスタンへの軍事攻撃とともに，アメリカは，2002年8月にイラン・ハタミ政権が秘密のウラン濃縮を計画している，との「反体制勢力の暴露情報」に基づき，核施設の査察を実施した。2006年以降，国連安保理で「イラン核開発制裁警告」を決議して「国際社会の声」を組織し，「国際貢献」を各国に求めながらイランへ圧力をかけ続けている。さらにアメリカは2011年5月2日には，ビン・ラーディン「容疑者」をパキスタン国内で「殺害」し，遺体をペルシャ湾に放棄した。2011年12月14日オバマ大統領は，イラク戦争終結を宣言したが，今日（2012年）でも西アジアは混迷を続けている。

またアメリカは「9・11」以降，中央アジアにも米軍基地を展開している。例えばウズベキスタンでは旧ソ連軍のハナバード基地を借り受け，2002年現在約1000名の兵力を保持している。キルギスタン，ビシュケク近郊のマナス空軍基地には米兵3000名を主力とした「多国籍軍」を駐留させている。なぜアメリカは，西・中央アジアに執拗な関心を示し，駐留し続けているのか。

Ⅱ　アラブ・パレスティナとユダヤ・イスラエル

　そもそも，西アジアは，列強帝国主義諸国の植民地として，同時にスエズ運河に象徴されるように，アジア・アフリカ植民地への経由地として重要な地域であった。とりわけ大英帝国にとっては，「イギリス国王の王冠にはめ込まれた最大の宝石」と称された英領インドへのアクセス（３Ｃ政策；カイロ・カルカッタ・ケープタウン）を確保するための要衝であった。ドイツはバグダード鉄道計画を足場に中東進出を目指していた（３Ｂ政策；ベルリン・ビザンチウム＝現イスタンブール・バクダット）。また，フランスにとってもアフリカ植民地への通路であった。このようにして中東地域は帝国主義諸列強が衝突するホット・スポットであった。こうした要素に加えて，20世紀初頭からの海軍燃料の石炭から石油への転換，さらに航空機の発達につれて，石油の戦略物資としての重要性が高まった。メソポタミア北部の油田権益の確保は，列強帝国主義諸国にとって喫緊の課題となり，中東地域はその要衝としての重要性が増していく地域となっていった。

　こうした状況下，紛争地帯にもう一つの対立の要素が持ち込まれる。それはユダヤとアラブの対立である。世界に拡散していたユダヤ人の迫害・差別に対する抵抗運動は19世紀末から20世紀初頭にかけて，かつてない「シオニズム」運動となって盛りあがりを見せた。ナチスのユダヤ人迫害で思い出すのは，『アンネの日記』の著者アンネ・フランクだが，思い浮かべた彼女の面立ちからは，ほかのドイツ人と区別できる明確な違いを見出すことはできない。ユダヤ人は人種的にはもちろん宗教や言語といった文化的要素においても民族的特徴をもってはいない。それもそのはずで，パレスチナ[4]の土地はもともと交通の要衝・十字路であって，さまざまな人種・民族の混血がすすみ，いわば人種・民族の「るつぼ」となっていた。ユダヤ人といっても，他者と区別できる皮膚や目の色などの身体的特徴もなく，宗教や言語などの文化的な固有性ももってはいない。

　こうした中，パレスチナ出身の人々が仕事を求めて世界中に移住していった時，待っていたのは必ずしも「蜜のしたたる土地」での安穏な生活ばかりでは

なかった。中世ヨーロッパではシェークスピア『ベニスの商人』のシャイロックのように，高利貸や徴税人などの嫌われていた仕事につかざるを得なかった人々も少なからずいたのである。こうした中世的な迫害の歴史の上に，近代資本主義社会でも貧困などの社会的な矛盾から国民の目をそらすために，ユダヤ人が差別と迫害の対象として利用された。例えばフランス軍大尉・ドレフュスが，ユダヤ人であるとの理由により差別を受けたドレフュス事件などがそれである。また20世紀初頭，帝政ロシアでは極端な反ユダヤ人政策がとられ，国民の不満をそらせるために政府の奨励，黙認のもとに大規模なポグロム[5]がしばしば行われた。ユダヤ（人）迫害は仕組まれた作り事といえる。それは，在日朝鮮・韓国人差別や部落差別を想起すれば，容易に想像がつく。

　こうした状況下，被差別を逆手にとって，自身をユダヤ（人）と再定義することでアイデンティティーを確立しよう，とする思潮が生まれた。それがシオニズムである。その思潮にもとづき，欧州諸国から「神に約束された土地」パレスチナへの移住が進んだ。1910年代20年代にはロシア・東欧のユダヤ人たち[6]が，また1930年代にはドイツ・ナチス政権の成立・迫害を契機にドイツ，オーストリアでユダヤ人とされた人々が大量に「パレスチナ」の土地に移り住んだのである。特に後者のユダヤ人たちの中には資産家も多数いたため，アラブ人不在地主から農地を買い取り，アラブ人の小作人を追い出すなどの「逆」差別，迫害も発生した。これがその後今日に至るまでの，西アジアにおけるアラブ・パレスチナ（人）とイスラエル・ユダヤ（人）の対立の火種となった。

　その対立は戦後に，1947年国連パレスチナ分割決議案に基づく，無理やりのイスラエル国家の樹立とそれに反対するアラブ諸国の戦争（第1次中東戦争，パレスチナ戦争；1948年）となって表れた。これ以降3次にわたるイスラエルとアラブ国家の局地戦争が続くことになる。第1次中東戦争で勝利したイスラエルは①軍事国家としての色彩を強めるとともに，アラブ人を土地から追い出してユダヤ（人）を入植させる，という植民政策を押し進めた。同時にこの戦争は，②腐敗したアラブ諸王国の封建的旧秩序の破壊という，アラブ諸国の近代化への覚醒を呼び起こした。エジプトでは旧態然たる前近代的な王政ではイスラエルに対抗できないとして，1952年ナーセルを中心とした軍事クーデターによって王政は打倒された。当初ソ連はあいまいな態度でこれに臨んだ

第 5 章　アメリカ一国生き残り覇権主義としての世界軍事＝石油支配　　129

が，スターリン死後（1953年）ナーセル政権・民族主義に対する姿勢を変化させ，「1955年9月チェコ・スロバキアが武器を供与する[7]」かたちでエジプト支持の方針を実行した。ここにアラブ世界の一角に親ソ政権，社会主義体制への接近がうまれ，アラブ対ユダヤの対抗に米ソ冷戦の対決が影を落とし始めることになる。エジプト・ナーセルはスエズ運河の国有化を宣言（1956年）した。これに対して運河の権益をもっていた英・仏は，権益奪還を目指してイスラエルに対エジプト攻撃を仕掛けさせた。英仏はイスラエルをそそのかし，仲介者を装って，権益奪還の糸口をつかもうとしたのである。これが1957年の第2次中東（スエズ）戦争である。ソ連の武器援助を受けていたナーセル・エジプトはこの戦争に勝利し，イスラエルに対して第1次中東戦争のリベンジを果たした。この勝利によってアラブ民族主義はナーセリズムとなって高揚し，農地改革や石油，銀行などの主要産業の国有化など，「近代化」がアラブ世界を席巻することになる。

　ここから第3次中東戦争までの約10年間（1957―1967年）のアラブ世界は，「進歩的」民族主義であるナーセリズムと親ソが目立った時代だった。これに対してアメリカはそれらの影響力の防遏にまわることになる。その拠点国がイスラエルだった。アメリカの対イスラエル軍事援助は「1965年の1290万ドルから1966年には9000万ドルと7倍に達し，……A1スカイホーク攻撃機，F4ファントム戦闘機，パットンM48戦車[8]」など，最新鋭兵器がイスラエルに供与された。1967年の第3次中東戦争勃発の12日前にはジョンソン大統領は「各種の兵器システムと軍需物資，およびその予備の部品をイスラエルに空輸する秘密の許可を下した[9]」。イスラエル対アラブの対立は，米ソ冷戦対抗にあおられ，一層複雑な様相を呈することになる。

　第3次中東戦争（6日間戦争；1967年）では，アメリカの最新鋭兵器を装備したイスラエルが勝利した。イスラエルは第2次中東戦争のリベンジを果たしたのである。このアラブ側の敗北は，アラブ世界を席巻していた民族主義・ナーセル主義の退潮を意味していた。この戦争で，イスラエルはヒューマニズムに基づくシオニズムから軍事シオニズムへと転換した。同時にアラブ側の敗北は，汎アラブナーセル主義の退潮とアラファトに代表されるような既成国家の権力に依存しない勢力を生み出した。アラブ人は自らナーセル主義のような

図 5-1　米の対西アジア諸国への援助

億ドル（2010年ドル価格）

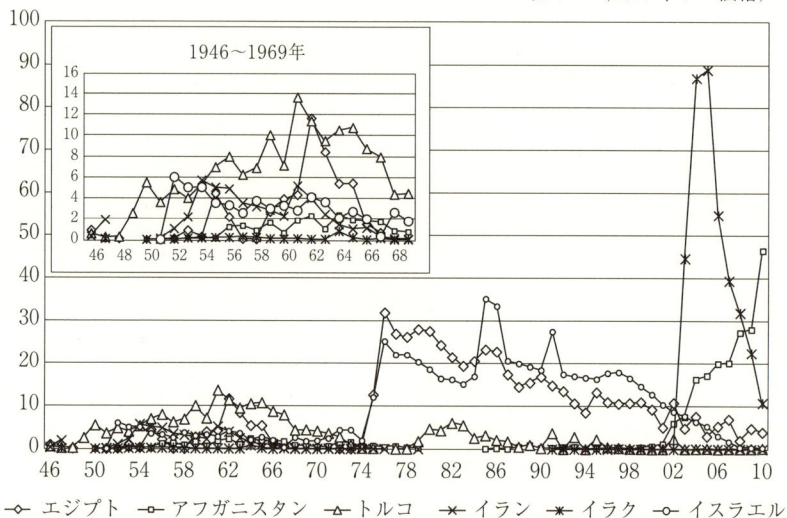

―◇― エジプト　―□― アフガニスタン　―△― トルコ　―×― イラン　―＊― イラク　―○― イスラエル

注）(1) 金額は約束額で，インフレ調整済みの2010年価格，単位は億ドル。グラフ線の欠落は援助がない。
(2) 資料出所のCountry Report（constant dollars）からCustom Country Report を選択して作図。
(3) ソ連の対西アジア経済援助に関するソ連側のまとまったデータはない，と思われる。参考のためにソ連の対トルコに関する経済援助をメモすれば以下のとおり。1967年2億ドルの借款，60年代末経済顧問1000人，72年2.8億ドル（イスケンデルン製鉄所）追加支援，1975年7億ドル，77年13億ドル，1979年38億ドル（エネルギープロジェクト）。ガリア・ゴラン，木村申二・花田萌子・丸山功訳『冷戦下・ソ連の対中東戦略』（第三書館，2001年）374, 378頁。だだしデータの出所はない。またイランに対しては，66年2.9億ドル，68年3億ドル（イスファハン製鉄所）のほか「ある試算によればソ連は1960年代の末までにイランに対して10億ドルの借款を供与」した，という。前掲著，266頁。

出所）USAID（United States Agency for International Development）Homepage, http://gbk.eads.usaidallnet.gov/data/detailed.html（2012/12/12）

「古い」アラブから解放されなければならない，という思潮を生み出した。これ以降パレスチナ解放機構はエジプトのコントロールから離れ，社会主義と親和的なエジプトに代わって，アラブ世界の反イスラエル・反米勢力の主流となっていった。

　取られたものは取り返さなくてはならない。エジプトは第3次中東戦争のリ

第5章　アメリカ一国生き残り覇権主義としての世界軍事＝石油支配　131

図5-2　米の対西アジア諸国への軍事援助

億ドル（2010年ドル価格）

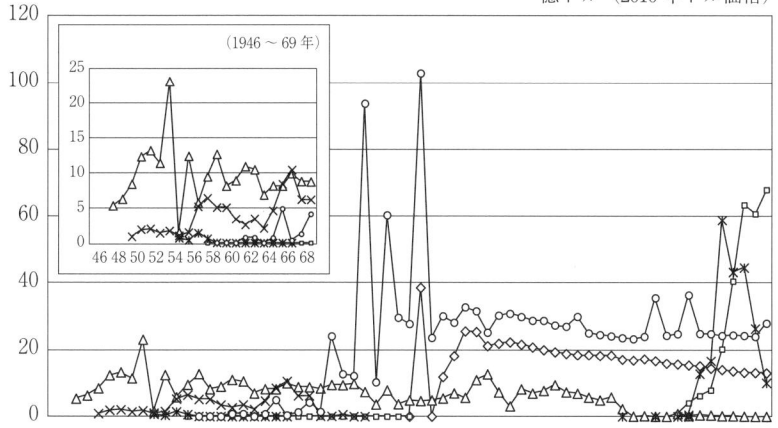

凡例：エジプト／アフガニスタン／トルコ／イラン／イラク／イスラエル

注）注記，資料出所とも図5-1参照。

ベンジを果たすために，イスラエルに攻撃を仕掛けた。第4次中東戦争（1973年10月6日〜22日；10月戦争）である。ナーセルの死後，1970年に大統領に就任したサダト（Anwar al-Sadat）は，スエズ運河をわたりソ連製のミサイルでイスラエルを圧倒した。しかしこの電撃的な勝利は，イギリスの完全撤退で空白となった西アジアにおけるエジプトのプレゼンスの肥大化を意味した。戦争勃発から「数日のうちに，アメリカは，連日数千トンの軍需物資をイスラエルへ空輸した。……イスラエルは，F4ファントム機40機，スカイホークA4機38機，C130輸送機12機，戦車20両，予備の部品，弾薬等，総計2万2000トン以上の軍需物資を（アメリカから）受領した」[10]のである。これによって，イスラエルはエジプトの攻勢をしのいだために，第4次中東戦争はエジプト側の完全勝利とはならなかった。しかしこの戦争はそれまでの3次にわたったイスラエル対アラブの戦争と違った世界経済を揺るがす要因も生み出した。アラブ側が石油輸出国機構（OPEC）を動員して，いわば「石油兵器戦略」を行使したのである。

　OPECは国際石油資本（メジャーズ）の中東原油の公示価格引き下げに対抗して，サウジアラビア，イラン，イラク，クウェート，ベネズエラの5大産油

国によって，1960年9月イラクのバグダードで創設された。OPECは原油の生産・出荷調整や価格政策などを通じて，産油国の利益を団結して守ることを目的としたカルテル機構である。

第4次中東戦争における「石油兵器戦略」とは，イスラエルに味方するアメリカやオランダ，その他諸国に対して石油の輸出を禁止するとともに，減産によって石油価格の引き上げを目論んだ戦略である。たしかに第4次中東戦争勃発前には1バレル（約160リットル）3ドル程度だった原油価格は1974年には11.45ドルに高騰，70年代後半10ドル台で推移したのち，1980年には35.7ドルに高騰した[11]。低価格の中東原油に依存していた先進資本主義諸国は，これまでに経験したことのない不況下のインフレーション，すなわち「スタグフレーション」に見舞われた。

この事態が収まりかけようとしていた矢先，さらに西アジアを揺るがす大事件が続発した。まずイランにイスラム原理主義革命が起きたのである。イラン国王，ムハンマド・レザー・シャー（在位 1941―79年）は，1960年代以降いわゆる「白色革命」によって，①農地改革，②森林，牧草地の国有化，③国有工場の払い下げなど，上からの近代化政策を強行した。しかし，急激な土地改革は，地主層や宗教指導者層の反発を招いた。増大した石油収入を原資として行った工業化政策も失敗し，インフレ，農業の停滞，都市のスラム化，極端な貧富の格差などの「ひずみ」が生まれた。78年1月以降，反国王デモやテロ事件が全国で続発し，反政府運動はますます激しくなった。1979年1月国王は国外に脱出，2月1日ホメイニ師が帰国，2月11日革命政府が全権力を掌握した。イラン・ホメイニ革命である。ホメイニ革命は，リベラル知識人・イラク共産党・クルド人を含むいわば「統一戦線」で，イスラム教シーア派・原理主義に基づく王政打倒の革命であった。

この事態と時を同じくして東隣のアフガニスタンでは，1978年4月青年将校らがクーデターを起こした。ダーウド大統領を殺害し，ヌール・ムハンマド・タラーキー首班（革命評議会議長），バブラーク・カールマルを革命評議会副議長とする政権が出現した。タラーキー政権はソ連との友好善隣条約（1978年12月）締結に見られるように親ソビエト政権で，「社会主義」的急進政策を実施した。こうした政策はイスラム民族主義勢力との対立を深め，対立は翌79年3

月には暴動（ヘイラート州）にまで発展した。この事態に乗じて79年9月にハフィズラ・アミンはタラーキーを殺害し[12]，実権を掌握した。クーデターを起こしたアミンは1957年にコロンビア大学でマスターの学位，さらにPHD学位を取得した後の1965年にアフガニスタンに帰国し，アフガニスタン人民民主党に入党した人物である。確たる証拠はないが，ソ連政府はアミンをCIAのエージェントとみなしていた[13]。

アフガニスタンの親ソ・カールマル政権の崩壊に危機感を抱いたソ連は，1979年12月にアフガニスタンに侵攻し（89年撤兵），KGB特殊部隊がアミンを殺害した。ソ連はバブラーク・カールマル（Karmal, Babrak）親ソ・傀儡政権を樹立しその後ろ盾となった。ソ連は，隣国イランのイスラム原理主義の影響が，当時ソ連邦を構成していた中央アジア諸国のイスラム教徒を刺激し反ソ・民族主義運動が広がること，そしてアメリカの影響がアフガニスタンに及ぶことを恐れたのである[14]。そのためソ連は，アフガニスタンをイスラム原理主義防遏のための緩衝国にしようとしたのである。

1978年のタラーキー親ソ政権が成立すると，各地で組織された反政府ゲリラが蜂起し，さらにソ連の進駐に対して，彼らは反政府ゲリラ戦を一層強めた。反政府勢力は，このソ連軍に対する闘争を，アフガニスタンのイスラムを防衛する聖戦（ジハード）と位置付け，自らジハードを遂行する戦士（ムジャーヒディーン）と名乗り，反政府ゲリラ戦争を激化させた。アメリカをはじめとする西側諸国は，パキスタン，サウジアラビアとともにムジャーヒディーンを支援したのである。実際アメリカ・カーター大統領は，「1979年7月3日に開催された最終会議で，ソビエトのアフガニスタン侵攻のおよそ6カ月前，密かにムジャーヒディーンを支援する書類に署名した」[15]。アメリカはソ連をアフガニスタン戦争の泥沼に引きずり込み，社会主義体制の崩壊を目論んだのである。ちょうど15年前に自分たちがベトナム戦争の泥沼にはまり込んだように。スグニュー・ブレジンスキー（国家安全保障問題担当；カーター大統領補佐官＝当時）は，インタビューで次のように述べている。アフガニスタンにソ連を引きずり込むという「秘密作戦は，傑出したアイディアでした。ロシア人たちをアフガニスタンの罠に引っ張り込む効果を生みました。（イスラム社会，つまり未来のテロリストを支援したことに後悔はないのですか，という記者の質問に対して）私

に後悔しろと，思っているのですか。ソ連軍が正式に国境を越えた日，私はカーター大統領に文書を提出しました。今こそソ連をベトナム戦争に引き込むチャンスです。実際，モスクワは，ほぼ10年間ソ連政府は耐えられない戦争を行いました。その結果，この戦争はソ連帝国を衰退させ，崩壊を生じせしめたのです」[16]。たしかにそうだろう。1979年から1989年までの足かけ10年の戦争で，ソ連は360億から480億ドルの戦費を支出し，62万人の将兵を動員した。戦病死を含む戦死者は1万5000人[17]に上った。

　1973年の第4次中東戦争，1979年のイラン・ホメイニ革命とソ連のアフガニスタン侵略という一連の1970年代の事件は，石油の供給不安と価格高騰という二つのショック（石油危機）を世界に与えた。第1次石油ショック，第2次石油ショックである。この二つのショックは，不況下の物価高騰というスタグフレーションを先進資本主義諸国に引き起した。ここで注意しなければならないことは，この二つのショックを引き起こしたもう一段奥にある真の原因である。その原因とは1971年の金ドル交換停止（ニクソン・ショック）である。アラブ産油国はこの金ドル交換停止を契機にして「自国通貨高＝ドル安」によって，ドル建て石油輸出代金を自国通貨に為替両替した際発生する為替損を回避しなければならなくなった。そこでアラブ産油国は国際石油メジャーズ[18]から原油の価格決定権を奪回し，原油価格を吊り上げ為替差損を取り戻そうとしたのである。これはドル資産（ポジション）を持つすべての国についても同様である。

　そして何よりも中東石油にかかわる地域にソ連が進駐してきたことに，アメリカは神経をとがらせた。アフガニスタンへのソ連進駐は，ホルムズ海峡をソ連戦闘機の行動範囲に置くことを意味する。ソ連はペルシャ湾へアクセスできる。これにアメリカは脅威を感じたのである。カーター米大統領は，政府内に省庁横断的なペルシャ湾に関する「特別調整委員会」を設けるとともに，中東米軍の再編成に着手した。1980年1月年頭教書で次のように述べた。「ソ連軍のアフガニスタン侵略によって今脅かされている地域は，大きな戦略的重要性を持っている。同地域は，世界の輸出可能な石油の3分の2以上を埋蔵している。アフガニスタンを支配しようとするソ連の努力は，インド洋から300マイル以内，ホルムズ海峡の間際までソ連軍を進出させたが，そこは自由世界の石油の大半が通過しなければならぬ地域なのである。ソ連はいまや，中東石油

の重要な移動に対する重大な脅威となる戦略的な位置を固めようと図っている。……ここで米国の立場を疑問のない形で明確にしたい。ペルシャ湾岸地域を支配しようとする外部勢力のいかなる試みも米国の死活的な利益に対する攻撃とみなされるだろう。そうした試みにわれわれは軍事力を含む必要な手段を行使して撃退する」[19]。

Ⅲ　アメリカ中東戦略（軍・石油複合体）とパイプライン

　「中東ドクトリン」と称されたこの「年頭教書」が発表されると軌をいつにして，アメリカの危機感を現実のものにする事態が発生した。しかし，それはソ連の軍事行動ではなかった。1979年7月アハマド・ハッサン・バクルの引退後，大統領に就任したイラク・フセイン大統領は，1980年9月イランに侵攻したのである。イラン・イラク戦争が始まったのである。フセインは，前年に発生した隣国イランのホメイニ革命に危惧の念を抱いた。すなわちイスラム教・シーア派原理主義が自国に伸張し，政権を脅かしはしないか，と。この危険性を防止すると同時に，ペルシャ湾岸地域での覇権拡張への野心を，フセインは強めたのである。

　アメリカはある時期からこのイラン・イラク戦争を利用して，西アジア地域の石油支配の制覇をめざすようになる。アメリカは，イスラム原理主義がペルシャ湾岸の王政アラブ首長諸国に伝播し，政権打倒などの反政府運動となって広がりはしないか，という懸念を抱いた。この点で王政アラブの諸首長はフセインと懸念を共有していたのである。その対策は反米・反イスラム原理主義・親ソ政権のイラクへの接近から始められた。イラクは，1967年の対米断交，1972年ソ連との友好条約締結以降，親ソ・反米政権[20]としての性格を強めていたが，アメリカは，あえてこのフセイン政権への接近を開始した。なぜなら，イスラム原理主義への疑念を共有する世俗的なフセイン政権のほうが，アメリカにとってはイスラム原理主義のイランより御し易い，と判断したからだろう。1982年3月アメリカ・レーガン政権はイラクをテロリスト国家のリストから外すとともに通商関係を認め，1984年にはイラクとの公式的外交関係を復活させた。

このように当初イラク支援のスタンスをとりながら，イラン・コントラ事件[21]にみられるようにイスラエルを通じてイランへ武器を供与するなどして，イランとイラクを徹底的に戦わせ，双方を消耗させる戦術をアメリカはとるようになったのである。ここにイスラエルが介在するのは，イスラエルにとって隣国イラクの弱体化が好ましいからである。と同時に，アメリカは敵対国のイランへ武器を直接供与できないからである。いずれにしてもその間に戦闘は，イラクのイラン・タンカー攻撃，イランのタンカー無差別攻撃[22]，アメリカのタンカー保護やイラン民間機の米軍艦船による誤撃墜など，泥沼化の様相を呈した。1987年国連安全保障理事会は「安保理決議598」[23]を決議し，双方に停戦を呼びかけた。これに対して，イラクは即時に決議受諾を表明し，イランも翌88年7月に同決議を受諾した。

その後は本章冒頭で述べたように，1990年のイラクのクウェート「侵略」を口実にアメリカは「国際世論」を組織し，多国籍軍を編成して，「侵略者」イラク・フセイン政権を湾岸戦争＝「砂漠の嵐」作戦で吹き飛ばそうとしたのである。もっとも吹き飛ばしきれずに，数次にわたるイラク攻撃が，このあと続くことになる。だが，この湾岸戦争こそ，第2次世界大戦後を染め上げた世界冷戦構造溶解（米ソ冷戦体制解体・解除）にあわせて，アメリカ一国だけが生き残ろうという米世界戦略転換の道しるべである。

アメリカはこの戦争を境に，ソ連邦亡きあとの唯一の超大国となり，誰憚ることなく自国利益優先の世界戦略を実行し始めた。フセインを罠にかけてでも，湾岸戦争を起こしたのである。だからアメリカ・ブッシュ政権は，この戦争の「錦の御旗」となった「クウェート解放」と「侵略者イラク・フセイン打倒」を演出する必要があった。当時からくすぶっていた疑惑は，今となっては事実となったが，そのエピソードは，アメリカの西アジアにおけるプレゼンス確立の執念を物語っている。湾岸戦争前年の1989年7月，駐イラク・アメリカ大使エイプリル・グラスピーはフセインとの会談で，国境問題について次のように返答した，という。「クウェートとの国境が不確定といったようなアラブ人同士の対立にはノー・コメント」[24]と発言したという。

フセインはイラン国境沿いのクウェートの油田を奪取し，あわせてペルシャ湾への出口の拡大・確保を図ったのである。地図を見るとわかるが，イラクの

ペルシャ湾への出口は漏斗の口のようになっており，その距離は10マイル（16キロメートル）あるかないかである。アメリカは，フセインのクウェート侵略を「黙認」して，その侵略阻止のためと称して湾岸戦争を起こし，数次にわたるイラク攻撃を行い，さらにアフガニスタンへと戦争を拡大させている。「国際世論」を組織し「正当事由」を仕立てあげてでも，なぜアメリカは西・中央アジア，中東地域に，かくも執拗に関心を持ち続けるのであろうか。

1991年のソ連崩壊以降，カスピ海に近接したカザフスタン，ウズベキスタン，トルクメニスタン，アゼルバイジャンなどの中央アジア諸国に膨大な石油・天然ガス資源が眠っていることがわかってきた。かつてソ連邦内の共和国であったこの地域の石油と天然ガスを支配しようという，新しい資源獲得競争が始まったのである。石油メジャーは採掘権を獲得するとともに，石油の搬出ルート，パイプラインの敷設を構想・計画し始めた。図5-3は西アジア・中央アジアの主な石油・天然ガスのパイプラインである。複雑多岐にわたる石油・天然ガスパイプラインが西アジアに張り巡らされていることがわかる。石油・天然ガス戦略においては，石油・天然ガス井戸の掌握，採掘権の獲得もさることながら，輸送ルートの掌握も極めて重要な事柄である。なぜならパイプラインを掌握すれば送油・送ガスのコントロールを通じて，油田・ガス田をコントロールでき，油田・ガス田を掌握したも同然だからである。

記憶に新しいが2009年初頭，東ヨーロッパを中心としてヨーロッパ全域を寒波が襲った。この時の欧州諸国の混乱がパイプラインの重要性を物語っている。この寒波襲来以前からであるが，ウクライナとロシア間の天然ガスパイプライン使用に関して，権益・価格・支払いなどに問題が起きていた。ウクライナは2004年のオレンジ革命以降，親EU寄りの政策をとってきたが，その政策に批判的なロシア政府（ガスプロム）は，契約更新の不調を理由に，2006年初頭からEU諸国向けのガス供給量からウクライナ向け供給分30％を削減していた。しかし，ウクライナ側はこれを無視してガスの取得を続けたため，パイプライン末端にある欧州連合諸国へ提供されるガス圧が低下した。2009年初頭寒波襲来時にはガス圧低下によって，欧州各国は大混乱に陥った。エネルギー源をこの天然ガスパイプラインに頼っていた東ヨーロッパ諸国では，とりわけ被害が甚大であった。ブルガリアでは黒海沿岸地域を中心に，少なくとも6万5000世

帯で暖房が使えず、学校では教室内がマイナス18℃以下になった例も報告され、約100校が休校した。セルビアでも学校閉鎖が相次いだ。ボスニア・ヘルツェゴビナではガスの備蓄がゼロで、首都サラエボでは約10万世帯が暖房なしの状態となった。ハンガリーでもガス使用制限などで工場閉鎖が余儀なくされた。西ヨーロッパ地域でも程度の差こそあれ大きな被害が出たという[25]。

この事態は2012年現在でも続いており、2月初旬までに歴史的な寒波に襲われた「欧州各地やウクライナは4日も厳しい寒波に見舞われ、欧米メディアによると、同日までに寒さによる死者は計220人に上った、という。最低気温が氷点下35度を下回ったところもあり、大雪が降るボスニア・ヘルツェゴビナの当局は4日、首都サラエボに非常事態を発令した[26]」。こうした事態は東ヨーロッパにとどまらず、イタリアなど西ヨーロッパも大きな影響をうけた。このことが明らかにしているように、石油・天然ガスパイプラインの掌握は決定的な意味を持つ。

図5-3のⒷ天然ガスと石油パイプラインの敷設構想の破線を見ていただきたい。この構想線は、トルクメニスタンのドーレッタバット（Dauletabad）ガス田を起点とし、アフガニスタンのヘラート（Herat）を通過し、パキスタンのグウォーダル（Gwadar）に至る石油・天然ガスの二重パイプラインである。グウォーダルはインド洋に面した港湾都市である。このパイプラインが完成すれば、湾岸諸地域に匹敵する中央アジア諸国の石油・天然ガスを、ロシアの影響を受けずに「成長著しい東アジア」に供給できる。

このパイプライン建設競争は、1992年初頭アルゼンチンの石油会社ブルダス（カルロス・ブルゲローニ）がトルクメニスタン・ダウラバーの天然ガス採掘をするための協定締結から始まった。それに続いて1995年ブルダスは、トルクメニスタン（サパラムラト・ニヤゾフ大統領）とパキスタン（ベナジル・プット首相）とパイプラインの建設協定に調印した[27]。この計画に莫大な潜在的利益があることを察知したユノカル[28]はブルダスを出し抜いて、1997年ユノカル主導のパイプライン（Central Asian Gas Pipe-Line Consortium）建設計画を始動させた[29]。ユノカルはそのために数人の顧問や交渉代理人を選んだ。それらの人々は、アメリカ外交の大立者ヘンリー・キッシンジャー、国務省の高官ロバート・オークリーらであった。なかでも一番有意義な交渉代理人・顧問は、ザルメイ・ハ[30]

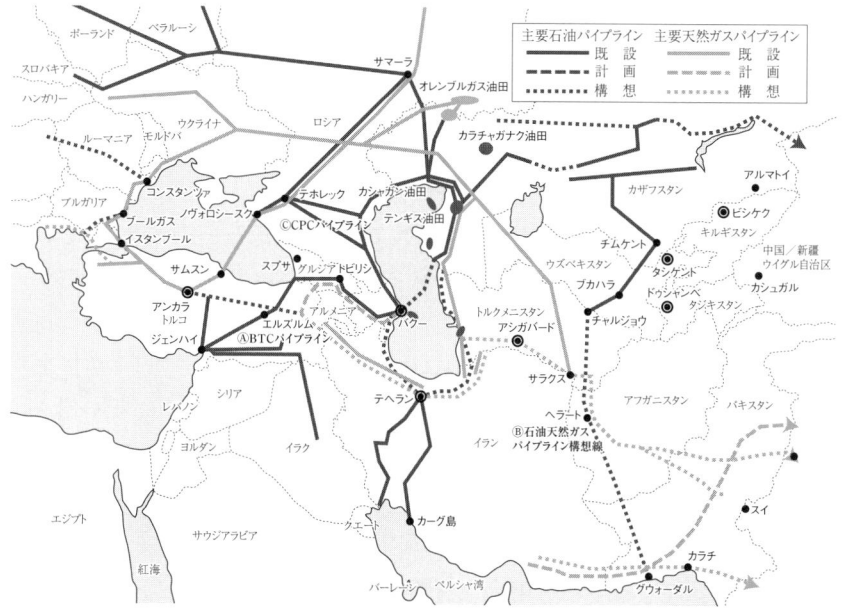

第5章　アメリカ一国生き残り覇権主義としての世界軍事＝石油支配　　139

図5-3　カスピ海沿岸地域の石油・天然ガス輸出主要パイプライン網

注）(1) 本図は出所(1)の図4.29（2003年時点）をベースにして，出所(2)のデータ（2008年時点）で補正した。補正した個所は，ⒶBTCパイプラインとⒷ石油天然ガスパイプライン構想線の2か所である。
　　(2) 日本語の地名表記は帝国書院『新詳高等地図』（帝国書院，2011年）によった。また，図中のパイプライン，都市などの所在地はおおよその位置を示す。
　　(3) 本図は概要を示したもので，詳細図は出所(2)を参照のこと。
出所）(1) International Energy Agency, *World Energy Investment Outlook, 2003 Insights* (OECD, Paris, 2003), p.154.
　　(2) ITA (Information Technology Associates) Homepage, World Pipelines maps –Crude Oil (petroleum) pipelines –Natural Gas pipelines –Products pipelines, http://www.theodora.com/pipelines/world_oil_gas_and_products_pipelines.html（2012/05/27）

リルサド，そしてハミド・カルザイである。ハリルサドはアフガニスタン生まれのパシュトゥーン人で，90年代に国防総省の高官でユノカルの顧問も務めた人物である。カルザイは，90年代のアフガニスタンの政府高官で，1996年にはタリバンの駐国連代表も務めた。2001年10月アメリカのアフガン攻撃で倒されたタリバン政権のあと，ハリルサドは2001年にアメリカの駐アフガン特使となり，カルザイは2002年にアフガニスタン・イスラム国暫定政権の大統領になっ

た。このことが「有意義」のすべてを物語っている。

　アメリカはソ連のアフガニスタン侵攻，親ソ・カールマル政権打倒のために，反ソ・反政府抵抗ゲリラ・ムジャーヒディーンを組織し，CIAを通じて武器や資金を援助した。1988年ソ連軍の撤退の後，ムジャーヒディーン各派はアフガニスタンでの主導権をめぐり対立し，それぞれが軍閥化していった。かろうじて存続していた親ソ・ナジーブッラー政権が倒され，ブルハヌディン・ラバニ率いるムジャーヒディーン政権がアフガニスタンを制圧した（1992年）。しかしパキスタンのアフガニスタン難民キャンプで教育・訓練を受けたパシュトゥーン人イスラム神学生を中心としたタリバンが，アフガニスタン南部から西部へと勢力を拡大したのち，1996年9月にムジャーヒディーン・ラバニ政権をカブールから追い出して首都を制圧し，国土の大半を実効支配した。追い出されたムジャーヒディーンの諸派は連合し，北部同盟を結成しタリバンに対抗した。

　クリントン政権は，1997年から中央アジアの諸国に共同軍事訓練などさまざまな手段を使って，アメリカの軍事的な影響力を示しながら，アフガニスタン・タリバン政権との協調関係を辛抱強く維持した。1996年にタリバン政権は「客」としてウサマ・ビン・ラーディンをアフガニスタンに招いた。これはアメリカの主張だが，その「ウサマ・ビン・ラーディン指示」のもと，1998年8月アル・カーイダがケニアとタンザニアでアメリカ大使館を攻撃した。この後でさえもアメリカは，タリバン・アフガニスタンをテロ国家に指定しなかった。たしかにトマホーク・ミサイルで報復攻撃をしたものの，テロ国家に指定しなかったことが，アメリカがアフガニスタン・タリバン政権を支持していたなによりの証拠である。この関係は2001年の「9・11」間際まで継続する。さすがにユノカルはアメリカ国内での「批判」に耐えきれず，採算を理由にコンソーシアムから離脱したが（1998年），アメリカ政府はあきらめず，国連安保理決議第1267号（1999年10月15日），同1333号（2000年12月19日）と相次ぐタリバン政権への厳しい制裁決議にもかかわらず，タリバン政権にパイプライン計画を粘り強く働きかけた。2001年3月にバーミヤンの仏像をタリバンが爆破をしたのちの5月にも，ブッシュ政権はタリバンの特使を国務省に迎え，さらに「8月2日に，南アジア問題担当の国務次官補で，元CIA局員のクリスティーナ・ロッカがイスラマバードで……タリバンとの最後の会合」をもった，という。[31]

第5章　アメリカ一国生き残り覇権主義としての世界軍事＝石油支配　　141

　アメリカがアフガニスタン・タリバン政権を「みかぎる」という方針をいつ決定したかはわからない。だが，「9・11」はタリバン政権打倒，アフガニスタン軍事攻撃の大義名分となった，ともいえよう。チャルマーズ・ジョンソンは次のように述べている。

　「世界の石油やガスに関するニュースサイト《アレグザンダーズ・ガス＆オイル・コネクションズ》が2002年2月に報じたように，タリバンを壊滅させる計画は，9月11日のテロ攻撃の何カ月も前から世界の外交社会の内外で話し合われてきたテーマだった。2001年5月，ジュネーブでアメリカ国務省とイラン，ドイツ，イタリアの政府高官がひじょうに重要な会合をひらいた。その中心的な議題は，タリバンを転覆させ，神権政治に代わって『幅広い基盤を持つ政府』を打ち建てるための戦略だった。この議題は2001年7月にイタリアのジェノヴァで開かれた先進8カ国（G8）サミットでふたたび大きく取り上げられ，サミットのオブザーバー国だったインドが独自案を持ちだした。G8会議後，アメリカ，ロシア，ドイツ，パキスタンの政府高官がベルリンでさらに会合を持った。パキスタンの消息通は，その年の10月中旬までにウズベキスタンとタジキスタンの基地からタリバンに軍事攻撃をかけるという，2001年7月のアメリカの詳細な計画について語っている。……こうした流れで見ると，9月11日の攻撃は，アメリカがロシアやインドをはじめとするほかの国々の支持を受けずに単独でタリバンを排除する行動に出る絶好の機会を提供したように思える」[32]。

　ブッシュ米政権は，2001年10月7日から，イスラム原理主義「タリバン」政権への軍事攻撃「不屈の自由（Enduring Freedom）作戦」を開始し，11月にはタリバン政権は崩壊した。2001年12月31日にはハミド・カルザイを首班とするアフガニスタン暫定政権が成立したが，その後もアメリカは，アル・カーイダとタリバン残党に対する掃討作戦を続けた。しかし04年ごろからタリバンは再び活動を活発化させ，アフガニスタンや隣国パキスタンの情勢は不安定化している。

　iCasualtiesによると，2001年から2004年までは，年当たり二桁であった米軍の兵士の戦死者数は，2005年131名，2007年232名，2009年521名，2011年566と増加している[33]。国連アフガニスタン支援ミッション（UNAMA；The UN Assistance Mission in Afghanistan）は犠牲になった民間人死傷者数を2009年

図5-4 原油価格推移

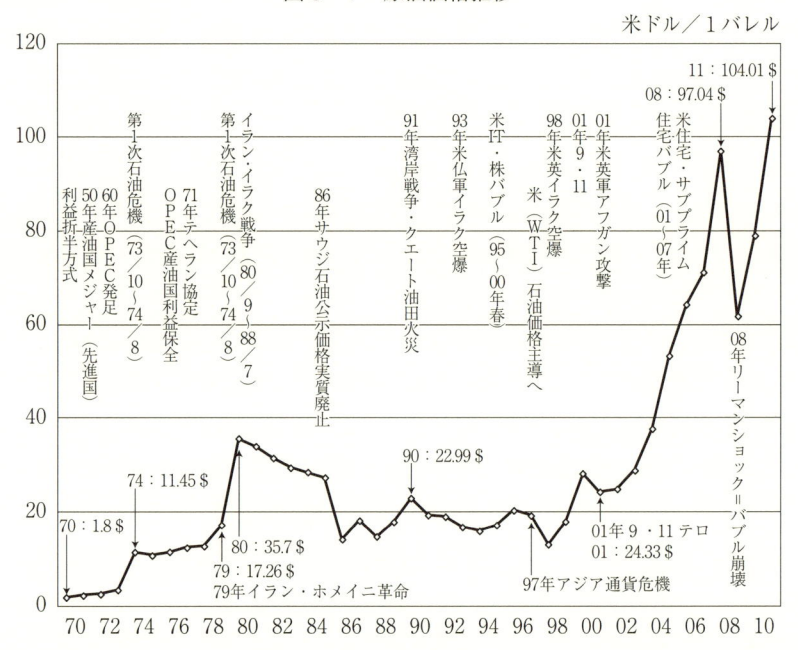

米ドル／1バレル

グラフ注記（左から右）:
- 利益折半方式
- 50年産油国メジャー（先進国）
- 60年OPEC発足
- 第1次石油危機（73/10〜74/8）
- 71年テヘラン協定
- OPEC産油国利益保全
- 第1次石油危機（73/10〜74/8）
- イラン・イラク戦争（80/9〜88/7）
- 86年サウジ石油公示価格実質廃止
- 91年湾岸戦争・クウェート油田火災
- 93年米仏イラク空爆
- 米IT・株バブル
- 98年米英イラク空爆
- 米（WTI）石油価格主導へ（95〜00年春）
- 01年9・11
- 01年米英軍アフガン攻撃
- 米住宅・サブプライム住宅バブル（01〜07年）
- 08：97.04 $
- 11：104.01 $
- 08年リーマンショック＝バブル崩壊

データポイント:
- 70：1.8 $
- 74：11.45 $
- 79：17.26 $
- 80：35.7 $
- 79年イラン・ホメイニ革命
- 90：22.99 $
- 97年アジア通貨危機
- 01年9・11テロ 01：24.33 $

→原油価格

注）(1) 1979年までは出所(2)のデータで，サウジアラビア産アラビアンライト価格。但し，価格決定方式は時期により異なる。
　　(2) 1980年以降は出所(1)のデータで，英・バーレーン・ドバイ・WTI（West Texas Intermediate）の平均価格。
出所）(1) IMF Homepage, IMF Primary Commodity Prices, Download monthly data (CSV file) for 8 price indices and 49 actual price series, 1980-current, http://www.imf.org/external/np/res/commod/index.aspx（2012/04/24）
　　(2) 経済産業省資源エネルギー庁ホーム・ページ, http://www.enecho.meti.go.jp/topics/hakusho/enehaku-kaisetu/kaisetu/01.htm

2412人，2010年2790人，2011年の3021人，と発表した。事実，今の時点（2012年4月15日）でも，アフガニスタンの首都カブール中心部で国会議事堂や外国大使館を狙ったとみられる爆破テロが相次ぎ，内戦状態が続いている。カルザイ大統領は，タリバンやその他の旧北部同盟などのムジャーヒディーン勢力と交渉をして，和平を実現できないかとの観点で，ピース・ジルガ（和平のための大集会）を開催し，和解による内戦の収拾を目指そうとしている。米・

NATOも和解による内戦収拾を支持している。

　しかしタリバン側は外国軍の撤退が先決と主張しており，この交渉自体が難しい上，和解プロセスがタリバン側の武装解除，復員，社会復帰を含むので，そう簡単には進展しないだろう。戦争は泥沼化し，収拾の糸口さえつかめていない。何よりも塗炭の苦しみを強いられているのは，アフガニスタンの民衆である。2001年の米軍とNATO軍のアフガニスタン攻撃で生じたアフガニスタン難民は750万人に上った。現在（2012年）でも故郷を離れて生活しているアフガン国民は370万人以上，国内避難民は110万から150万人とUNHCRは推定している。子供の4人に1人は，5歳の誕生日を迎えられずに死んでいる。[35]

　こうした中，オバマ大統領は2011年12月14日，イラク戦争の終結を宣言し，「アジア重視」戦略への転換を示した。だが，アフガニスタンに関しては今後も関与し続けるだろう。それはアメリカの石油軍事複合体にとって，アフガニスタンの地政学的要衝としての位置が決定的だからである。もしかすると，アフガニスタンの泥沼化こそが，アメリカにとっては狙いなのかもしれない。図5-4は1970年以降の1バレル当たりの原油価格の推移を示したグラフである。2001年の1バレル24.33ドルを底値にして2004年頃から上昇を始めた石油価格は，リーマン・ショックで一時落ち込んだものの，すぐに反転・上昇し2012年には112.5ドルまで上昇した。これは実需を反映した価格というよりも，金融商品としての先物取引の価格が大きく反映している。アメリカがニューヨーク・マーカンタイル取引所（NYMEX）でWTI（West Texas Intermediate）ブレント原油先物取引を2001年に開始して以降，シンガポール（2002年），ロンドン（2006年），東京，ドバイに先物市場が開設された。

　たしかに2001年1月に誕生した子・ブッシュ政権は，大統領府の主要メンバーの構成を見ればわかるように，石油と軍事関連産業のトップで構成されている。副大統領のディック・チェイニー（Dick Cheney）はカスピ海盆の石油採掘権を所有し，戦争の民間請負会社であるハリバートン（Halliburton Energy Services）社のCEOである。またそのパイプラインから利益を得るエンロン（Enron Corp.）のCEOはケネス・レイ（Kenneth Lee）で，子・ブッシュと同郷の親友で，選挙資金の最大の提供者であった。冷戦構造溶解後アメリカは一国生き残りのために世界戦略を産業（デトロイト）から金融業（ウオール街）へシ[36]

フトした。投資会社ゴールドマン・サックスの共同会長ロバート・ルービンが，クリントン政権発足時の1993年に経済政策担当大統領補佐官に指名され，1995年に財務長官に就任したのはそのシンボルである。子・ブッシュ政権は，石油と軍事まみれ政権という特異性はあるが，そうした戦略にそうクリントン政権の由緒ある後継政権だった，といえよう。

(1)　アメリカが予算で主要国に当初要求した戦費・負担金は，サウジアラビアとクウェート135億ドル，日本90億ドル，ドイツ55億ドル，韓国30億ドルで総額560億ドルに上る。「毎日新聞」1991年2月15日大阪夕刊，1頁。
(2)　例えばアパッチ・攻撃ヘリコプター（AH-64)，トマホーク巡航ミサイルなどで，夜間作戦に対応できるよう，目標捕捉・指示照準装置（TADS）と暗視装置（PNVS）を装備している。
(3)　木村申二「補遺」ジョージ・レンツォウスキー，木村申二・北澤義之訳『冷戦下・アメリカの対中東戦略』第三書館，2002年，437－438頁。
(4)　パレスチナは地中海東端に位置し，ヨルダン川西岸地区を中心に，現在のイスラエルの一部を含む地方で，関東地方1都6県の面積にほぼ匹敵する2.7万km^2。うちイスラエルは2.2万km^{2}で四国とほぼ同じ面積。
(5)　ユダヤ（人）に対する組織的な略奪や虐殺を意味するロシア語。
(6)　この中に反政府活動などで迫害された人々も多く混じっていた。
(7)　ガリア・ゴラン，木村申二・花田萌子・丸山功訳『冷戦下・ソ連の対中東戦略』第三書館，2001年，63－64頁。
(8)　前掲書，160－161頁。価格は時価。
(9)　前掲書，163頁。
(10)　前掲書，197頁。
(11)　経済産業省資源エネルギー庁ホーム・ページ，http://www.enecho.meti.go.jp/topics/hakusho/enehaku-kaisetu/kaisetu/01.htm　(12/05/04) サウジアラビア産アラビアンライト価格。但し，価格決定方式は時期により異なる。
(12)　「この時点（1979年9月）で，ソ連のアフガニスタン介入計画は始動していたという。抱擁の耳元でブレジネフ書記長が（タラーキーに）ささやいたことば『アミン氏を首相の座から外せ』だったといわれる。かねてからクレムリンは，言う通りにならないアミン氏の勢力伸長をきらっていた。しかし，この1週間後，ソ連の策動の気配を察知したアミン氏は先手を打ってクーデターを起こし，タラーキー氏を失脚させ，最高権力を握った」。「朝日新聞」1980年1月6日朝刊，7頁。
(13)　Afghanland. com Homepage, Hafizullah Amin, http://www.afghanland.com/history/amin.html (2012/06/23)
(14)　「グロムイコはソ連の介入理由を2点あげている。一つは米国がアフガニスタンを勢力下においた場合には，ソ連に安全保障上の脅威が及ぶということ，もう一つは，タラーキーを暗殺したアミンは，米国に接近する可能性があるというものであった」。

金成浩『アフガン戦争の真実，米ソ冷戦下の小国の悲劇』日本放送出版協会，NHKブックス，2002年，67頁。

(15)　Robert M. Gates, *From the Shadows, The Ultimate Insider's Story of Five Presidents and How They Won the Cold War*（New York, Simon & Schuster Paperbacks, 2006），p.146.

(16)　Counter Punch Homepage, Zbigniew Brzezinski, "How Jimmy Carter and I Started the Mujahideen" by Alexander Cockburn And Jeffrey St. Clair, January 15. 1998, http://www.counterpunch.org/1998/01/15/how-jimmy-carter-and-i-started-the-mujahideen/（2012/07/07）

(17)　金成浩，前掲書，5頁。

(18)　エクソン，モービルなどアメリカ系5社とイギリス系2社をいい，合わせてセブン・シスターズともいう。

(19)　「朝日新聞」1980年1月24日夕刊，2頁。

(20)　ホメイニ革命までの米の西アジア政策はトルコとイスラエルを足場にしながら，その時々の相手国の外交政策の変化によって，当該国に接近したりまた離れたりする，という外交政策を余儀なくされていた。例えば1955年イラクの対ソ断交以降，アメリカはイラクを親米・反ソ政権として，また67年以降は親ソ・反米政権として遇する，といった具合にである。

(21)　アメリカ，レーガン政権時代の1986年10月に，イランへの武器売却代金の一部をニカラグアの反政府ゲリラ（コントラ）支援に流用した秘密工作が発覚した事件。イスラエルを通じての武器売却の事情については，ジョージ・レンツォスキー，前掲書，356－367頁に詳細に述べられている。それによれば，1985年8から9月にかけてTOW（Tube launched, Optically tracked, Wire guided）対戦車ミサイル508発を手始めに，同年11月には「引き渡された武器の量と範囲は劇的に増加した」（前掲書，359頁）と，いう。

(22)　「ABCテレビは，米軍が当時イランの軍艦に無防備のタンカーや商船を攻撃するように仕向け，米武装ヘリコプターがイラン艦船を撃沈するなどの作戦に従事していた……，と伝えた」「朝日新聞」1992年7月3日朝刊，7頁。

(23)　United Nation, Security Council Resolutions 1987, http://www.un.org/Docs/scres/1987/scres87.htm（2012/05/01）

(24)　Gigot, Paul A., "*Wall Street Journal*, Mar. 22, 1991, p.A8. また今日ではThe Saddam Glaspie Memo, known as 90BAGHDAD423として周知の事実となっている。http://www.topix.com/forum/world/united-kingdom/TUOOLAQGMT707CSBF（12/04/25）

(25)　Bio Weather Service Homepage, http://www.bioweather.net/column/essay2/aw23.htm（12/05/03）

(26)　「日本経済新聞」2012年2月5日朝刊，31頁。

(27)　ジャン＝シャルル・ブリザール，ギョーム・ダスキエ，山本知子訳『塗りつぶされた真実』エール出版，2000年，61頁。

(28)　このパラグラフは，前掲書とチャルマーズ・ジョンソン，村上和久訳『アメリカ帝国の悲劇』文藝春秋社，2004年，160－195頁の記述をベースに各種資料で確認し記述

した。

　　Chevron Homepage, Consortium formed to build Central Asia gas pipeline −Turkmenistan/Afghanistan/Pakistan, http://www.chevron.com/chevron/pressreleases/article/10271997_consortiumformedtobuildcentralasiagaspipelineturkmenistanafghanistanpakistan.news（12/04/29）.
⑳　「日経産業新聞」1997年10月28日，13頁。
㉚　チャルマーズ・ジョンソン，前掲書，229−230頁。
㉛　前掲書，233頁。ジャン＝シャルル・ブリザール，ギヨーム・ダスキエ，前掲書，113頁。
㉜　チャルマーズ・ジョンソン，前掲書，232−233頁。Alexander's Gas and Oil Connections Homepage, http://www.gasandoil.com/（2012/09/18）
㉝　iCasualties.org Homepage, Operation Enduring Freedom, http://icasualties.org/oef/（2012/05/01）
㉞　BBC News Asia, Feb. 4 2012, http://www.bbc.co.uk/news/world-south-asia-16883917（2012/05/02）
㉟　UNHCR, http://www.unhcr.or.jp/afghan/（2012/05/02）
㊱　1995年，元国務長官ディック・チェイニーは社長兼最高経営責任者（CEO）としてハリバートンに入社。「チェイニーが入社する前の5年間に同社が政府から取りつけた債務保証は1億ドルだったのが，チェイニーの在任期間に，金額は15億ドルに跳ね上がった」（P・W・シンガー，山崎淳訳『戦争請負会社』NHK出版，2004年，280頁）。2000年の夏，チェイニーはブッシュ政権の副大統領候補に指名されたため，ハリバートン社CEOを辞任した。民営軍事請負会社（PMF；Private Military Firms）が，本格的に活動し始めるのは冷戦終結後である。PMFの「顧客」は，国家，多国籍企業などさまざまであるが，最大の「顧客」は米国，国防総省である。「実際1994年から2002年までに，米国国防総省は米国に本拠地を持つ企業と3000件を超える契約を結んだ。契約金額は3000億ドルを超えると推定されている」（前掲書，47頁）。年間の市場規模は，「業界が完全な透明性を欠くため，正確なデータが集められない」が，「最も適切と思われる推定では」1000億ドル（10兆円以上）の圏内にあり，「2010年までに，少なくともこの2倍に達すると期待されている」（前掲書，163頁）。

第6章　アメリカ覇権主義と一国生き残りとしての金融収奪劇

I　金融収奪劇の幕開けとしての欧州通貨危機

　アメリカ生き残りの最後の手段が金融力行使による世界収奪,「金融反革命」であるのだが,その世界収奪の「悲劇」の最初の舞台は欧州であった。これが第1幕だったとすれば,第2幕の舞台がアジアであり,そして今度はアメリカ本国が第3幕の舞台（第7章）となった。

　冷戦構造の溶解とともに1990年代に入ると,米大手銀行,証券会社の間で中南米や東欧,アジア向けビジネスの拡大を目指す組織づくりが相次いだ。経済成長が期待される地域を「エマージング（急浮上する)・マーケット」ととらえ,収益機会の拡大を狙う専門部門を組織し強化した。大手証券ではソロモン・ブラザーズが横断的な取引・調査部門を改組し,ファースト・ボストンも中南米市場を専門にした株式部門を設置した。主要米銀ではJPモルガンやバンカース・トラストが「急成長地域」を横断的にカバーする部門を設置したのである。[1]これら金融資本は,インフレ抑制や公営企業の民営化といった経済改革が進む中南米主要国や資本主義経済に移行しつつある東欧諸国,東南アジア諸国連合（ASEAN）諸国を中心とするアジア各国を念頭に置き,経済成長や金融システムの整備に伴う収益機会を生かし,収益力の向上を狙ったのである。これがヘッジ・ファンドのタイバーツの為替アタックから始まる1997年のアジア通貨危機の仕込みであり,それは地球一周の金融危機となった。だがこのエマージング・マーケットの舞台準備と同時に,欧州を舞台にした金融収奪劇の第1幕はもう開いていたのである。

　その主役はジョージ・ソロス（George Soros）のクォンタム・ファンドであった。1992年の7月中旬ごろからドイツの利上げやフランスのマーストリヒト条約批准の国民投票が不透明なことから,英ポンドや伊リラは切り下げられ

る，という思惑が広がっていた。1992年9月13日，日曜日の夜にもかかわらず欧州共同体（EC）は「イタリア・リラを欧州通貨に対する基準レートを7％切り下げる。ドイツは緊急の連邦銀行理事会を開き，利下げする」という異例の声明をだした。これを見透かすかのようにソロスは1992年9月15日（水曜日）外国為替市場で英ポンド売りを仕掛けたのである。翌日イングランド銀行は欧州各国の協力を仰いでポンド買い・マルク売りの為替介入を実施すると同時に，市場貸出金利の大幅引き上げを実行した。しかしイングランド銀行の狼狽ぶりはトレンド・フォロアー（追随投機家）のポンド売りを加速し，取引終了後イギリス・ラモント蔵相は「膨大なポンドが売られたため買い支えることができなかった」と，コメントを発表した。事実ソロスは「暗黒の水曜日までの持高は100億ドルぐらいで，それ以上空売りしようと思っていた。実際，ノーマン・ラモント（蔵相）がポンド切り下げ前に150億ドルをポンド防衛のために借り入れようと思っている，と述べた時笑ったね。なぜなら我々が売ろうと思っていた（ポンド）額とほぼ等しかったからだ」。ポンドは暴落し，イギリスとイタリアは欧州通貨制度（EMS）からの離脱を余儀なくされた。

ソロスらはこれに続いてイタリア・リラ，翌年6月には「為替市場での目下の売り浴びせのターゲット（標的）はフランス・フランではなく，ドイツマルク」とドイツマルク売りを仕掛け，翌月にはフランス・フラン売りを再開した。1979年3月に発足したヨーロッパ統合の要，欧州通貨制度は混乱に陥り，前年の英・伊の離脱に続いてドイツマルクとオランダギルダーを除いて介入変動幅は上下15％に拡大された。1992年から93年にかけての欧州通貨危機である。冷戦構造の溶解〈冷戦体制解除・解体〉はまず欧州における通貨危機として現れたのである。だが，こうしたアメリカの金融収奪劇の第1幕はのちの舞台に比べれば，幕間の寸劇だったかもしれない。それは舞台が欧州に限られていたからで，今度は世界一周のパノラマ劇となったのである。舞台は暗転して第2幕に入る。

II　金融収奪劇第2幕としてのアジア通貨危機

やっぱり1991年は時代を画する年として記録されねばならないだろう。いう

までもなくソ連邦・冷戦体制の解体の年である，とともに1991年1月の湾岸戦争の開始の年であった。だが10月のカンボジア和平会議最終合意は，内容はどうあれ，アジアが戦場ではなくなったことを意味する。しかしそれはアジアの人々がそれなりにのんびりと暮らす平和の到来ではなかった。たしかに東南アジアは戦場から市場へと移行したのだが，それはアメリカの投機市場でもあった。アメリカは1990年代以降市場原理主義のもとでアジアに市場を，それも金融市場を創出していった。90年代初頭にかけて，「金融自由化」政策がやつぎばやに実施された。

アジア通貨・金融危機の震源地となったタイを例にすれば，1991年4月外国為替管理の自由化，1992年1月商業銀行の預金金利の完全自由化，そして1993年にはバンコック・オフショア市場（BIBF；Bangkok International Banking Facility）が開設された。タイの資本自由化元年である。行き場のない過剰ドル資本が有利な投資先を求めており，アジアの側でも恒常的な貿易赤字を補填するための外資導入という「輸血」が必要だった。タイの平均的な利子率は7％，事実上のドル・ペグ[6]制で為替リスクがない「魅力」あふれる市場だったのである。既設の香港，シンガポール市場，90年10月に開設されたマレーシア・ラブアン・オフショア市場[7]と並んで，BIBFはそうした資本の受け皿となった。このバンコック・オフショア市場では，海外からの預金や借り入れという形で調達された短期資本の国内貸付けが認められていたため，膨大な資本がタイ国内に流入し，過剰流動性状態が醸成されていた。1994年の中国元切り下げやメキシコペソの切り下げは，他のアジア諸国の輸出競争力に影響を及ぼし始め，タイの輸出競争力も失われつつあった。しかし順調な外資導入のためにドル・ペグ制は維持されなければならず，輸出競争力維持のためのバーツ切り下げは見送られた。とりわけ中国と競合関係にあった繊維産業では輸出鈍化による停滞が顕著となり，こうした状況を反映し，1996年2月頃から株価は下落し始めた。

アメリカでは1990年代に入ると，ニューヨークを中心としてヘッジ・ファンドと呼ばれる投機家組織が肥大化していた。ヘッジ・ファンドは年金運用の自由化等によって集めた豊富な資金を，デリバティブ[8]＝梃子の作用を利用し，通貨取引などで巨額の利益を得る。ジョージ・ソロスらのヘッジ・ファンドはこ

うしたアジアの変調に関心を持っていた。彼らは，この変調を見逃さず，タイの為替市場で資金を運用し，高収益を目論んだのである。「1997年1月タイバーツにたいしヘッジ・ファンドによる『ショートポジション（空売り）』が仕掛けられ，いったん5月半ばに『手仕舞』された。タイ中央銀行が，バーツを買い支えるためにドル準備を使い果たしたところで再び『アタック』をうけ，6月末から一挙にバーツは『値下がり』」した。

事態に即して述べよう。1996年秋ごろからソロス・ファンドやタイガー・ファンドといった投機家集団は，バーツの為替先物売りを試みはじめたようである。為替相場は当面売りと買い，需要と供給で相場が決定されるからバーツ売りが出れば，通貨当局は相場安定のためにバーツ買いで対抗しなければならない。タイ中央銀行は，ドル・ペグ制維持のためにバーツ買い・ドル売り介入でこれに対抗した。これを再度1997年5月に試み，タイ通貨当局の出方を確かめた上で，投機家たちは本格的なバーツ売り・ドル買いの「空売り」を仕掛けたのである。空売りとはバーツを借りて売ることである。投機家たちはバーツを売ってドルに換え，バーツが暴落したとき再びドルをバーツに換える。こうして為替の変動を利用して儲けるわけである。総額どのくらいの売買があったかは不明であるが，例えば仕掛けは以下のようであった。

1997年6月末タイ・バーツは1ドル約25バーツであった。このとき25億バーツをタイの金融機関から投機家が借りて，為替市場でバーツを売りドルに変えると，彼らは1億ドルを保持できる。こうしたバーツ売りドル買いが繰り返し行われると，当然バーツは下落するから，為替相場維持のためにタイ中央銀行は逆のバーツ買い・ドル売りで為替市場に介入した。この介入でタイ中央銀行は，6月末には外貨準備324億ドルのうち234億ドルを使っていた，という。この投機・「アタック」をうけタイの手持ちの外貨・ドルが底をつき，タイは固定相場制を維持できなくなり変動相場制への移行を余儀なくされた。6月頃から活発になったこうしたバーツの空売り・投機は多くは3カ月の先物売りで，9月には決済されなければならない為替取引であった。9月末には投機家たちは借りたバーツを返さなければならない。先ほど述べたように，彼らはそのバーツを6月末にドルに換え1億ドルを保持していたわけだが，その1億ドルを再びタイ・バーツに換え為替決済し，25億バーツを金融機関に返さなければ

ならない。この時バーツの対ドル為替レートは約36バーツになっていた。彼らは為替両替によって36億バーツを手に入れ，借りた25億バーツを返し，差し引き11億バーツを手に入れたのである。銀行の金利と為替手数料を差し引いてもかなりの資金が手元に残ったであろう。これが1997年タイ通貨・金融危機の顛末である。この危機がたちまちインドネシア，マレーシア，香港，韓国へと伝播したのは周知のとおりである。こうした中，1998年1月11日からサマーズ米財務副長官がシンガポールを，またカムドシュIMF専務理事が12日から韓国を皮切りにアジア歴訪に出かけた。韓国では1月17日に市内で大規模なデモが行われた。IMFの支援が厳しい合理化を条件としていたからである。直接の火種となった銀行は，1月27日に6大都市銀行だけでも5650人の「名誉退職者」という首切りを発表した。インドネシアではルピー急落による輸入物価の高騰が引き金となり，食料品や燃料の略奪暴動が発生し，スハルト政権が倒された。

　この顛末で留意すべき点が二つある。第1点はアメリカが1990年代以降金融力によって，アメリカの覇権の維持・強化を目論んだことである。それがこのアジア通貨・金融危機でも鮮明に表れたということである。先程述べたように通貨攻撃を受けたタイ通貨当局は，ヘッジ・ファンドなどの投機家が借りていたバーツの返済・決済用のバーツを手当てできず，損害を被るようにオフショア市場での投機家向けバーツ売りを凍結しようとした。しかし，ゴールドマン・サックス証券出身のロバート・ルービン米財務長官は，「投機は市場活動の重要な一部」と主張し，タイ外貨準備の実状の公表とIMF金融支援の停止をちらつかせつつ，バーツ売り凍結解除をねじ込んだ。この一方で中国に対してはきわめて「友好的」に対応した。ロバート・ルービン財務長官は投機家の香港為替攻撃をやめさせ，アジア中心の通貨安定基金構想を葬った。1997年香港返還を実現し，外資受け入れの窓口という虎の子を入手した中国がこれに応じたことは言うまでもない。中国をアメリカは第2のNICs，成長の青い鳥にしようとしている。中国台頭と日本・NICs・アセアンの地盤沈下，アジア成長の主役交代劇第2幕の山場である。

　だがもう1点留意しなければならないことは，この投機がインターネット上の為替取引だったことである。ヘッジ・ファンドはニューヨークにいて，オフショア為替市場でタイバーツの売買をした。インターネット上のサイバー・ス

ペース，仮想現実の為替市場が開設された。「世界の通貨取引の40％は，ロイターの電子取引ネットワークのキーボードとディスプレイを通じて繰り広げられる。取引に参加する端末は世界全体で3万8000台」に及ぶという。「世界の通貨取引額は……年間……300兆ドル」になるが，世界全体の物とサービスの輸出入合計額は8兆ドルにしかすぎない。実物経済と自己増殖した金融の乖離である。アメリカが冷戦体制構築の梃子としたドル・スペンディングは，仮想現実のインターネット上で虚空の輪舞を繰り広げている。これは仮想だが現実でもある。

　アメリカのアジア戦略は1980年代中頃に入ると転換を模索し始めた。1989年東欧革命つづく1991年のソ連邦の崩壊は，それを決定的なものにした。日本を「生かさず殺さず」利用しながら，アメリカ自身が生き残ろうとする戦略への転換である。まず手始めに実行されたのが欧州金融市場における為替投機である。第1幕である。その終幕と同時に第2幕は始まった。アジアは戦場から市場へと展開した。だがこのアジア市場は投機市場でもあった。しかもインターネット上の投機市場である。アメリカの基準に従わないものは，容赦なく潰そうとしている。こう布石した上で中国の「成長」を世界経済の推進力に育成しようとしている。中国への積極的な直接投資によって工業生産力を中国に根付かせ，輸出を不可欠の構成要素としながら，12億人の内需を当てにしていこうという戦略である。うまく行けばNICsによるアジア「奇跡」より持続的な成長が可能かもしれない。

(1)　かつての植民地従属諸国は，独立は果たしたものの，貧困からなかなか抜け出すことができなかった。貧困から抜け出すには，一次産品を輸出して最終財を輸入するのではなく，いわゆる最終財を国産化する「輸入代替」工業化政策を進めなければならない。途上国は，国産化を進めようにも，その原資の蓄積・資本不足に悩んでいた。この蓄積不足を解消したのがユーロダラーであった。1971年の金ドル交換停止によって，各国はドル預金（持高）の為替差損を防ぐために，ハイリスク＝ハイリターンを狙って途上国にドルを貸し付けた。ブラジル・ツバロン製鉄所（1973年日本，イタリア覚書調印）はその象徴だが，これによってブラジルもメキシコとともに南米NICs（新興工業諸国）と認定されたのである。

　　事実1970年代の1人当たりGDPは年率ブラジル6％，メキシコ3.8％の伸びを示し，1960年から1980年の20年間では1人当たりGDPはブラジル2.2倍，メキシコ2倍

(Angas Maddison, *The World Economy, A Millennial Perspective*, OECE, 2001, p.288 TableC2-c) になった。しかし借りたドルは輸出で稼いだドルで支払う以外ない。輸入代替工業化とは，輸入に依存していた最終財を国産化し国内で消費するわけだから，輸出により返済のための外貨・ドルを稼ぐことはできない。メキシコは1982年，ブラジルは1983年に対外債務不履行（デフォルト）を余儀なくされ，これ以降「失われた10年」を南米諸国は耐えなければなかった。

　IMFとアメリカは，市場原理主義にもとづいて，国有企業の民営化と競争原理の導入を柱とする経済改革を要求した。こうして民営化された製鉄・航空・電機などの企業の民営化によって旺盛な資金需要が発生した。アメリカの金融機関がこれに伴う証券発行業務や資金需要を見逃すはずはない。1992年頃からエマージング・マーケットとして，南米諸国は他の途上国とともに，米銀・証券によって再びビジネス・チャンスの大陸に浮上させられたのである。これによって中南米は国際資本市場へ復帰した。「従属理論」「新従属理論」は屑籠に捨てられ，中南米においても市場原理主義がゴスペル（福音書）となったのである。

(2) 「日本経済新聞」1992年9月20日朝刊，11頁。
(3) BBC, On This Day, Black Wednesday, 16 September 1992, http://news.bbc.co.uk/onthisday/hi/dates/stories/september/16/newsid_251900 0/2519013.stm （You Tube; http://www.youtube.com/watch?v=AHDsO7gvXHQ）
(4) "The Times" London (UK), Oct. 26 1992.
(5) "The Times" London (UK), Jun. 9 1993. Down with the mark: Soros now targets the Bundesbank; An Open Letter From George Sorosと題して，ソロスはタイムズ紙の公開書簡に公開書簡で応えて次のように述べた。ドイツは「旧東独の統合で財政負担が膨らみ，経済悪化にあえ」いでおり，「売られる必要があるのはフランス・フランやフランス国債ではなく，ドイツマルクやドイツ国債」と断定した。
(6) ドルペッグ制とは，ある国の政府や中央銀行などが金利調節や為替介入を行い，自国の通貨とアメリカドルの為替レートを一定割合で保つ「固定相場制」。
(7) マレーシア・ラブアン・オフショア市場の公式サイト。http://labuanfsa.gov.my/web/guest （2012/02/19）
(8) スウェーデン王立科学アカデミーは，1997年のノーベル経済学賞をロバート・マートン米ハーバード大学教授と，マイロン・ショールズ米スタンフォード大学教授に贈った。受賞理由は「デリバティブ（金融派生商品）の価値評価の理論」への大きな貢献である。2人の研究は，株式オプションの評価について先駆的な方法を編み出すと共に，新しい金融商品やリスク管理の手法を生み出すのに大きく貢献したという。また，業績は実際の取引に幅広く応用され，デリバティブの普及に大きく寄与したという。
(9) 赤木昭夫「電子金融に賭けるアメリカ」（『世界』1998年7月号）89頁の解説Ⅲ。
(10) 「日本経済新聞」1997年8月22日朝刊，1頁。
(11) 「日本経済新聞」1997年9月29日朝刊，9頁。「5月中旬にソロス系ファンドが香港ドルを投機売りしようとしたとき，朱鎔基副首相が事態を深刻に受けとめて，『香港ドルの防衛には米国債を大量に売らざるを得ない』とするメッセージを財務省に送っ

た」(「日本経済新聞」1997年10月31日朝刊, 9頁)。
(12) 篠原総一「ニューエコノミー論の是非を検証する」『世界』1998年7月号, 岩波書店, 111頁。

第7章 2009年世界恐慌と金融横奪戦略の破綻
―― サブプライム世界恐慌の根本問題

I 金融の空洞化としてのデリバティブ

1 金融革命・世界金融恐慌の核心としてのデリバティブ

　モンテスキューは『法の精神』(1748年) で「かりに今日タタール人がヨーロッパに侵入してきたとすれば，彼らに我々の金融業者がなんであるかを理解させることは，かなり骨の折れることであろう」と述べた。さしずめ我々は現代のタタール人に相違ない。なぜかというと，これまで，少なくとも1980年代半ばまでの投機活動では原料や商品をめぐって投機が行われていたから，その対象と規模は実体経済によって制約を受けざるを得なかった。たとえ株価でさえも，ペーパー・カンパニーならいざ知らず，当該会社の実体 (資産・負債・資本) の制約を受けざるを得ない。銀行の信用創造でも，結局は実体経済を反映せざるを得ない。1980年代後半から1990年代初頭の日本の土地バブルでそのことを説明してみよう。「土地ころがし」が継続している間は，地価は上がり続けた。しかし結局，土地利用によって生み出される地代・収益が制約要因となり，土地バブルははじけた。不動産業者は土地を買ってビルを建て，貸しビルの賃貸料で土地取得費・建設費・借入利子を払い，利益を生み出さなければならない。これができないほど地価が高騰し，最後の土地取得者は破綻した。その者に資金を貸し付けた，信用創造した銀行は不良債権を抱え，銀行の合併という倒産が相次いだ。

　金融革命とは，新自由主義による規制緩和＝金融自由化とコンピュータ利用による金融技術の発展で，資金の運用・調達の方式が革新的に変化することをいう。たしかに金融革命の先進国・アメリカでは，1980年代半ば以降，金融技術の発展とともに，住宅ローンの証券化 (RMBS: Residential Mortage-Backed Securities)，自動車ローンやクレジットカード等の債権の証券化 (ABS: Asset

Backed Securities）が生み出された。ここで注目されることはこうした証券化の過程で，当初実物を背景に組み立てられた証券が，金融的収益を求めて次々と開発・商品化され，実物・実体と切り離され無制限に膨れ上がっていったことである。それがデリバティブ（金融派生商品）である。

　通常の金融取引は原証券（primary securities）の売買であるが，金融デリバティブ（derivatives）は原証券の売買の「契約」や「権利・義務」などを商品化した取引のことである。デリバティブは原証券から派生した証券（商品）という意味で，金融派生商品ともいわれる。デリバティブには，①先物，②オプション，③スワップの3種類があり，今日ではさらにこれらを組み合わせた複雑な派生商品が取引されている。デリバティブ取引は，利益が将来にしか確定できないから，資産・負債として貸借対照表に記録できない「オフ・バランス取引」である。以下簡単にデリバティブ＝金融派生商品について基礎的な説明をしておこう。

　①先物は通貨，株式，債券等の現物の受け渡しを，一定の条件，例えば価格や数量などを決めて，何カ月か先に実行するとして，売買契約を結ぶ取引である。
　②オプションは，外国通貨や債権を売る権利や買う権利を売買する取引である。
　③スワップは，金利や異なる通貨建て債権・債務等を交換する取引である。
　①の先物取引についてであるが，先物取引自体は商品（先物取引）については古い歴史をもっている。1697（元禄10）年に発足した現大阪市の堂島米会所では，「将来の売買価格と数量を取り決めて売買を行う」米の帳簿上の先物取引を扱っていた。またアメリカでは南北戦争時（1862年）に，リンカーン率いる北軍が兵士や軍馬の食糧の高騰を防ぐために，シカゴ商品取引所（CBOT；Chicago Board of Trade）で秋に収穫される穀物の先物契約を春にした，という。消費者であるリンカーン・北軍は，兵馬の食糧である穀物価格が上昇して軍事費が増大することを，同時に生産者である中西部の農民は穀物価格を春の時点で確定し，秋の価格下落によってこうむるかも知れない損失を，その契約によって「ヘッジ」＝「防止」したのである。今日の問題は，それが現物商品ではなく金融商品の先物取引に及んでいることである。外国為替の先物取引を例にとって説明しよう。

　T自動車は1台100万円の自動車をアメリカに輸出した。当時の為替レート

図7-1

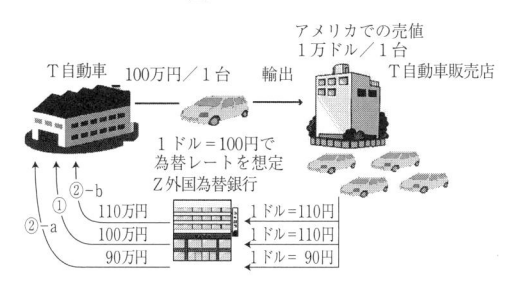

が1ドル100円だったので，T自動車はアメリカ国内の販売会社を通じて1万ドルでこの自動車を販売した。しかし，1971年以降為替は変動相場制に移行し，日々刻々変動するようになる。代金回収が3カ月後で，その時の為替レートが，1ドル90円だとすると，T自動車は90万円しか外国為替銀行から受け取ることができず，10万円の為替損をこうむることになる。そこでT自動車は3カ月後に1ドル100円の為替レートで1万ドルの先物取引契約を輸出時に結ぶ。するとその時点で1台100万円の自動車の販売が確定する。もちろん，手数料等を支払うことになるが，それでも将来の為替変動による損失をヘッジ，回避できるというわけである。しかし為替相場は円高にも円安にも振れることがある。そこで考案された金融商品がオプションである。

②オプションとは，1ドル100円の為替レートで1万ドルを為替両替する，という権利をオプション料＝手数料を支払ってZ外国為替銀行から買うことである。図の例（②−a）のように為替が3カ月後に円高＝ドル安になった場合，T自動車はこの権利＝オプションを行使し，1ドル100円の為替レートでZ外国為替銀行に為替両替をしてもらう。T自動車は，オプションをかけてなければ発生したであろう為替差損10万円をヘッジすることができた。もちろんオプション料や為替両替手数料等は差し引かれるが，それでも損失をヘッジすることはできた。だが反対に為替レートが円安・ドル高に振れる場合（②−b）もある。例えば3カ月後に為替レートが1ドル110円の円安＝ドル高に振れた時，T自動車はこのオプションを放棄して，外国為替市場でその時点での為替相場で1万ドルを為替両替し，110万円を受け取る。もちろんオプション料や為替手数料等を支払うが，為替差益を享受できたのである。

図7-2

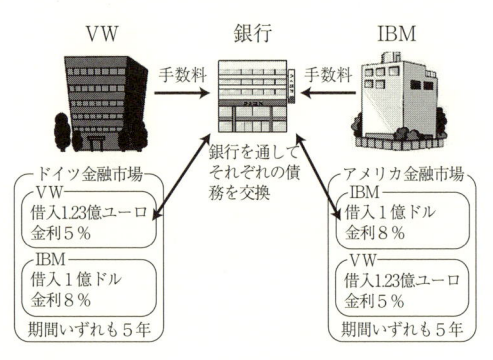

```
    VW          銀行          IBM
     ──手数料→  🏦  ←手数料──
              銀行を通して
              それぞれの債
              務を交換
```

ドイツ金融市場
- VW ── 借入1.23億ユーロ 金利5%
- IBM ── 借入1億ドル 金利8%
- 期間いずれも5年

アメリカ金融市場
- IBM ── 借入1億ドル 金利8%
- VW ── 借入1.23億ユーロ 金利5%
- 期間いずれも5年

注) 1990年の為替レート，説明のために架空の金額と利子。
出所) 各資料より筆者作成。

③スワップは，異なる契約条件の債務者が複数集まって，元金と利子あるいは利子のみを交換しあうことをいう。通貨スワップ，金利スワップなどがあるが，ここでは通貨スワップの仕組みを具体事例で説明しておこう。

　一般的に言って，企業が海外で資金調達する場合は，自国での資金調達より金利が高く調達コストがかかる場合が多い。なぜなら，貸し手になる銀行が海外企業の貸し付け（クレジット）管理を行うことが難しいからである。例えば，フォルクスワーゲン社はドイツ・フランクフルトでは5%で借り入れができるが，ニューヨークでは8%の金利を支払わないと借り入れができない。同じようなことがIBM社についても言える。IBM社はアメリカ国内では，海外で借り入れるときよりも有利な条件で借り入れをすることができる。このような場合，銀行はこの両社の長所を組み合わせて，両社の望みがかなうような提案をする。IBM社がニューヨークで1億ドルの借り入れを金利5%で行い，同時に，フォルクスワーゲン社がフランクフルトで1.23億ユーロを金利5%で借りる。1990年時点ではほぼ同じ金額の借入である。フォルクスワーゲン社は，在ドイツIBM子会社から5%のユーロ金利を受け取り，借入利子の返済に充てる。同様に，IBMは在米フォルクスワーゲン子会社から5%の米ドル金利を受け取り，借入利子を返済する。こうして両社は共に8%の金利を支払わなくてもよくなる。そして5年後に元金をそれぞれ返済する。このようなスワップ（取引）は両社にとって利益になるばかりでなく，この仲介をする銀行は，両社か

ら手数料を徴収することができる。しかしこのうまい話にも欠点がある。特に，アメリカ企業にとっては会計制度に基づいて，借り入れ内容（ユーロでの借入）をバランスシートに計上する義務がある。そうすると，外貨借り入れによる節税効果が失われる可能性が出てくる。そこでバランスシートに載せなくて済むように契約し，借入期日の最終日に元本を交換する。これが，クロス・カレンシー・スワップ（通貨スワップ）である。このスワップは，特に海外事業活動の際の資金調達においては有効な取引で，この取引が金融派生商品となるわけである。金利スワップの場合には元金の返済がない金利のみの，すなわちキャッシュフローの交換だから，まったくのオフ・バランス，簿外取引となる。

　クロス・カレンシー・スワップは，1981年8月にIBMと世界銀行の間で，ソロモン・ブラザーズのアレンジによって，米ドルとスイス・フランの元利スワップが，公表ベースでの世界最初の取引と言われている。IBM社は，スイス・フラン建ての社債を起債していた。その当時，スイス・フランが米ドルに対して下落していたため（米ドル高＝スイス・フラン安），為替差損をヘッジ＝回避するために，IBM社は，スイス・フラン建て社債を米ドル建てに変えたい，と考えていた。米ドル高による為替損を回避したいからである。一方，IMFは，低金利のスイス・フランで多額の資金を調達したい，と考えていた。しかしスイス・フランの取引高が金融市場でさほど大きくなく，多額の資金調達はスイス・フランの金利の引き上げを招く恐れがあり，世界銀行はこれを回避したい，と考えていた。こうして世界銀行とIBM社のニーズがうまく合致して，異種通貨間での元本と金利の交換が成立したのである。[2]

　以上のような金融派生商品＝デリバティブとは，金融においてどのような意味を持っているのであろうか。

　第1は，デリバティブが現金（Cash）でも金（Gold）でも金（Money）でもない10億ドル単位の目に見えない「約束・契約」という「金融取引」だ，ということである。想定元本という用語がそれを如実にしめしている。想定元本とは，スワップやオプションなどの取引において，名目上用いられる元本のことである。それは貸借対照表に記載されないオフ・バランス取引である。オフ・バランス取引，たとえば金利スワップでは，想定元本は利息金額を計算するた

めに利用されるにすぎず，実際の受け渡しは金利部分のみである。またオプション取引においてもそうしたことが現れる。

第2に，証券や先物オプション取引では，証拠金によって少ない元手で，その額をはるかに上回る取引をすることができる。これはレバレッジ (leverage；テコ) 効果であるが，この証拠金によって，数十から数百倍の取引を行うことができる。

第3に，これまでの金融的投機が，過去から現時点での変動による損益であったものが，デリバティブでは，現時点から将来の時点での変動による損益になる。したがって損失・利益が確定できず，簿外処理をせざるを得ない。オフ・バランスとなるゆえんである。

第4に，デリバティブはリスク回避の有効な手段であると同時に，リスクを肥大化させる作用も持っている。レバレッジで多様なデリバティブ取引が膨大になることによって，すでに実需から大きくかけ離れていた外国為替・証券・株式等の価格変動が，「架空取引」によって増幅することになる。「虚空の輪舞」，金 (Gold) でも金 (Cash) で金 (Money) でもない「金融取引の約束」が，外国為替・証券・株式等の相場の乱高下を引き起こすことになる。

2　2007年世界金融恐慌とデリバティブ

金融派生商品が実体経済を離れて「虚空の輪舞」を世界中で繰り広げることになる。2007年のリーマン・ショックをきっかけとして，世界金融危機を誘発したデリバティブは，一体いつ頃から金融のメインストリームとなったのか。既述のとおり先物取引は，商品先物がアメリカでは南北戦争以来の古い歴史をもっている。金融先物は，1971年の金＝ドル交換停止後の為替リスクをヘッジするために，1972年に外国通貨の先物取引がシカゴ・マーカンタイル市場 (CME) に登場している。1975年には政府抵当金庫債 (GNMA) の先物取引がシカゴ・ボード・オブトレード (CBOT) で，株価指数先物取引がカンザス・シティ・オブ・トレード (KCBOT) で，1982年から始まっている[3]。ここでの問題はこうしたデリバティブではなく，10億ドル単位の目に見えない「金融取引」としてのデリバティブのことであり，今次の世界金融危機を招来したそれである。

第7章　2009年世界恐慌と金融横奪戦略の破綻　　161

　発生経緯の詳細は次項で述べるが，1990年代アメリカでは住宅金融専門会社の台頭とともに，それは発生した。まず，特別目的の事業会社を起こす。この会社は，住宅ローン債権を束ね，金融工学を駆使してMBS「住宅ローン担保債権」を組成し「証券化」する。これに格付け会社に「格付け」をしてもらい金融商品を組成する。こうした手法を使って，自動車ローン，クレジットカードやリースなどの債権（ABS）が組み込まれ金融商品CDOが出来上がる。特別目的事業会社は，こうした複雑多岐にわたるMBSやCDS，CDOという証券化[(4)]

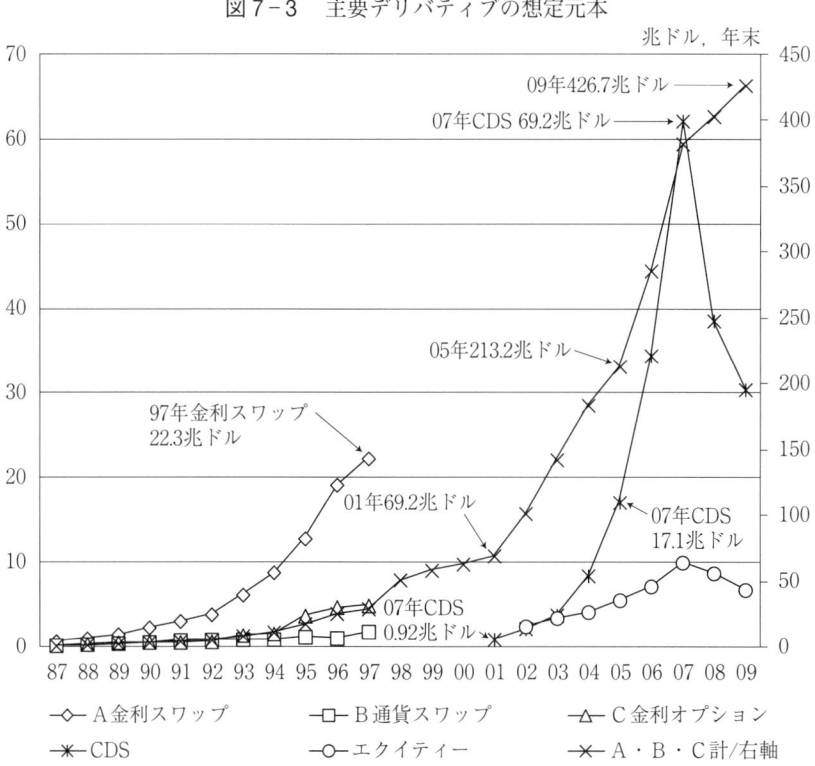

図7-3　主要デリバティブの想定元本

（兆ドル，年末）

主なデータポイント：
- 97年金利スワップ 22.3兆ドル
- 01年 69.2兆ドル
- 05年 213.2兆ドル
- 07年CDS 69.2兆ドル
- 07年CDS 17.1兆ドル
- 07年CDS 0.92兆ドル
- 09年 426.7兆ドル

凡例：
- A 金利スワップ
- B 通貨スワップ
- C 金利オプション
- CDS
- エクイティー
- A・B・C計／右軸

注）1）年末における主要デリバティブの想定元本。
　　2）A利子スワップ・B通貨スワップ・C利子オプションのデータは1997年までしかなく，CDSのデータは2000年，エクイティ・デリバティブは2001年以前のデータはない。
出所）ISDA（International Swaps and Derivatives Association）Homepage, June 30th, 2010 Market Surveys Data, 1987-2010:Excel/PDF, http://www2.isda.org/search?keyword=market+survey (2012/09/11)

商品をつくり，安全であるという折り紙（保険・格付け）を付けて世界中に販売したのである．
　この中に，不良債権，所得が低く信用力に乏しい人向けのサブプライム組成金融商品が，とりわけハイリターンを謳ったヘッジ・ファンドの金融商品が多く混じっていたのである．これら派生的金融商品のうちCDSこそが，サブプライム金融危機の元凶，金融業界がつくった「大量破壊兵器」だったのである．
　こうした複雑多岐にわたる金融商品が組成され，銀行や証券の「規制緩和」が1999年11月に成立したグラム・リーチ・ブライリー法によって一気に進んだ．これが，「百年に一度」の金融危機を招来したのである．こうした経緯は，図7-3と図7-4にはっきりと現れている．図7-3だが2000年以降スワップ

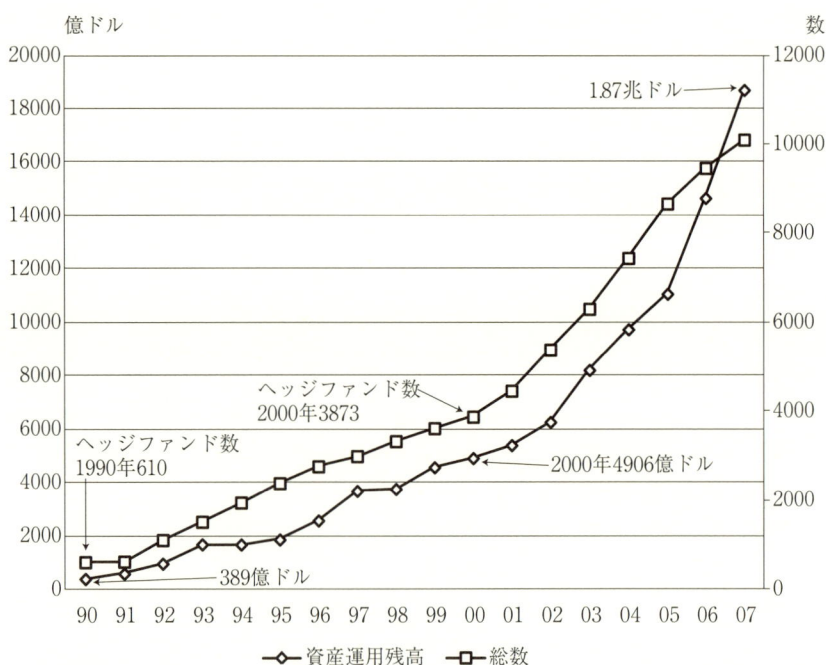

図7-4　ヘッジファンドの資産運用残高と総数

注）Hedge Fund Research 社による各年末のヘッジ・ファンドの資産運用推計額．
出所）日興シティーグループ証券株式会社『ヘッジ・ファンド市場2007』9頁．原出所は，HFR (Hedge Fund Research Inc.) Homepage, Global Hedge Fund Industry Reports,https://www.hedgefundresearch.com/index.php?fuse=products-irglo&1345269940 (2012/08/18)

（金利・通貨）とオプション（金利）の想定元本が急伸している。2001年69.2兆ドルだった想定元本は，2009年に426.7兆ドルへと6.2倍ものびている。中でもCDSは2001年9200億ドルから2005年17.1兆ドル，2007年には62.2兆ドルへと68倍にも伸びている。これが「世界金融恐慌」の火種となったのである。

II インターネット・株式バブルからの脱出策

　2007年以降アメリカで顕在化したサブプライム金融危機が世界へと広がり，経済とりわけ民衆の生活に大きな影響を与え続けている。「百年に一度の危機」（グリーンスパン前米連銀議長）とも評され，1929年の世界大恐慌に比肩される資本主義の深刻な危機とも言われている。その発端はアメリカの大手投資銀行系ヘッジ・ファンドの実質的破綻が2007年6月ごろから相次いだことにある。これらヘッジ・ファンドは，サブプライム・ローンを集合・組成した証券化（金融）商品を大量に保有していた。ところが2006年夏ごろをピークに住宅価格が下落し始め，それら証券化商品の信用不安をきっかけにヘッジ・ファンドの経営は行き詰まり，親会社である投資銀行の経営危機も表面化した。「サブプライム危機」が言われ始め，2008年3月には大手投資銀行ベア・スターンズが実質的破綻（FRBの300億ドルの資金注入とJPモルガン・チェースによる救済合併），同年9月にはリーマン・ブラザースが破綻，大手保険会社のAIG（American International Group, Inc）もアメリカ政府の管理下に入るなど，サブプライム危機は全米を揺るがし始めた。これが世界金融恐慌を誘発したのである。紙幅の関係上この経緯を詳しく述べるわけにはいかないが，読者に小稿を理解していただくために，背景（歴史的経緯）とサブプライム危機については簡単にでも触れないわけにはいかない。

　まず背景について。貿易と財政収支の「双子の赤字」に悩むアメリカは，経常赤字の削減のために先進諸国に「協力」を求めた。とりわけ貿易赤字削減のために最大の貿易赤字相手国であった日本に対して，内政干渉に等しい厳しい輸出の抑制（自主規制→構造協議→包括協議）と為替レートの円高・ドル安を求めた。その結果は，平成バブル（「花見酒経済」）と崩壊（平成不況）で，周知のとおり今日もその後遺症（二日酔い〜肝機能障害）に日本は悩まされ続けてい

る(「失われた20年」)。

　当初アメリカは対日輸入を防遏しつつ,製造業の「産業競争力」回復を目論んだ。だが,アメリカは産業競争力を回復できぬまま,ドルへの信認が揺らぎかねない事態に直面した。この間のアメリカの政策は,第4章Iで述べたとおりである。アメリカは,金利差益とドル安地合の為替差益を保証して,アメリカへのドル還流を太くする政策をうちだした。1995年8月15日の「逆プラザ」である。

　世界のドル(浮動貨幣資本)はアメリカに向かい,株式・債券市場に流れ込んだ。「インターネットブーム」に火がつき,設備投資ブームに沸くIT関連産業が上場するナスダックの株高を機関車にして,在来産業の株価(ニューヨーク証券取引所)も急騰した。ITバブルである。しかし,2000年3月10日のナスダック最高値を潮目にITバブルははじけて飛んだ。その経緯と結末は,エンロン事件が象徴している。「9・11」による経済活動の低下を背景に,2001年10月,経済紙がエンロンと子会社の癒着を暴いたのを皮切りに,粉飾会計などの不正な株価操作の事実が次々と発覚し,そのスキャンダルによって株価は大暴落した。エンロンの場合,負債総額が少なくとも160億ドル(約1兆9600億円)を超える,当時のアメリカ史上最大の企業破綻となった。1991年3月以降9年間継続したアメリカの景気上昇「ニュー・エコノミー」は,終わったのである。

　ブッシュ大統領は,こうした事態を受け,景気刺激策を打ち出す必要に迫られた。ブッシュは持ち家の促進を掲げ,住宅減税や低所得者向けローンの優遇策を打ち出した。「2010年までに,私たちは,マイノリティーの自宅所有者を,少なくともあともう550万世帯増やさなければなりません。自宅所有の格差を是正するために,アメリカは遠大な目標を掲げ,私たちの注意と資源をこの目標達成のために集中しなければなりません」と。2002年初5.98％であったフェデラル・ファンドレートは,数次にわたる引き下げのすえ,年末には1.82％にまで低下した。住宅ローン金利は30年物固定で年6％を切る歴史的低水準にまで下がり,2002年7,8月頃には新築一戸建ての住宅販売戸数は過去最高を記録した。また,年換算で1600万台ならば高水準とされる自動車販売台数も,販売促進のゼロ金利によって,同じ頃1800万台を超えた。アメリカ政府はいっそうの住宅取得政策を推し進めた。住宅ローン金利を税額から差し引く税制優遇

措置を実施し，住宅都市開発省は初めて住宅を購入するマイノリティー（少数派）を対象に，頭金に助成金を支給するなどして，住宅取得を促進したのである。かくして，ジャーナリストをして次のように言わしめた。「多くの米国人にとって，主な投資対象は株ではなく住宅です」と。

　ネットバブル崩壊で行き場を失っていた浮動貨幣資本・ドル資金は，価格の下落したことのない「安全」な投資＝住宅へと一斉に向かったのである。アメリカのバブルはITから住宅へとリレーされ，アメリカの景気は8カ月間（2001年3月〜11月）の短期間のリセッションの後，再び上昇に転じ2008年9月のリーマン・ショックまで，住宅バブルを背景とした過剰といえる消費景気に沸くことになる。2004年のピーク時には全米世帯のおよそ7割が持家を所有し，これまで住宅所有など夢のまた夢であった，マイノリティーの住宅保有率も全体の5割を超えた。持家というアメリカン・ドリームは見る夢からつかみ得る現実となった。だがそれはサブプライム問題をきっかけとして，打ち砕かれていく。

　「アメリカン・ドリーム」とは，誰もが機会を得て，能力を可能な限り発揮し，より充実した豊かな生活を追求できるという「成功の夢」物語である。「アメリカン・ドリーム」はアメリカ「独立宣言」でうたわれた原理（幸福を追求する権利，自由な競争，機会の均等など）を拠りどころとし，個人的欲望とアメリカ人としてのアイデンティティーを連結させていたところに，「アメリカン・ドリーム」たる所以がある。個人の成功の追求というと，いささか胡散臭いが，それが独立宣言の崇高な理念と結び付けられて胡散臭さが消し去られている。この点で「アメリカン・ドリーム」はアメリカ特有な「価値観」であり，同時に一種のレトリックともいえよう。そのドリームが粉砕されたのである。だが夢の背後には，モラルハザードといえる「略奪的貸付」「金融詐欺」行為がまかり通っていたのである。警察官が拳銃をかまえながら，差し押さえられた住宅に突入するニュース映像は世界に衝撃を与えたが，それは「略奪的貸付」「金融詐欺」行為を象徴する映像ともいえるのである。だが，この事態は単なる住宅バブル崩壊で片づく問題ではなかった。それは，サブプライム金融危機となって29年恐慌に比肩される深刻な危機を，世界に及ぼしたのである。

III　サブプライム・ローンの組成過程と世界への拡散

1　住宅金融危機発症のメカニズム

　アメリカではカントリー・ワイド（Countrywide Financial Corporation），ウエルズ・ファーゴ・ホームモゲイジ（Wells Fargo Home Mortgage），あるいは大手商業銀行傘下の住宅金融専門会社が，主に住宅ローン融資をてがけている。かつては預金を元手に融資する貯蓄貸付組合（S&L：Savings and Loan Association）が主力であったが，1980年代に商業銀行との競争に敗れ，多くのS&Lが倒産した。これに代わって，1990年代に先ほどの住宅金融専門会社が台頭してきたのである。これら住宅金融専門会社は貸し付けた住宅ローンの「返済元金と利子」を，特別目的事業会社（多くは投資銀行の傘下）に「債権」[8]として売却する。これによって住宅金融専門会社は，貸付債権（住宅ローン）を回収する。特別目的事業会社はこうした住宅ローン債権を5000口ほどまとめて，金融工学を駆使してMBS[9]「住宅ローン担保債権」を組成する。「証券化」である。特別目的事業会社は，この証券に箔付けをし「安全な金融商品である」ということをアピールするために保険会社等に保証料を払って，CDSという一種の保険を付ける。さらにこれにスタンダード＆プアーズといった格付け会社に「情報料」を払って，格付けしてもらう。こうして「安全で元本も配当も将来にわたって保証される」金融商品Ⓐが組成される。この商品Ⓐにさらに，先ほどと同じような手法を使って，自動車ローン，クレジットカードやリースなどの債権（ABS）が組み込まれ金融商品ⒷCDO[10]が出来上がる。複雑多岐にわたる証券化商品を組成し，安全であるという折り紙つきで金融商品MBSやCDOを世界中に販売したのである。この中に，不良債権，所得が低く信用力に乏しい人向けのサブプライム組成金融商品が，とりわけハイリターンを謳ったヘッジ・ファンドの金融商品に多く混じっていたのである。

　これらは派生的金融商品のうちでCDSこそが，サブプライム金融危機の元凶，金融業界がつくった「大量破壊兵器」だったのである。CDSとはCredit Default Swapの略で，企業倒産や債務不履行の際，債権を保証・肩代わりする仕組みで，融資や債券などのデフォルト（焦付き）に対するある種の保険で

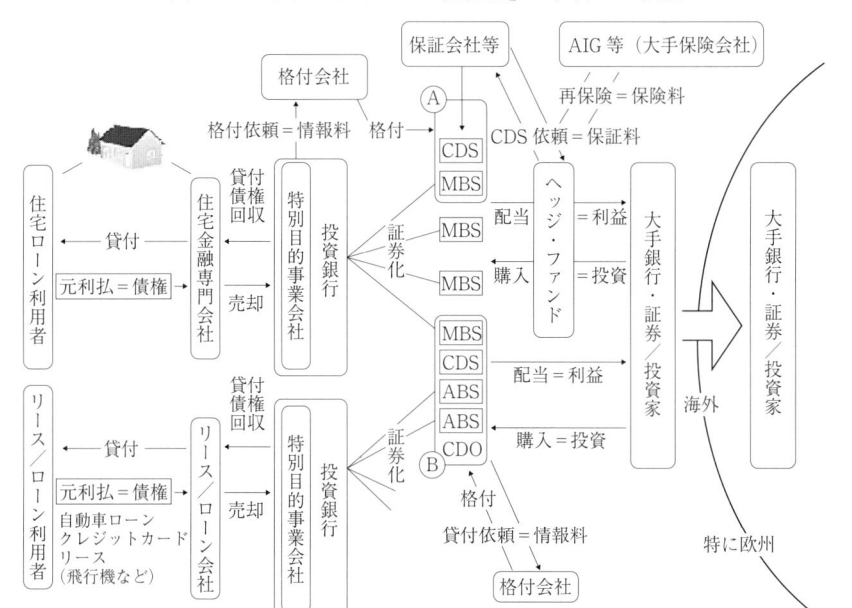

第7章　2009年世界恐慌と金融横奪戦略の破綻　167

図7-5　サブプライムの「証券化」と世界への拡散

注）各種資料より作成。
出所）多岐にわたり，煩雑になるために省略。

ある。かなり乱暴な議論だが，CDSを火災保険に例えて説明すると，CDSは火災保険と似たような仕組みである。火事が起きた時に，保険会社は契約者に対して契約に基づいて保険金を支払うことになる。CDSは，「火事」が「ある企業の倒産などによる債務不履行」で，「保険会社」が「CDSの売り手」である。そして「保険契約者」が「CDSの買い手」にあたる。火事が起きなければ保険料は掛け損になるが，火事が起きれば保険契約者は，保険金を受け取ることができる。

　その金融モンスターともいえるCDSのアイディアが生み出されたのは，1994年夏のフロリダのリゾート地だったという。JPモルガンに雇われ集まったマサチューセッツ工科大学やケンブリッジ大学の若い数学者や科学者は，「ピンク色の壁のスペイン風リゾートで週末の大半を会議室に引きこもり，銀行業の歴史と同じだけ古い問題の解決に取り組んだ。（そのテーマは）誰かにお

金を貸したとき，それが返ってこないリスクをいかに軽減するか」だったという。その手段として考案されたのがCDSであった。

CDS自体が金融商品（債務破綻保証証券）として売買されるようになる。CDSによって，担保となる債権を持たない無関係の者が，保証だけを売買するようになった。もし債務不履行が起これば，わずかな保険料の支払いで，大きな元本を得られる可能性が生まれる。たとえばA社の債権100万ドルの保証料（CDS）が毎年1％とすると，1万ドルの保証料を払った人は，A社が倒産すると100万ドルを手に入れることができる，ということになる。

CDSの初期の取引の一つは「JPモルガンが行ったフォードやウォルマートなど大企業向けに実行した300件，計97億ドルにのぼる融資を調べ，もっとも貸し倒れリスクの高い上位10％を特定。それを投資家に売却した。それを可能にしたのは，MITを出てJPモルガンのスワップデスクで働いていた当時25歳のテリ・デュホンだ。その後まもなくCDSは，リスクの高い中南米やロシアなど新興市場への投資も怖くなくなる保険として使われはじめた。01〜02年にエンロンやワールド・コムが粉飾決算のあげくに巨額債務をかかえて倒産すると，企業の内部崩壊に対する自己防衛の必要性（コーポレートガバナンス）も再認識され，CDSは打ってつけのツールになった」のである。間もなくCDSはリスクの高い投資も怖くなる保険として使われ始め，ついに住宅ローンへと応用されるようになったのである。

景気対策の一つとして大統領の肝いりで推進された「家をもつというアメリカン・ドリーム」は打ち砕かれていく。1990年代半ばから，ITバブルによって世界から吸い寄せられていたあふれんばかりのドル資金は，アメリカの超低金利政策によるカネ余りも加わり，「過剰流動性」状態を引き起こしていた。誰でも金が借りられるという社会状況が醸成され，サブプライム（低所得者），オルトA（給与明細や納税証明書などがない者）の貸し出し額は，2004年には全貸付額7300億ドルの10％，2006年には1兆ドル33.6％に達していた。全米の持ち家比率は2004年には69％に達し，ブッシュ大統領をして「わが国の歴史上今ほど多くの国民がマイホームを持ったことがない」と言わしめたほどだったのである。

しかしサブプライム・ローンの延滞と破綻は専門家に言わせれば「住宅価格

の上昇を前提に，借り手の身の丈に合わない過剰な住宅ローンを組み，フイー（手数料）を徴収した上で，業務を完了してしまう略奪的貸付行為（Predaory Lending）」(14)だったのである。住宅金融専門会社は住宅ローンを「証券化」して売り払うわけだから，ローンの焦げ付きを心配することなく，「手数料」を稼ぐことに奔走するようになる。「完全な所得証明なしに融資に及んだものは43〜50％，期限前返済を行った場合にペナルティが課せられる融資が70％（プライムローンの場合は2％に過ぎない），2006年融資分で黒人とヒスパニック向けサププライムローンは［所得証明なし］75％と［期限前返済ペナルティ］40.7％（白人向けは22.2％に過ぎない）というように，略奪的な意図をもって住宅ローンのオリジネーションが行われて」(15)いたのである。住宅価格が上昇している間は，別の金融機関で上昇した住宅価格を担保に新ローンを組成し，前のローンを返済するというようなこともできる。さらに住宅金融専門会社はローンを組みやすくするために，当初の2,3年は低金利での融資を行った。「2004〜2006年融資分で，急激に金利が上昇するリセット条項付き（7％から12％等）融資は89〜93％」(16)を占めるようになっていた。住宅価格上昇局面であれば，ローン金利上昇前に売り抜けることもでき，売却益を得ることもできたであろう。しかし，全米の住宅価格は2006年をピークに下落し始める。と同時に延滞率は急増していった。こうした住宅は，差し押さえを受けることになる。

このような「略奪的貸付」「金融詐欺」行為は，住宅に限ったことではなかった。アメリカの自動車メーカーはITと住宅バブル景気のもと，大型車（SUV；Sports Utility Vehicle）の販売好調に支えられてリバイバルし，それはGeneral Motors「GMの奇跡」などと言われた。しかし，たしかに好景気に支えられた面があったとしても，この「復活」劇にも実は「略奪的貸付」「金融詐欺」行為が背後に隠れていたのである。その仕掛けは以下のとおりである。

GMはディーラーを通じて購入客に自動車を販売する。購入客は，GMの金融子会社GMAC（General Motors Acceptance Corporation）でローンを組成し，代金を支払う。購入客は債務（自動車ローン）を抱える。通常であれば購入客は条件に従って元利を払い，何年か後にはローンを完済し自動車を所有する。通常ならば，こうして両者の債権債務関係は解消する。だが購入客のローン債務はGMACにとっては将来「貸付元金と利子」＝キャッシュフローが見込

図7-6　自動車ローンの「証券化」

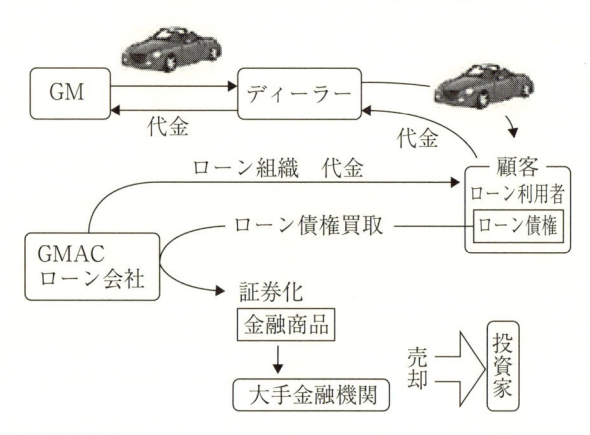

注）諸資料より筆者作成。

める債権である。GMACはこうした自動車ローン債権を束ねて組成し金融商品に仕立て直し（「証券化」），バンク・オブ・アメリカ，BNPパリバやシティー等の金融機関に売ったのである。この金融商品も先ほどのMBS「住宅ローン担保債権」に組み込まれて，CDO（資産担保証券）として売却されたのである。この金融商品が順調に売却される限り，GMACは自動車ローンが回収されようがされまいが気にすることなく，ローンを組んで顧客に自動車を売り続けることができたのである。ローンの申請書には①名前②住所③生年月日④社会保障番号⑤職業の5項目だけが記載され，年収やローンの状況など支払い能力を示す項目は空白のままだったという。ディーラーは当時を振り返って「私たちディーラーもGMも自分で自分をだましてきたのです。……ローン会社には（お客には）詳しく聞かないでくれ，と言われていました。……ローンを組んだ人の中には空瓶を集めて暮らしていた人もいたと思いますよ。そんな人でもローン契約書をうめてくれさえすればローンを組め（自動車を買え）たのです」[17]と証言している。今次のサブプライム世界金融恐慌の根源にあるエピソードであるが，住宅にしても自動車にしても，所得のないあるいは低い人にも信用創造をし，その債務＝債権を証券化し，格付けをして「金融商品」を組成し，世界中に売りさばいたのである。こうして今次のサブプライム金融危機が世界金融恐慌へと広がることになるわけだが，金融と経済実体の両面にわたる深刻

な打撃は，震源地のアメリカから世界へ，次のように拡大していった。

　①アメリカ国内のMBS（住宅担保証券）にクレジットカードや自動車ローンなどさまざまなABS（資産担保証券）が合成・組成され，世界とくにヨーロッパの金融機関に転売された。そのため，サブプライム関連から広がったそれら金融商品の価格下落，不良債権化，さらにはそれに関連する債権倒産保険などの金融派生商品の価格下落や破綻が，ヨーロッパの金融機関に深刻な打撃を与えていった。たとえば2007年8月にはフランスの最大手銀行BMPパリバが経営危機に陥り，9月にはイギリスの中堅銀行ノーザン・ロックが取り付け騒ぎを起こし，中央銀行の緊急融資が行われた。その後もスイスUBS，英ロイヤル・バンク・オブ・スコットランド（RBS）やドイツ銀行など，各国で大手金融機関の危機と公的救済資金投入の事態が続いている。欧州でもアメリカの不動産バブルと連動するような，住宅・建設，不動産の投機による活況が続いていたが，反転崩壊がはじまり，金融恐慌が加速された。

　②この収縮過程で，欧州先進国の金融機関は，ソ連崩壊後市場経済に回帰，ユーロを導入した中・東欧諸国に貸し込んでいた資金を引き揚げ始めた。このため，それら諸国の景気後退が鮮明となった。

　③世界最大の消費者として1990年代央以降世界景気のエンジン役を担っていたアメリカの実需は，サブプライム金融恐慌を契機に大幅に縮小した。日本，ドイツのように輸出に景気回復を依存していた諸国はこの影響をまともに受け，世界恐慌に巻き込まれた。

IV　世界金融恐慌の原罪としての金融工学「証券化」

　第2次大戦後，幾度かの金融恐慌を体験したアメリカであるが，サブプライム問題を発火点とした今次の金融恐慌は，アメリカ本体の信用収縮と実体経済に与えた影響の深さと世界中を巻き込んだ点で，それまでのものと違っていた。その根本にあるものは，金融工学を「駆使」した「証券化理論」そのものにある。拡散の過程はあたかも一粒の汚染されたコメが紛れ込んでいたため，しかもどこに紛れ込んでいたか分からなかったために，すべての米袋のコメが汚染されているのではないか，という信用不安の連鎖となった。その「証券化」の

過程は，既にIで事態に即して述べた。ここではさらにその「証券化」を推し進めた「金融工学理論」の原罪を明らかにしよう。金ドル交換停止後「実体経済から遊離した投機的金融活動」は本格化するが，理論自体が「略奪的貸付」「金融的詐欺」といえる内容をもっていたのである。

　たしかに「証券化」それ自体は今次のサブプライム金融恐慌に始まったことではない。一般的な意味で「証券化」とは，①金融市場における資金調達の形態が金融機関借入（間接金融）から証券発行（直接金融）にシフトすること。②貸付債権や売掛債権のように流動化しにくい資産を資産担保証券を発行して流動化すること，をさす。アメリカの場合後者の「証券化」はすでに1970年の政府系金融機関GNMA（政府抵当金庫）の証券がその始まりといわれている。このMBS（モゲージ担保証券）には元利払いの公的保証がつけられており，信用度の高い証券であった。これに対して今回問題となった「証券化」は，投資銀行＝特別目的事業会社が発行するようになった信用度の低いサブプライム・ローン，やや低いAlt－Aローン[19]，買取り上限額を超過したジャンボ・ローンを担保として発行されたMBSであり，これにクレジットカード，自動車ローン，リースなどさまざまなABS（資産担保証券）が集合・組成された「証券化」である。本来であれば極めてリスクの高い証券である。1999年に「証券化ビジネス」が民間開放[20]され，金融工学の理論によって，「証券化」が特別目的事業会社や住宅金融専門会社など，誰にでもできるようになり，「安全な証券」に化けたのである。その「証券化理論」とは次のような理論である。

　その理論を，サイコロを使って説明[21]しよう。設定は次のようになる。20面体のサイコロを5000個同時に振った時，「1の目」が同時に出る確率は何パーセントになるか。20面体のサイコロとは貸し倒れ率が20分の1，すなわち5％であることを表し，5000個のサイコロは集成された住宅ローンが5000口あることを意味する。「1の目」は回収不能になる住宅ローンを表現している。計算すると「1の目」が10個同時に出る確率は100％，200個同時に出る確率は99.96％，250個同時にでる確率は50.65％，そして300個同時に出る確率は0.11％，となる。ここから「1の目」として表された300個までの住宅ローンを，BB（可＝エクイティ）もしくはAA（良＝メザニアン）から区別して封じ込め，これはこれでハイリスク・ハイリターンのMBSとして売る。それら以外はAAA（優良＝シ

ニア）のMBSとして売る。これが「金融工学の証券化理論」である。証券化が数式によって誰にでもできるようになり，これまでカンと経験に頼っていた住宅ローンのリスク管理と証券化が誰にでもできるようになった。それによって大量の証券化金融商品が生み出され，世界中に販売され拡散していったのである。この「証券化」こそ，今次のアメリカ・サブプライム金融恐慌が，87/89年までの金融恐慌と違っている点である。金融工学が「詐欺的貸付」を可能にし，アメリカの金融商品を世界商品に仕立て上げることができた「仕掛け＝秘密」もここにある。

　そもそもこの華麗なる金融工学数式には二つの誤った前提が組み込まれている。その一つがサイコロ20面体という「貸し倒れ率5パーセント」であり，もう一つは300個までのローンをどうやってBB，AAと区別し沈殿させるのかである。貸し倒れ率はこれまでの経験則に基づき割り出された数字であって不変数ではない。後者はすでに指摘したように，Alt-Aやサブプライム・ローンは所得証明などが提出不能，あるいは返済能力のない人へのローンであった。AAやBBと区別しようにも，そもそものデータがないのである。まさしく「略奪的な意図をもって住宅ローンのオリジネーションが行われてきた」[22]のである。

V　軍事インフレ蓄積メカニズム機能不全としての世界金融危機

1　戦後アメリカ冷戦体制下の蓄積様式の機能不全

　ではなぜアメリカは金融工学を駆使してまで，こうした「金融的詐欺」行為を犯さねばならなかったのであろうか。図7-7をご覧いただきたい。ここには1950年代以降の先進資本主義国の「成長」（GDPベース第2次産業）の軌跡が描かれている。10年ごとの年代別で見ると，1960年代7.2％・70年代3.5％・80年代2.2％・90年代2％，そして2000年代は今次の世界金融恐慌の影響をまともに受けマイナス0.4％の成長であった。大まかに見てもグラフの傾きが示すように，20年のスパンで成長が次第に停滞に変わっていった様子が伺える。そうした1990年代と2000年代に先進諸国が停滞する中で，アメリカの右肩上がりの成長とドイツの2000年代の成長が飛びぬけている。これが先進国（G7）の平均成長

図7-7　世界金融危機と戦後世界ケインズ政策の機能不全

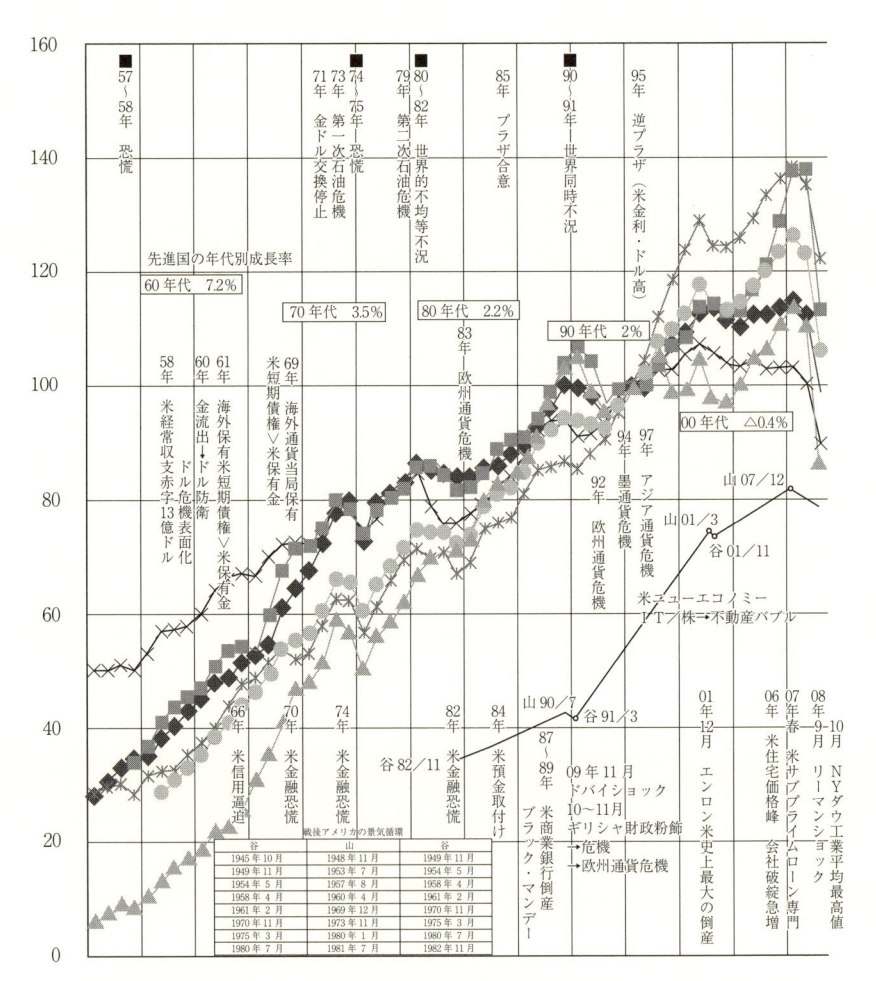

注）G7は，アメリカ・イギリス・フランス・ドイツ・日本・カナダ・イタリアの7カ国。
出所）OECD, StatExtracts, Key Short-Term Economic Indicators: Industrial Production,
http://www.oecd.org/document/56/0,3343,en_2649_34265_2073848_1_1_1_1,00.html
(data extracted on 06 Apr 2010 05:28 UTC (GMT) from OECD.Stat (2010/04/06)

率を引き上げているのであるが，これら2国の成長は，何を要因としていたのであろうか。アメリカの成長は，言うまでもなく，ITと住宅という二つのバブルがけん引した成長である。ドイツの成長は1990年代以降資本主義世界に復帰し，市場となった中・東欧諸国への輸出と投資によるものである。ドイツの個人消費支出の対GDP比は2003年59%・2008年57%とその割合を下げているのに対して，輸出依存度は2001年30%・2003年36%・2008年47%と大幅に伸びている。ドイツの「成長」が，国民の消費に支えられた内発的なものではないことは明らかである。アメリカやドイツの成長は，いずれも冷戦構造溶解（アメリカ冷戦体制解除）の中で，バブルや外需等の要因に支えられての成長だったわけで，それらを差し引けば先進国（G7）は「失われた20年」という停滞の中にいるといえよう。

この「失われた20年」は，「20世紀末世界的不況」[23]ともいわれるが，20世紀末から21世紀の初頭にかけての先進諸国の停滞はどうして起きているのであろうか。それは1970年代半ば以降，歴史を画する出来事が起きたからであり，「失われた20年」はその帰結である。エンジニアリング・プラスチックに代表されるような素材（労働対象）革命とマイクロ・コンピュータに代表される労働手段に革命が起きた。とりわけ後者の「シリコンの小片」は，集積度を上げるに連れて，商品自体と生産過程をME（マイクロ・エレクトロニクス）化し，ついにはパーソナル・コンピュータのネットワーク化，インターネットへと成長を遂げた。このわずか数ミリ角のシリコン・チップ，小石は，アジア人の低廉かつ稠密な労働力と結合し，アジアを比類なき競争力と供給力をもつ「世界の工場」へと押し上げていった。冷戦体制の軍事・政治的必要から，インフレーション（ドル散布）にのって生まれ出たアジアの工業生産力は，そのインフレーションをデフレーションに代えてしまうほどの爆発的な工業製品の供給力を実現した。「性能100倍・価格100分の1」というシリコン・チップの本性は，それによって産み出された工業製品にも乗り移り，価格と雇用破壊という世界市場革命を20世紀末にもたらした。先進資本主義の20年にわたる「停滞」の背景には，地球環境破壊を伴う超絶的な生産力発展があり，その生産力水準は「国民国家の枠組み」を超えた，内外格差を伴った世界大の生産力と言える。

「アジア工場化」，中国・インドなどの新興工業国の急成長と共に先進国内に

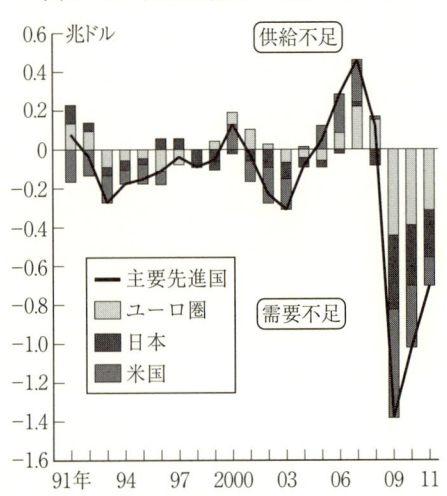

図7-8 先進主要国の需給ギャップ

注) 資料出所の図を転載。IMF資料をもとに作成。
出所)「日本経済新聞」2010年7月10日朝刊, 3頁。

おいてもその生産力は図7-8に見られるように「GDP（需給）ギャップ」となって表れている。時図系列的に1990年代以降供給過剰・需要不足状態が続いている。ここからも「失われた20年」は，過剰生産恐慌ともいえるのであり，同時に今次サブプライム世界金融恐慌は，この過剰をかつてのように恐慌によって暴力的に破壊できずに，金融資本の「やりくり」によって，先送り延命しようとした結末とも言えるのである。

2　サブプライム世界金融恐慌の歴史的意味と位置

ではサブプライム世界金融恐慌の歴史的意味とは何なのか。今次のサブプライム金融恐慌に端を発した世界金融恐慌は，戦後世界資本主義の変容の転換点を示し，成長・「蓄積メカニズム」の機能不全の表れではないのか。まずこの点を見てみよう。それを見るには19世紀末20世紀初頭，長期の「構造的不況」に苦しんでいたほぼ1世紀前の世界の姿が参考になる。

①自由競争システムの機能不全と独占の形成　「今から半世紀前にマルクスが『資本論』を書いたころには，自由競争は圧倒的多数の経済学者にとって

は「自然法則」と思われていた。マルクスは，資本主義の理論的および歴史的分析によって，自由競争は生産の集積を生みだし，そしてこの集積は一定の発展段階で独占に導くことを証明したが，……今や独占は事実となった」[24]。1873年恐慌を起点とし1896年までの23年間，ヨーロッパは長期の「構造的不況」(Ernst Wagemann)の中にいた。自由競争メカニズムは機能不全を起こしていた。資本主義はカルテルやトラストという新しい機構・機能を編み出し，独占利潤を確保することによって，この「構造的不況」を乗り切ったのである。資本主義は自由競争段階の古い資本主義から，独占資本主義という新しい段階の資本主義へ転化した。

　自由競争段階の資本主義における矛盾（過剰生産）の解決手段としての恐慌は機能低下し，矛盾の解決は戦争という政治的・経済外的手段に委ねられるようになった。19世紀末の「帝国主義的高揚」と呼ばれる軍拡景気（1896–1913年）以降，資本主義経済の諸矛盾は，周期的恐慌の爆発によって経済的に解消されるようなものではなくなり，矛盾は鋭い政治的矛盾に転化し，世界市場における諸列強の対抗・帝国主義戦争による暴力的解決に委ねられていく。この解決のために，国家の経済過程への全面的な介入は不可避となり，独占資本主義は，国家と融合・癒着せざるを得なくなり，私的な経済への介入（カルテル・トラスト・コンツェルン）は国家を巻き込んだ独占，国家（独占）資本主義へと急速に変容していくことになる。その最初の過程は帝国主義諸列強の総力戦である第1次世界大戦へ向けての戦時経済体制の構築であったが，1929年大恐慌とこれに続く30年代大不況の過程で，国家（独占）資本主義は，資本・労働・通貨等を国家の政策的管理下におく，資本主義のいわば危機管理・戦時体制として恒常化していく。この過程はアメリカのニュー・ディール政策からナチス・ドイツのような徹底した軍事国家化まで，さまざまな形をとって展開された。

　ナチス・ドイツの場合には，国民兵役義務の導入による失業対策やアウトバーン（高速道路網）建設などの大規模公共事業の展開，さらに近隣諸国への軍事進駐・侵略による殖民（失業者の吸収）などの「国家社会主義」政策が実行された。この結果ドイツは1937年にはほぼ完全雇用を達成した。1930年代のドイツの「経済奇蹟」は，同時代のアメリカ，イギリスの恐慌からの脱出，克

服過程が緩慢であっただけに注目された。日本も，また植民地の収奪，アジアへの侵略によって恐慌からの脱出をはかったのである。

ドイツと同様1929年から1933年にかけてもっとも烈しい恐慌に見舞われたアメリカは，ドイツがナチズムのもとで完全雇用を成し遂げていったのに対し，ニュー・ディール開始年の1933年でも1300万人25％の失業者を抱えて，恐慌の底にあって苦しんでいた。結局アメリカも1941年の「武器貸与法」に象徴される経済の軍事化によって，はじめて恐慌から脱出（1943年完全雇用の達成）することができたのである。

恐慌対策の財源をまかなうために，各国政府はきびしい財政政策を余儀なくされた。とりわけドイツ，日本，イタリアなどの後発諸国は，もっぱら国家財政の赤字のうえに大規模公共投資，軍備拡充等を余儀なくされた。こうした財政赤字の解消のために，異民族に対する強制労働や財産の没収，植民地からの戦時利得，収奪があてられた。そのための植民地は必要不可欠だが，地球上の植民地は既に分割されつくされていたから，独・日・伊の諸国はすでに領有されている植民地を奪い取る，再・再分割のための戦争に突入していった。言うまでもなく第2次世界大戦である。こうして恐慌という経済問題は政治＝軍事の問題へと転化し，レーニンが喝破したように，資本主義の矛盾の発現＝全機構震撼は，恐慌から戦争へと移ったのである。

「構造的不況」「成長」の機能不全への対応としての独占資本主義への変身は，2度にわたる世界戦争だったわけである。世界の惨憺たる有様に，語るべき言葉はない。一瞬成功したかに見えるナチス・ドイツの対応さえ，敗戦時国債残高は3872億ライヒスマルク，GDPの6.5倍に達していた。

②資本主義体制維持としての軍需インフレーション的蓄積（成長）体制の機能不全

帝国主義列強の世界分割支配・植民地体制は基本的には解体した。だが，第2次世界大戦終結を機に，世界は資本主義体制と「社会主義」体制の二つの体制に分裂してゆく。アメリカとソ連は互いに相手方を仮想敵国とし，常に米ソ全面戦争への危険性を持った「新たな種類の戦争」が始まった。「グローバルな階級闘争」の体系の始まりである。アイゼンハワーをもたじろがせるほど国家資金を軍産官複合体という軍需産業にアメリカはつぎ込み，国際的には軍事・経済援助を継続させたのである。アメリカはこれ以降約半世紀にわたって，

2度の大戦でかき集めた富を原資として，世界中にドルを散布した。これによってかつての列強は復興をとげ，とりわけドイツと日本は，それぞれ「ラインの奇跡」「高度成長」と呼ばれる「成長」をとげたのである。それが図7-7に掲げた1970年代までの成長，グラフの軌跡である。

　ドルは世界中に，とくにヨーロッパに堆積していった。インフレーションは必至である。すでに1958年の国際収支の悪化（1958年12億8600万ドルの戦後3度目の経常収支赤字）で表面化したドル危機は，数次の多面的なドル防衛策にもかかわらず潜在化し，基本的には克服されなかった。しかも，アメリカは1950，60年代，それ以降も局地戦争に当事国として参戦してきた。ドルは世界中に溜まっていった。ついにアメリカは1971年8月15日金ドル交換停止を発表したのである。このドルショック，国際通貨不安によって，まず欧州各国は外国為替市場を閉鎖し，変動為替相場制へ移行した。その後先進各国が為替の変動に協力し合う紳士協定＝スミソニアン体制をへて，資本主義世界は「完全変動相場制」（IMF＝ドル体制の解体開始）へと移行した。アメリカドルを中心としたユーロ・カレンシーの市場だけでも，その規模は，1970年約1130億ドル10年後の1980年には13.5倍の1兆5250億ドル，1990年には4兆9386億ドルへ⁽²⁵⁾，さらに2000年9月には11兆ドルへと膨らんだ。現在では「世界のドル保有高は『快適でない水準』に達し」⁽²⁶⁾ている，とボルカー元FRB議長は警告を発している。その測定は容易ではないが，ISDAによれば，CDS，利子デリバティブ，エクイティ・デリバティブの想定元本（Notional amount）は2009年末には426.8兆ドルに達している⁽²⁷⁾，という。冷戦体制構築，対社会主義体制封じ込めのコントローラー（軍事経済援助と直接投資）だったドルは，金ドル交換停止によって，反対物の体制解体のウイルスに転化した。堆積したドルは有利な投資先を求めて世界中を徘徊し，マネーの暴走を誰も止められなくなった。

VI　市場原理主義の帰結としての2009年世界恐慌

　アメリカ発サブプライム金融恐慌の世界金融恐慌への転化をきっかけとして，先進資本主義諸国の停滞，世界過剰生産恐慌は誰の目にも見えるものとなった。アメリカはG20（2009年9月）で「米国頼みの消費を止めよう」と呼びかけ，「世

界経済のエンジン役を降りたい」[28]と表明した。20世紀末世界大不況・過剰生産恐慌は，第2次世界大戦後の世界資本主義の蓄積メカニズムの機能不全の表れであるとともに，1世紀前，19世紀末「構造的不況」に類比できる事態なのではないか。1世紀前には資本主義は新しい段階＝独占段階へと通路を切り開き新しいステージに立った。だだ，その結末が世界戦争だったにしても，である。しかし今次は新しいステージへの見通しさえ立てられぬままでいる。

　20世紀末大不況の最初の兆候，1970年代のスタグフレーションを，資本主義の蓄積様式・「成長」の機能不全の発症ではないか，と疑ったのはフランスの経済学者たちだった。周知のとおり，ロベール・ポワイエを中心としたレギュラシオン（調整）学派の研究者達である。ここではレギュラシオン理論を全面的に取り上げるわけにはゆかないが，グローバリゼーション，すなわち「国民経済」「一国再生産構造」の溶解を，彼らがどう考えたかに絞って見てみよう。レギュラシオン学派は，次のように考えた。スタグフレーション以前の「高成長」時代の資本主義は，クローズドな国民経済の枠組みの中で，労働組合の団結権・団体交渉権を背景にして高い賃上げを実現し，それが内需（個人消費）を拡大し，資本・企業の生産拡大を誘発し，一国の経済成長を促した。すなわち〔労働者の所得上昇＝資本の成長・蓄積〕という等式が成立し，経済は好循環を形成した。しかし国境は浸透膜のようになり，「ヒト・モノ・カネ」が往来するグローバル経済の枠組みの中では，労働者の高賃金＝所得上昇は逆に国際競争力を阻害する高コスト要因に転化する。1970年代のスタグフレーションの病理を彼らはこう説明し，新たな蓄積様式（ボルボイズム・トヨティズム）を模索した。しかし，彼らは臨床医・政治家ではなかった。

　そこに臨床医・政治家として登場してきたのが，鄧小平，M・サッチャー，R・レーガンらである。政治家にとって必要なことは，病理の研究より即効性のある政策を打ち出すことである。それぞれの国の経済の機能不全に即応しなければならない。経済停滞と深刻な労働争議の渦中にあったイギリスでは，事態が深刻で待ったなしであった。「英国病」という持病を抱え，1976年には財政危機に陥り，IMFに救済を求めねばならぬほど「病状」は悪化していた。この病気の主治医として登場したのがサッチャーである。「ソ連・社会主義」体制に対抗するために，「ゆりかごから墓場まで」の「福祉社会」を保守・労働

党の2大政党制の中で目指すという「戦後コンセンサス」の打破にサッチャーは挑んだのである。

アメリカも同様だった。R・ニクソンが打ち出した「新経済政策」(1971年) も功を奏さず，その後も二桁のインフレーションで実質金利もしばしばマイナスを記録する事態に，ボルカーは短期金利を20％近くに引き上げる金融引き締めの荒療治（1979年）をおこなった。そしてついにレーガンは「強くて豊かなアメリカ」をスローガンに，対ソ強硬路線を唱え軍備を拡大する一方で，社会福祉支出を抑制し，諸規制緩和と大幅な減税を行うなど「レーガン改革」を強行した。

ケインズ主義的財政金融政策は新自由主義的マネタリズム政策へと転換した。こうして「政府の失敗の克服」は1979年イギリス・サッチャー政権，1981年アメリカ・レーガン政権，翌82年の日本・中曽根政権という保守色の強い政権の誕生となった。別な文脈からであるが，中国では「社会主義」経済建設という政府の失敗を，「市場経済」を導入して立て直そうとする鄧小平が「改革・開放」(1978年) を打ち出した。

この流れはケインズの「貨幣は実体経済に影響を及ぼさない」という考えを否定した。社会経済秩序と自由競争がある限り，市場経済においては完全雇用均衡へ向かう自動調整メカニズムが働く。安くて良いものを供給すれば需要は増大する，という考え方だった。そのために企業は競争力の強化に努めねばならず，政府は適正減税・社会保障の圧縮・規制の緩和などを進めなければならない。政府の経済介入を最小限に抑え，経済を市場に任せて競争を促進することこそが，資源の効率的配分と社会的富の増大，すなわち経済成長を実現する最善の方法である。これこそが「市場原理主義」である。

しかし「安くていいものを供給しよう」としても，先進資本主義国は国際競争力を国内では回復できなかった。先進資本主義国の個別資本・企業は国際競争力を回復させるために，製造部門を本国内に持たないことが必須条件になった。だから，この企業の生き残り策は，先進諸国の「産業の空洞化」「雇用の喪失」に帰結する。先進国内では生産が成り立たず，有効需要も見いだせないでいる。それは雇用破壊，失業となって国民を苦しめている。特にアメリカでは国民の生活は輸入品に頼らざるを得なくなっており，国際収支の貿易赤字が

積み上がっていくことになる。今次のサブプライム世界金融恐慌はこうした国際収支のバランスを何とかやりくりしようとして仕掛けたアメリカの手立て＝金融的対処の破綻である。有り体に言えば，先進諸国が途上国の苦汗労働に生産をゆだねざるを得なくなり，その労働の果実を金融操作によって取り上げ，上前をはねようとした術策の結末である。およそ20年間近くにわたるウォール街・金融資本に依存した「金融立国」アメリカと追随した先進国の行き詰まりである。

　19世紀までの自由競争の時代，20世紀前半の帝国主義（私・国家独占）の時代，20世紀後半の冷戦構造（体制独占）の時代という資本主義の生涯の歩みから見て，20世紀全体を染め上げ，私・国家・体制と積み上がり広がった「独占」が機能不全に陥っている。密かに私的に始まった独占が国家を巻き込み，世界を巻き込んで積み上げた世界編成支配の構図が崩れかかっている。半導体の性格，「性能100倍価格100分の１」が象徴するように，技術独占に基づく独占利潤の安定的確保が難しくなっている。20世紀を染め上げた「規制と統制」・「独占」の機能不全を挽回しようとした手立てがアメリカの「金融によるリカバリー」金融反革命だったが，それが行き詰った，というわけである。それはまた，第２次世界大戦後の冷戦対抗の手段としての世界ケインズ政策の破綻・軍事インフレ蓄積機能の機能不全でもある。

　しかしそれにしても驚く。ノーベル経済学賞を受賞した「華麗なる金融工学理論」とその理論を実践した大銀行・証券・投資会社，そしてそれらを信用した人々に，である。「聖体顕示台」というものがある。キリスト（教）の威光をあまねく世界に広めるためのもので，金銀宝石で飾り立てられている。中世・近世の人々はこれに平伏した。もしかすると，金融工学理論と大金融機関の壮麗な超高層ビルは，市場原理主義という宗教の，現代によみがえった「聖体顕示台」かも知れない。

　⑴　モンテスキュー『法の精神』岩波書店，岩波文庫下巻，358−359頁。
　⑵　「日本経済新聞」1982年12月26日朝刊，18頁。この記事には次のような実例も報道されている。1982年「11月に日本航空がユーロ・ドル建て5400万ドル（表面利率は11％・期間15年）の普通債を発行した。表向きは何の変哲もないが，実はこの発行の"相手役"を務めたのが米国の大手航空会社ＴＷＡ社といわれている。同社は航空機

器の購入に伴い，日本のリース会社と円ベースでリース契約を結んでいる。TWA社は米国金利が下がってきたのでドル資金の調達を望んだが同社の業績内容は非常に悪化しているため債券市場での評価は低く，普通に債券を発行すれば表面利率は16%程度もの高いものにならざるを得ない。

そこで最優良銘柄である日本航空が『身代わり発行』を行ったわけ。技術的なことを省略して簡単に言えば，日本航空のドル債務とTWAの円債務をそっくり交換，為替の先物を利用してそれぞれ低利の資金の調達に成功したというもの。関係者の話ではこの方法で日本航空は年利6.5%前後の低コストの資金を調達した。ドルで発行しながら実質は円で発行したのと同じ効果を持つのがミソ。

(3) 芳川真裕「(第7章) デリバティブ」(日本証券経済研究所『アメリカの証券市場，2002年版』日本証券経済研究所，148頁)。シカゴ・オプション取引所のデータ Market Statistics 2011；CBOC (Chicago Board Options Exchange) Homepage, Market Statistics 2011, http://www.cboe.com/data/annualmarketstatistics.aspx (2011/09/10) によれば，金利，エクイティ，キャッシュ・オプション (cash option一時金受取方法選択権；年金受給開始時に一時金で受け取る選択権) を中心として，コール・オプション取引は1973年から，プット・オプションは1977年から取引が記録されている (前掲, Market Statistics 2011, p.146)。

(4) CDSはCredit Default Swapの略で本文166頁，MBSは注(9)，CDOは注(10)を参照。

(5) 2002年6月17日のブッシュ大統領の意見表明。President Calls for Expanding Opportunities to Home Ownership, Remarks by the President on Homeownership, St. Paul AME Church, Atlanta, Georgia, http://georgewbush-whitehouse.archives.gov/news/releases/2002/06/20020617-2.html

(6) 2004年6月9日，住宅・都市開発省 (HUD) はマイノリティー向け頭金補助制度を柱とする具体策を公表した。「日経金融新聞」2004年6月9日，9頁。

(7) 米ウォールストリート・ジャーナル編集長ポール・スタイガー「日経産業新聞」2002年10月30日，32頁。

(8) Gramm-Leach-Bliley Act (グラム・リーチ・ブライリー法) が，1999年11月に成立した。これにより，Banking Act of 1933 (1933年銀行法，通称グラス・スティーガル法) に定められていた銀行と証券の垣根が66年ぶりに撤廃され，銀行，証券，保険の相互参入が促進されることになった。その結果いわゆる「証券化ビジネス」も自由化されることになった。同法については，野々口秀樹・武田洋子「米国における金融制度改革法の概要」(『日本銀行調査月報』2001年1月号) を参照。http://www.boj.or.jp/type/ronbun/ron/research/data/ron0001a.pdf (2011/11/11)

(9) MBSとはMortgage-Backed Securitiesの略で，住宅ローン担保証券。証券購入者は住宅ローンからの毎月の元利返済に対応する利息と元本の償還に応じた (配当) 金を受け取ることができる。

(10) CDOとはCollateralized Debt Obligationの略で資産担保証券。社債や貸出債権 (ローン) などから構成される資産を担保 (Collateralized) として発行される資産担保証券 (ABS；Asset Backed Security) の一種。図中Ⓑ。

(11) 「Newsweek」(日本語版) 2008年10月8日号，22頁。

⑿　前掲記事，23頁。
⒀　篠原二三夫「米国住宅ローン市場の現状と課題，持ち家政策と住宅金融，住宅価値の評価と活用を考える」(『ニッセイ基礎研究所報』Vol.53, Spring 2009, 69頁)，図22。
⒁　前掲論文，69頁。略奪的貸付行為は2003年頃から多発していた，という。[　]内の文言は引用者涌井の挿入である。以下同じ。
⒂　前掲論文，74頁。
⒃　前掲論文，75頁。
⒄　「NHKスペシャル，アメリカ発世界自動車危機」(2009年2月2日放映)。「2000年にトップに就いたリチャード・ワゴナーは金融子会社GMACに活路を求める。自動車リースや保険，カード，住宅ローン……。GMACに自動車ローン会社以上の期待をかけた。

　　2000年，GMACの格付けは親会社のGMより上になった。自動車事業は04年から赤字。GMACの高収益が連結決算の帳尻を合わせた。転機は05年春。ガソリン高で燃費の悪いGM車の販売不振が一段と深刻化。決算を取り繕えなくなった。……GMACも信用力の低い個人(サブプライム)層への貸し出しを増やし，危ない橋を渡っていた。08年夏，有力ディーラーが貸し倒れ急増で破綻。9月のリーマン・ショックでGMACも資金繰りに窮した。……GMは一時国有化され，政府管理下での分割・再生過程に入った」(「日本経済新聞」2009年8月16日朝刊，4頁)。
⒅　図7-7に加筆したが，戦後アメリカの金融恐慌は以下のとおりである。「アメリカについて見れば，1966年に信用逼迫が生じ，70年，74年，82年にはそれぞれ金融恐慌が発生したし，84年には大恐慌以来の預金取け騒ぎさえ起こった。……1987年から89年にかけて毎年200行を上回る商業銀行が倒産し，90年前後には倒産の可能性ありとされる問題銀行は1000行を超えた」(小澤光利「世界市場の発展と恐慌・産業循環」増田・沢田編『現代経済と経済学』有斐閣，230頁)。
⒆　Alternative A-paperの略。A-paperは一定基準を満たす信用度の高さを示す保証書。
⒇　Gramm-Leach-Bliley Act(グラム・リーチ・ブライリー法)の規制が緩和された。注⑻も参照。
㉑　このパラグラフの論旨は，2009年9月17日放映のNHK「マネー資本主義(4)天才達がつくり出した"禁断の果実"金融工学」に沿ったものである。ここでは番組中の前提条件をそのままにして，追試した結果をもとにして記述している。
㉒　前掲，篠原論文，75頁。
㉓　「『20世紀末世界的不況』という場合，それを1980—82年の世界同時不況からを指すのか，あるいは1990年ないし91年からの各国(特に西ヨーロッパ・日本)の世界的不均等不況のみを指すのかは，論者によって意見の異なる」(小澤前掲論文，235頁)。筆者見解は後者である。
㉔　ヴェ・イ・レーニン，副島種典訳『帝国主義論』(大月書店，国民文庫，1952年，26頁)。
㉕　日本銀行『外国経済統計年報』(日本銀行，1994年)425頁。
㉖　「ロイター(インターネット版)」2009年12月10日 07：44 JST, http://jp.reuters.

com/article/forexNews/idJPnJT854067020091209（2010年 7 月13日）
⑵7⁾　ISDA Publishes Year-End 2009 Market Survey Results, International Swaps and Derivatives Association, Inc Home Page, http://www.isda.org/media/press/2010/press042210market.html（2010/07/13）。
　　2010年 7 月 2 日（金）午後10時放映のNHK「狙われた国債，ギリシャ発・世界への衝撃」では，世界のマネーを 7 京円と伝えた。
⑵8⁾　「朝日新聞」2009年 9 月27日朝刊， 2 頁。

第8章　ポスト冷戦と日本資本主義の戦後段階

I　失われた20年と戦後土地所有

「少子高齢化」「過疎化」「限界集落」「孤独死」，家族，ふるさと，社会とのつながりがとぎれた「無縁社会」。そして何よりも経済停滞による閉塞感。こうした状況を「ジャパン・シンドローム（日本症候群）」と呼ぶという。戦後日本社会は行きつくとこまで行きついた。派遣労働者は「派遣切り」に遭うと寮を出され，「ネットカフェ難民」になり，ついには路上生活に陥る人が多いという。たしかにそうだろう。こうした事態の緊急避難的措置として，「就職安定資金融資制度」が2008年12月に始まった。同年9月のリーマン・ショック後，「派遣切り」などで失業と同時に住まいも失った人を対象に，賃貸住宅に入居するための敷金・礼金や生活費を貸し付ける制度である。こうした制度ができること自体が，失業と同時に住居を失いホームレスになる事案が多い，ということを示している。(1) こうした事態をどう理解したらよいのだろうか。

冷戦構造の溶解と共に始まった「平成大不況」は，既に20年を超えようとしている。「派遣切り」が住居喪失，「ホームレス」に直結するという事態は，不況時によく見られる風景なのだろうか。筆者はそうは思わない。「経済成長」という金メッキがはげ落ちて，深部にあって潜んでいた戦後資本主義の「基盤」が社会の表層に浮き出てきた現象ではないか。「派遣切り＝ホームレス」という等式は，戦後日本資本主義の核心部分・【基盤】の表れたもの（「表象」）であり，さらにこれまで「成長」の促進要因となっていたその【基盤】が「反転」して，マイナス要因となっている，ということではないのだろうか。

それにしても戦後日本の「経済成長」のスピードには驚かされる。図8-1は第2次世界大戦後の先進資本主義国の「成長」のスピードを比較した図である。一目瞭然日本の群を抜くスピードを確認できる。戦後日本は1955年から

1980年の25年間に8倍の成長を達成した。これに対してアメリカ・西ドイツ・フランスは2.5倍，イギリスは1.6倍の成長を遂げたにすぎない。とりわけ同じ敗戦国で東西に分割され冷戦最前線に立たされながらも，「ラインの奇跡」と言われる成長を遂げた西ドイツと比較してみても，日本の「成長」のスピードには目を見張るものがある。この異常とも言える「成長」のスピードが物語るものはなにか。それは，戦後日本資本主義が先進欧米とは違ったストラクチャーとメカニズムを持っていた，ということではなかろうか。どうして，焦土の中からそのスタートを切ることができたのか。なぜこうした「高度成長」を，日本は遂げることができたのであろうか。まずそれが問題となる。

それを一言でいえば，冷戦体制の政治＝軍事＝経済的必要から，アメリカによって導入・移植された工業生産力〔労働手段（機械装置・器具・技術）と労働対象（原燃料・原材料）〕が，戦後日本資本主義の【基盤】「零細土地所有＝零細農耕」にあたり，それが反応物質・触媒となって，異常なまでの化学反応＝爆発＝経済成長を引き起こしたのである。この【基盤】こそが，戦後日本資本主義を染め上げた「染料」，化学反応の「反応物質・触媒」だったのである。

戦後日本資本主義の【基盤】とは農業・農村であり，その核は農家1戸当たり平均耕作面積およそ1町歩（1ヘクタール）での稲作，「零細土地所有＝零細農耕」である。これが国外（アメリカ）から移植された生産手段と出会った時，「高度経済成長」という爆発的な反応が引き起こされ，日本は世界を圧倒する「経済成長」を遂げることができたのである。

今，その【基盤】が大きく崩れかけている。農村の過疎化は云われて久しいが，「過疎地域」は国土面積の57％に達している。さらに住民の半分以上が65歳以上で，生活道や林野の整備，冠婚葬祭などができずに共同体としての機能が失われ，集落の維持が出来ない「限界集落」が発生している。【基盤】がプラスに作用し，それによる成長によって「雇用」も確保され，失職してもその気になれば帰れる「田舎」もあった。だが今はその「田舎」が無くなった。「派遣切り＝ホームレス」は，農村の崩壊＝「限界集落」の都市での姿ではないのだろうか。

本章は，戦後日本資本主義を規定した国内要因＝基盤が「零細土地所有＝零細農耕」を核とする「土地所有」であることを論証し，この解決をとおして日

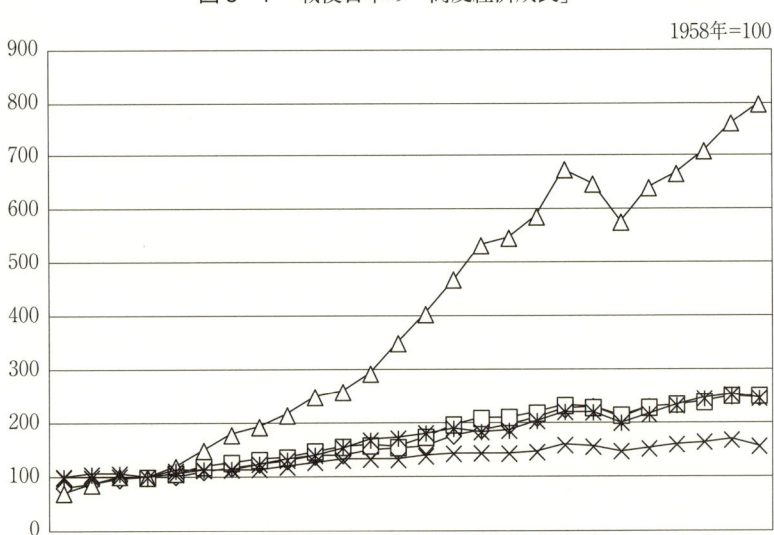

図8-1 戦後日本の「高度経済成長」

1958年=100

55 56 57 58 59 60 61 62 63 64 65 66 67 68 69 70 71 72 73 74 75 76 77 78 79 80
—◇— 仏　—□— (西)独　—△— 日　—✕— 英　—※— 米

注) 数値は，GDPベースの第2次産業。
出所) (1) OECD, StatExtracts, Key Short-Term Economic Indicators : Industrial Production, http://www.oecd.org/document/56/0,3343,en_2649_34265_2073848_1_1_1_1,00.html (data extracted on 06 Apr 2010 05:28 UTC (GMT) from OECD.Stat；April/6th /2010)

本の変革を展望しようとする試論である。有効な制限原理，社会的な「公共財」としての性格を持たない，封建領主顔負けの土地所有は戦後日本を染め上げた染料，化学反応物質・触媒としての【基盤】であり，筆者はこの【基盤】土地問題の解決なしには日本の変革と揚棄はあり得ない，と確信している。本章は「失われた20年」「閉塞感」打破の国民的立場に立った道筋の出発点を見出そうとする試論，問題提起である。

II　零細土地所有＝零細稲作農耕における労働の原理

戦前・戦後を通して，日本農業においては耕作面積も農作業もともに，なぜ小規模で零細なのか。どうしてそうならざるを得なかったのか。それを明らかにしたうえで，零細農耕から生まれる労働力の質を述べ，それがなぜ戦後日本

資本主義の土台＝【基盤】となったのかを，述べよう。

　この議論の前提として，稲作について述べておこう。そもそも日本において は邦自体が「豊葦原の千五百秋の瑞穂の地」といわれたように，稲作の定着と その生産力の拡大につれて形成され，邦運営の基礎に田とイネと米が置かれて きた，と言っても過言ではない。とりわけ近世以降，幕府，諸藩の所領は米の 生産高で表示（石高制）され，公租（税）も米で貢納（年貢）された。日本経 済は「米遣いの経済」とよばれるほど，米は特別な物品であった。また明治維 新以降も政府は地主に地租を負担させ，地主は現物小作料＝米を換金して地租 を納めた。「寄生地主」・「小作関係」は戦前日本資本主義の「基柢」であって， 絶対主義天皇制政府を支えていた。このように少なくとも戦前まで，米は社会 の基本的物品・商品だったと言えよう。

　いずれにしても「米作り」は日本農業の中核である。稲作の特徴を簡潔に 述べれば，以下のとおりである。稲作は，小区画の隣接しあった水田・耕地 に，人力農具を基本とした労働手段で，気象条件の変化に対応しつつ病虫害を 防ぎながら，田植，除草，収穫などの適期における膨大な作業と，相互の水田 を結ぶ水の管理を伴って進められる。したがって，一定地域の水田を対象とし て強固な横組みの協働組織・共同社会（農村共同体）が形成される。また労働 は，単婚家族（戸）労働を主体として行われる。これらのことから「苦汗」・ 「稠密」・「協同／協調」という【労働力の質】と耕作面積の【零細性】が導か れることになる。それを稲作に沿って具体的に述べてみよう。

　稲作には用水から始まり籾摺から選別・出荷まで，およそ11の作業プロセス がある。もっとも重要なプロセスは田植・除草・稲刈りの3プロセスである。 田植は各地域によって開始時はまちまちではあるが，適切な期間は長くても20 日間程度で，この間に田植を終了しないと収量に影響が出る。稚苗が活着（根 付き）し穂を形成するためには，適切な気温と水温が必要だからである。同時 に田植には用水管理が重要で，耕起・代掻後，表土が落ちつき水が澄む時期を 見計らって，田植をしなければならない。用水は田の高低などの位置関係に よって，全田，地域一斉には出来ないから，順次全体を見計らってしなければ ならず，自分の田に適切な時期に田植をするためにも，他人の田を手伝うこと は必須である。同時に田植は病虫害の対策やその後の管理のために，田植定規

などを使って直線に等間隔に苗を植えなければならない【協同／協調・精確／稠密労働の源泉】。さらに，手植えの場合，一日中腰をかがめ田を這うような姿勢で作業をせざるを得ず，ここから【苦汗労働】も必然的となる。1日の作業量(6)は1反（10アール）程度で，歩行型田植え機(7)が普及する1970年代半ばまで，農民はこの作業を余儀なくされていた。

また，除草も極めて重要な農作業で，稲作は「雑草との闘い」とも言われる。除草作業を怠れば収量にたちまち影響が出る。草取りは3回，三番草までとらなければならず，このため除草剤が普及する1950年代まで，顔に稲の葉先が当たるのを避けながら，農民は腰をかがめて炎天下，一日中草取り【苦汗労働】をしなければならなかった。この作業でも，1日の作業量は1反（10アール）ほどであった。

稲刈りも適切な時期と期間が求められる。収穫期が早すぎると緑色の米（青米）や未熟米が多く混じり，品質が低下する。遅いと米粒の光沢がなくなり，胴割米（どうわれまい）が多くなり，精米時に砕け品質が落ちる。また籾が穂から落ち収量も減少する。収穫時期は田植と同様に各地さまざまであるが，期間はおおむね20日間ほどである。手刈りでの作業は1日中腰をかがめての苦汗労働で，ここでも協同／協調作業が求められる。農民は，刈取結束機（バインダー）(8)が普及する1970年代まで，この作業を強いられていたのである。ここでも1日の作業量は手刈りの場合，1反（10アール）であった。

以上の農作業の内容から次の2点が導かれる。第1点は耕地面積であり，第2点は稲作農業が鍛える労働力の質である。第1点。手植え・手除草・手刈りによる水稲耕作から必然的に1戸当たりの耕作面積が規定されることになる。田植・草取り・稲刈りの主要稲作作業における適切な期間は，仮に多めに見積もっても20日間，1日の仕事量はおよそ1反（10アール）である。仮に20日間フルに働いたとしても，1戸当たりの耕作面積は20反（2町歩）が限度である。これから協同作業の分を仮に5日分（5反＝0.5町）を差し引くと1.5町歩ぐらいが，1戸当たりの最大耕作可能面積・限界耕作面積となる。耕地面積の零細性は，諸要因を含み歴史的に形成されたものではあるが，稲作の農作業から導き出された面積とも言える。第2点。例えば定規を使った田植は【稠密・精確な労働力】を養う。そして何よりも一日中腰をかがめ田を這うような姿勢で行う

水田での農作業は，どのような労働をもいとわない【苦汗労働力】を鍛え上げる。また水稲耕作は，小区画の隣接しあった水田で適期に膨大で稠密な作業と，相互の水田を結ぶ水の管理を伴って行われる。このことから，一定地域の水田を対象として強固な横組みの共同・協働労働組織が生まれ，これが【協調的な労働力】を鍛えあげる。工業を意味する「industry」はラテン語の「勤勉：industria」を語源としているが，稲作によって鍛えられた労働力は，何よりも工業労働に適合的なものである。

さらに以上の2点から次のことが導かれる。すなわち短期間の田植・稲刈りという農作業は，その期間に集中して大量の労働力を必要とする。この労働力を必要な期間に必要な人数だけ集めることは困難である。また労賃も高騰するから，コスト圧迫要因ともなる。これは，農業労働者を雇用する借地農業者（資本家）による大規模稲作農業の展開を阻害する強い要因になる。したがって大地主は農業労働者を雇用して大規模農業経営を行うより，耕作地を細分化して，個別農家に貸し付けて地代をとる方がより合理的な経営方式となる。単婚家族労働を前提とし，短期間の労働力集中的投下の農作業が必至という条件のもとでは，戦前日本においては小作農制度が合理的な経営方式となり，戦後においても，稲作を主体とする農業においては，大規模経営に適する農業技術の高度化・進歩がない限り，「零細土地所有＝零細農耕」は必然的となる。

日本の「高度成長」＝「強蓄積」にとって欠かせないのは，稠密・精確・協調・苦汗労働力（者）である。稲作は田植や稲刈りの農作業に見られるように，稠密で協調的で厳しい労働にも耐えうる労働力を鍛えあげる。たとえば田植は田植定規をもちいて所定の位置に精確に植え付けなければならないし，期間の決められた農作業ゆえに協調・協働労働（力）も求められる。そして何よりも一日中腰をかがめ田を這うような姿勢で行う田植・草取り・稲刈りの農作業は，どのような労働をもいとわない苦汗労働力を鍛え上げる。「苦汗労働は一面からみれば，精耕細作といわれるごとく，丹念，勤勉な労働であって，わが国産業基盤の特質を形成するものともなった[9]」のである。この農業労働力の質こそ工業生産にも適合的な労働力の質である。また歴史的に形成されたものではあるが，手作業による労働は耕作面積を制限し，農地も零細とならざるを得ない。この零細土地所有＝零細農耕（稲作労働）が，いわば戦後日本の工業労働力の

培養土壌となったのである。以上【基盤】の核心部分である稠密・精確・協調・苦汗労働力がどうして生まれてきたかの〔論理〕を述べたが，今度はそれがどのようにして生まれてきたか〔歴史〕を論述しよう。

Ⅲ　零細土地所有＝零細農耕の史的形成過程

1　寄生地主制発生の根拠としての稲作＝日本農業

　封建制下の土地所有は，同じ土地にたいして領主の上級所有権（地代・年貢徴収権）と百姓・農民の下級所有権（耕作権，事実上の所有権）が重なって存在していた。百姓・農民は領主から安全を「保障される見返り」として，土地に縛りつけられ封建地代（年貢）を収奪されていた。しかし農業生産力が高まるにつれ，最低生活を維持する以上の「剰余」が発生するようになる。

　農業生産力が上昇し剰余発生の可能性が生まれた場合，ヨーロッパでは農地・農場の大規模化が進んだ。例えば，18世紀イギリスのように，地主＝封建領主が企業家となり，あるいは農業資本家が出現して，新農法（ノーフォーク式4種輪作制など）を採用し，播種機および畜力用砕土機や畜力大型有輪犂などの農業機械を用い，穀物増産を目的として大規模化した。あるいは，東部ドイツのユンカーのように酒精工場などを兼営しながら，地主＝貴族が自ら農場を経営し規模を拡大し，近代資本主義的経営に向かっていった。しかし日本では，そうした農業生産力の上昇が生まれた時，欧州のように大規模化せず，資本主義的農業経営には向かわなかった。それどころか耕地面積の細分化・経営の小規模化へと向かったのである。稲作を中心とした日本農業では生産性の上昇が農地の拡大に直結せず，逆に零細性に結び付くということが起きたのである。では，なぜ規模の拡大に向かわなかったのか。いわゆる「規模の経済」が働かなかったのか。それを史実に沿って考察してみよう。[10]

　日本においても17世紀前半（江戸時代初期）までは，大土地所有者が5から10ヘクタール前後の耕地〔手作地〕を自ら経営する方式がかなり有力であったと思われる。大土地を所有する大百姓〔名主〕は，自分が代々家内に抱え込んでいる下人や血縁家属，また身分的に隷属している零細農民〔被官〕を使役して，稲作経営を行っていた。ここでは牛馬を使用した犂耕（長床犂）によって

第8章 ポスト冷戦と日本資本主義の戦後段階　193

図8-2　戦後日本資本主義の基本構成

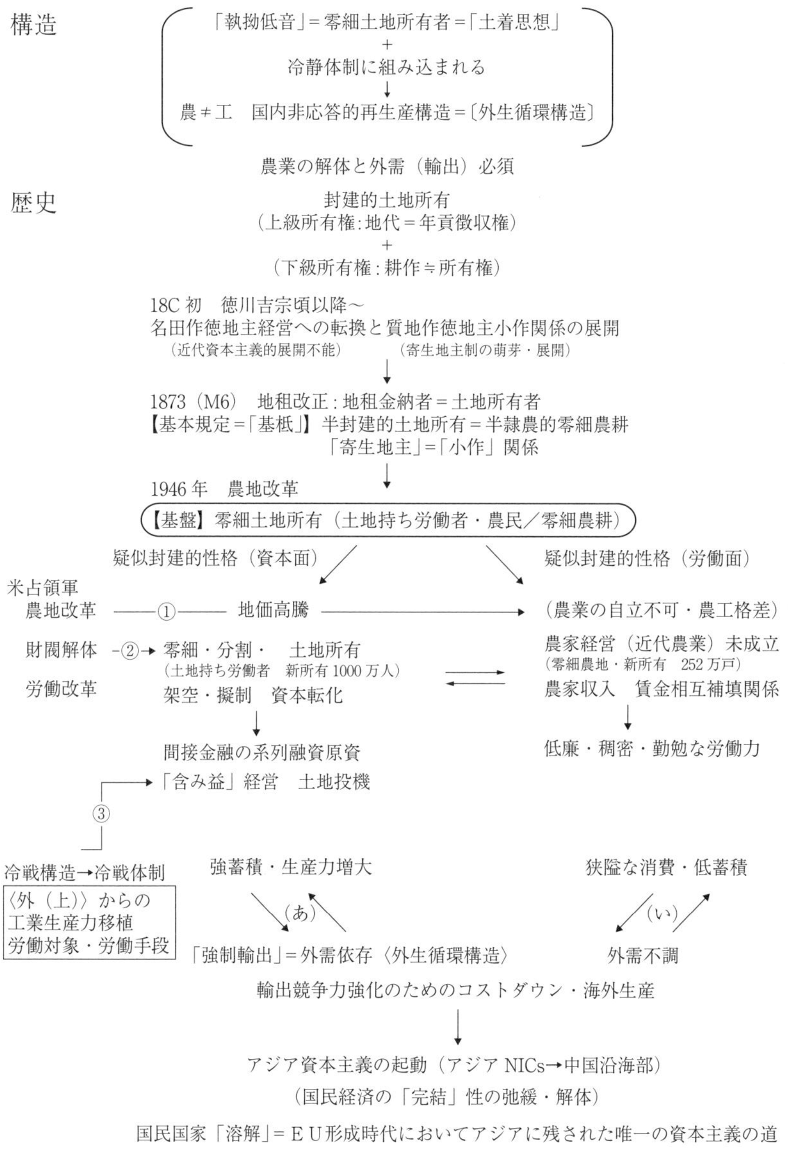

構造　　　　　「執拗低音」＝零細土地所有者＝「土着思想」
　　　　　　　　　　　　　＋
　　　　　　　　冷静体制に組み込まれる
　　　　　　　　　　　　　↓
　　　　　　農≠工　国内非応答的再生産構造＝〔外生循環構造〕

　　　　　　　　　農業の解体と外需（輸出）必須

歴史　　　　　　　　封建的土地所有
　　　　　　　　（上級所有権：地代＝年貢徴収権）
　　　　　　　　　　　　　＋
　　　　　　　　（下級所有権：耕作≒所有権）

　　　18C 初　徳川吉宗頃以降～
　　　名田作徳地主経営への転換と質地作徳地主小作関係の展開
　　　　（近代資本主義の展開不能）　　　　（寄生地主制の萌芽・展開）
　　　　　　　　　　　　↓
　　　1873（M6）　地租改正：地租金納者＝土地所有者
　　　【基本規定＝「基柢」】半封建的土地所有＝半隷農的零細農耕
　　　　　　　　　「寄生地主」＝「小作」関係

　　　1946年　農地改革
　　　【基盤】零細土地所有（土地持ち労働者・農民／零細農耕）

　　　　　疑似封建的性格（資本面）／　　＼疑似封建的性格（労働面）
米占領軍
農地改革　　　①　　地価高騰　　　　　　　（農業の自立不可・農工格差）

財閥解体　　②　零細・分割・土地所有　　　農家経営（近代農業）未成立
　　　　　　　（土地持ち労働者　新所有 1000万人）　（零細農地・新所有 252万戸）
労働改革　　　架空・擬制　資本転化　　　　農家収入　賃金相互補填関係

　　　　　　　間接金融の系列融資原資　　　　低廉・稠密・勤勉な労働力

　　　　　　→「含み益」経営　土地投機
　　　　③
冷戦構造→冷戦体制　　強蓄積・生産力増大　　　　狭隘な消費・低蓄積
〈外（上）〉からの
工業生産力移植　　　　　　（あ）＼　　　／（い）
労働対象・労働手段　　「強制輸出」＝外需依存〈外生循環構造〉　外需不調

　　　　　　　　輸出競争力強化のためのコストダウン・海外生産
　　　　　　　　　　　　　　↓
　　　　　　　　アジア資本主義の起動（アジアNICs→中国沿海部）
　　　　　　　　　（国民経済の「完結」性の弛緩・解体）

　　　　　国民国家「溶解」＝EU形成時代においてアジアに残された唯一の資本主義の道

注）諸資料から筆者作成。

広い農地の耕作を行い，また田植えや稲刈りといった適期・短期間の労働力需要にも下人・家族や零細農民達を動員して対応していた（家父長制的農奴主経営）。同時に大百姓は直接経営にタッチしない貸し農地〔下作地〕も保有しており，零細農民は零細な自己保有地とその地主の土地（〔下作地〕＝借地）を耕作し，かろうじて家計を維持していた。零細農民は借地の地代を払わねばならないが，地代は地主自身が経営する〔手作地〕を耕作すること，即ち徭役（労働力）の提供であった〔労働地代〕。したがって零細農民は自己保有地や借りた農地〔下作地〕を自身で耕作・経営しつつ，地主〔手作地〕の耕作もしていたのである。

歴史に照らしてみると，農業労働が奴隷から農奴へと移行し，農奴の地代が労働地代から生産物地代へ，そして貨幣地代へと移っていったが，それは人間の発達に沿った合理的な移行だった，と言えよう。なぜならば，誰しも自分の農地は「一所懸命」に耕作するが，奴隷主の土地であろうが大地主の土地であろうが，他人のための労働（農作業）には身が入らない。当然その土地の耕作はおろそかになり，収穫も細るであろう。こうした折，17世紀前半に，単婚小家族労働による農家の経営が可能になる条件，零細農を支える「生産力的基礎」が生まれた。第1は戦国末期から盛んに行われるようになった灌漑設備を伴った水田の造成＝「新田開発」であり，第2は鍬の改良・普及を伴って零細農耕に適した農法が生まれ，普及したことである。前者は言うまでもなく戦国時代から盛んになった領国大名の新田開発であり，これが大量の入植者・農民を必要とした。後者は零細農経営の技術体系として自家労働力による鍬での農作業という農法が生みだされたことである。鍬はそれまでの犂と違い深く農地を耕すことができる。この深く耕した農地に人糞や苅敷などの肥料を大量に投入し収穫量を増大させる。むろん家族労働力も最大限に投入されたことはいうまでもない。領主に収奪されても，働けば働くだけ収穫も増え，暮らしも助かる。

歴史的にみるとそうした農法が普及し始めたのは，室町時代に畑作の二毛作三毛作が普及し，水田においても裏作の麦（田麦）が植えられるようになってからだ，と思われる。水田では10アール（1反）当たり1石（玄米150キログラム）位までは，「水の肥料運搬機能によって無肥料での収穫が可能であった」。

しかし裏作が行われるようになると「地力維持上施肥が不可欠となり，刈敷を主として，人糞尿や厩肥の投下も行われるようになる。有肥農業となれば，耕転にも一定の深耕が要求される。……かくて労働手段の基軸が鍬となり，犂耕(りこう)は後退し，手除草，苦汗刈敷運搬労働など，人力苦役の労働集約農法が近世を支える生産力」[14]となっていったのである。

「生産力発展の基本的方向は，単位面積当り収穫量の増大による生産性の向上を指向している。単婚小家族による家族協業の枠内で，家族労力を最大限に活用し，零細錯圃形態をとる圃場に多量の労働と多量の肥料を投入し，小農具を駆使して周密な肥培管理をおこない，園芸的な集約農業を発展させる」[15]という方向である。

事実，日本の耕地面積は表8-1と図8-3に見られるとおり，1450年頃から1720年頃にかけて一貫して増加している。1450年頃から1600年頃にかけ150年間で1.7倍，1600年頃から1720年頃にかけての120年間で1.8倍になっている。ここからも戦国期から江戸初期にかけて新田開発が盛んに行われていた様子がうかがえる。それに対応して人口の増加をそれぞれ見てみると，前者が1.4倍の増加であるのに対して後者では2.5倍に増加している。この点から，1600年頃から1720年頃に労働集約的な零細耕作が生産量上昇に寄与し，生産量増大の決め手となったことが分かる。「生かさぬように殺さぬよう」という厳しい収奪のもとでも，図8-3に見られるように，1600年から1721年にかけての人口急増のグラフの線は生産性上昇の何よりの証拠である。

鍬(くわ)・鎌・手植え・手除草・手刈りという「手耨耕体系(てじょくこう)」による水稲耕作では，必然的に1戸当たり1ヘクタール前後の耕作限界面積が出てこざるを得ないことは，すでにⅡで述べたとおりである。さらに水稲耕作では，水の管理が決定的な意味をもつ。一枚の大面積の水田は造成できないから，稲作は，小区画の隣接しあった水田で，相互の水田を結ぶ水の管理を伴いながら，集中的に適期に膨大で稠密な労働力を投下して行わざるを得ない。こうした複雑な水稲耕作を半ば奴隷状態の農奴を使役して大規模に行うことは困難を伴う。舐めるような「精耕細作」を農奴に強制することは不可能である。単婚小家族を単位としての耕作がはるかに「精耕細作」にむいている。なによりも田植えや稲刈りといった労働力の集中的投下が必要な時にも無理がきき，対応できる。そう

表 8-1　寄生地主制発生の歴史

典拠	年代	水田面積	耕地面積	人口（万人）	年
和名抄	930年頃		86.2万町歩	644.14	900年頃
				683.69	1150年頃
拾芥抄	1450年頃		94.6万町歩	850.00	1450年頃（注記イ）
慶長3年大名帳	1600年頃	100万町歩	163.5万町歩	1227.30	1600（慶長5）年
町歩下組帳	1720年頃	164万町歩	297.0万町歩	3127.85	1721（享保6）年
第1回統計表	1874年頃		305.0万町歩	3330.00	1873（明治6）年

出所）(1) 大石慎三郎「宝暦・天明期の幕政」(『岩波講座，日本歴史11，近世3』岩波書店，1976年，表3，171頁)（典拠，年代，耕地面積の3項目）。
(2) 磯辺俊彦・常盤政治・保志恂編『日本農業論』(有斐閣，有斐閣ブックス，1986年，91頁)（水田面積の項）。
(3) 鬼頭宏『人口から読む日本の歴史』(講談社，講談社文庫，2000年，表1，16-17頁)（注記イ以外の人口）。
(4) Jean-Noël Biraben, "Le Point sur l'Histoire de la Population du Japon", *Population*, Vol. 48 no. 2, (1993), pp. 443-472. （注記イの人口）

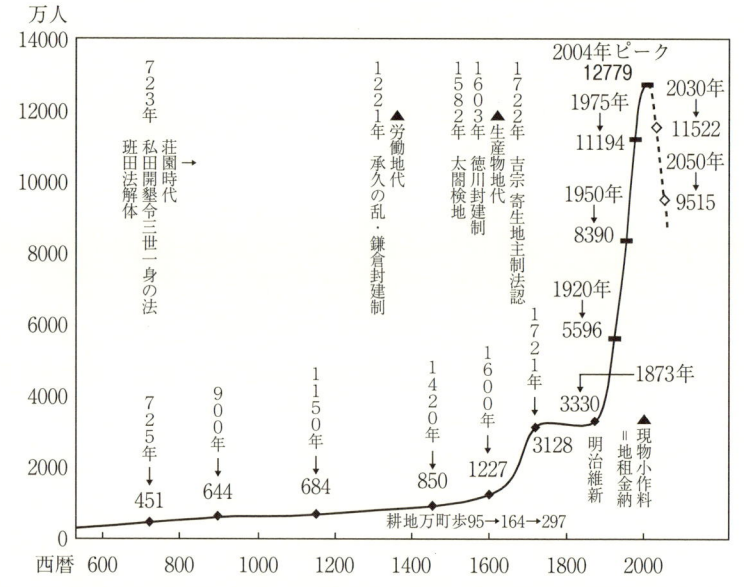

図 8-3　人口からみた零細土地所有＝零細農耕の確立

出所）(1) 鬼頭宏『人口から読む日本の歴史』(講談社，講談社学術文庫，2000年，16-17頁)。
(2) 国立社会保障・人口問題研究所『人口統計資料集，2011年版』(1920年から2009年)
　　http://www.ipss.go.jp/syoushika/tohkei/Popular/Popular2011.asp?chap=0(11/08/13)
(3) 国立社会保障・人口問題研究所『日本の将来推計人口（平成18年12月推計）』
　　http://www.ipss.go.jp/syoushika/tohkei/suikei07/suikei.html#chapt1-1(11/08/13)

した労働によって得られた増収分は自己のものになるから労働意欲も湧く。したがって，使役していた隷属農民に土地を貸し付けて地代として小作料をとり，その中から領主に年貢を上納する（「名田作徳地主小作（関係）」）方が経営上の手間も暇もかからず，コスト・パフォーマンスは良くなる。中間搾取をして小作農民に寄生する経営方式が，地主としての経済合理性をもつようになったのである。このようにして，日本の農業における発展〔蓄積〕の基本的形態は，生産（経営）単位の規模，零細性はそのままにして，寄生地主化の道をたどったのである。〔寄生地主制発生の歴史的根拠〕

具体的には，以下のような発生経過をたどった。農業生産力の増大は，次第に封建制下の自給自足的経済を解体し，村の中にも商品経済を浸透させていった。幕藩体制下では土地売買は基本的に禁止されていたから，大百姓である地主は，村のなかで商人高利貸し的性格を強め，生活に困窮した百姓・農民に土地を抵当にして金や穀物を貸し付け，抵当に取った農地をそのまま百姓・農民に貸し付けて小作料をとった。農地を抵当に差し入れた農民は小作人に転落することになる。「質地作徳小作」(16)関係が展開し始めたのである。同時に大百姓・商人・金貸し等は，新田開発を領主から請負，新田を開発した。彼らはそうした農地も小作に出したから，ここからも地主小作関係は発生した。当然，領主としては大百姓・地主による「中間搾取」がない方が望ましいわけであるが，こまごまとした農業・農民管理を自らが行うより，中間搾取を認めてでも大百姓・商人・金貸し達に委託して一定量の年貢を確実に確保する方(17)が，封建領主にとっても「合理的」だったのである。業務の民間委託であり，民間デベロッパーによる開発，「民活」のいわば江戸時代版である。

徳川吉宗は「1722（享保7）年7月，新田開発に関する高札を江戸日本橋に建て，『新田になりそうなところは，幕府の責任で開発を申しつけるから申し出るように』と開発人（民間デベロッパー）をつのった。幕府は自力で新田を開発する力を失っていたので，財力のある町人たちの力をたよったのである。そのかわり開発に使った資金の1割5分の限度内で，町人がその新田から小作料を取ることを認め，それを年貢同様保証」(18)したのである。こうして寄生地主制は，法的にも認められ確立した。ここに戦前の【基抵】，戦後の【基盤】は生成したのである。

2 明治維新と180度転換した「近代」的土地所有

明治維新政府は,徳川幕藩体制下における耕作強制の廃止(田畑勝手作の解禁),土地永代売買禁止を解除するなどして土地利用・所有に対する制約を廃止し,1973(明治6)年地租改正を実施した。

これは,私的所有権を農地についても確認したものであり,近代資本主義的工業化のための条件整備であった。地租改正によって封建領主(将軍,藩主ら)の年貢徴収権(上級所有権)は一応否定されたが,その年貢徴収権は秩禄支給(米→「金禄」;一時金)をへて金禄公債へと姿を変えた。下級士族は困窮・没落したが,華族と少数の上級士族は公債を元手に国立銀行を設立したり,土地を買収したりして地主になるなどしたから,上級土地所有権は形を変えて温存され,近代的土地所有権として認知されることになった。自作地を持つ農民・地主にも土地所有権は認められたが,土地所有権は小作地については直接生産・耕作者である小作農民にではなく,地主にその権利が付与された。そのことにより,ヨーロッパから輸入された近代資本制的土地所有の概念,とくに「自由な私的所有権」や「所有権の絶対的排他的権利」の概念は,変質して意味を180度転換してしまった。すなわちヨーロッパでは,土地所有権の「自由」や「絶対的排他的権利」とは,不当に土地を取り上げたり重税を課したりする絶対君主に対抗して行使された耕作者の「権利」だったが,地主制がすでに展開していた日本では,こうした「権利」は,絶対君主や国家にたいしてではなく,逆に実際に土地を耕作している小作農民の耕作権・小作権にたいして主張される,地主の権利に変質してしまった。こうして,近代的土地(農地)所有権は封建的諸関係から切り離されて,近代的な物権となり自由に売買されるようになった。だが,地租改正において生みだされた近代的私的土地所有は,土地所有と土地利用が密接に結びついた「勤労的」農業経営を生み出しはしなかった。それどころか封建領主顔負けの土地の絶対的所有権の優位性が地主に認められるようになったのである。

それは,第1次世界大戦後の「小作争議」によく示されている。高率高額小作料減額や小作地の取り上げ反対を求めた小作争議は「1935(昭和10)年に戦前最大の6824件を記録した。争議において地主は明治民法に守られた土地所有権に訴え,小作農民は耕作権の保証を求めたが,裁判や調停では小作地の引上

げや滞納小作料の支払が認められることが多かった[19]」という。結局，広汎な農民は没落を余儀なくされ，「彼らの土地を併呑した寄生地主的大土地所有の急速な発展がもたらされた。地主的土地所有は大正末・昭和初期（1930年頃）に頂点に達し，全耕地の48％強を覆った。……他方，徳川時代には無税であった都市の土地（江戸＝東京，大阪，京都の3都市の市街地）にも，地租改正によって土地所有証明書である地券が発行され，地租が徴収されることになった。徳川時代にも，市街地の場合は，都市の土地についても売買が行われていたのであるが，地租改正によって，土地取引は完全に自由[20]」となり，都市市街地所有の流動化が進行した。ここでも土地所有権はヨーロッパのそれとは180度反対の意味を持ったのである。すなわち所有地の利用は地主の自由にまかされ，どんな建物を建てようと勝手という建築自由の原則が生み出されて，ヨーロッパとは正反対の権利が法認された。

IV 戦後日本の「高度成長」の基盤としての土地所有3局面

1 農地改革と農村における「零細土地所有＝零細農耕」（図8−2中①）

1945年8月15日，無条件降伏で戦前日本，軍事的＝半封建的帝国主義国家は瓦解した。「日本の史上における一階梯としての軍事的半封建的，日本資本主義は，明治維新以来，敗戦に至るまでほぼ4分の3世紀にわたるその歴史的生涯をここに了えた。一の階梯が終り，新たな，より高次な階梯が劃期されようとする。その劃期＝変革〔民主主義革命〕の基本過程となるところのものは，旧構成の基抵〔半封建的土地所有制＝半隷農的零細農耕〕における変革的な再編でなければならぬ。かくして次の点が明らかである。日本における土地問題の解決は，現在，進行中の，日本民主化の過程における最も基礎的な一要素を構成する。その意味において，今次の農地改革は，民主主義革命期日本における最も重要な課題をなすところのものである[21]」。

「日本農業の方向は自ら与えられます。すなわち，第1。日本農業の変革は小作関係重圧と零細耕作との相互規定の構造を揚棄する方向に向けられねばならぬこと。したがってまず小作関係の重圧から解放することによって経営改善＝拡大の指向を促し，日本農業の構造上の型の高度化を指向すべきこと。第2。

日本農業の構造上の型の高度化に対して，技術的基礎を準備すべきであること。かくのごとくして，日本農業の，より高度の，本格的な農業構造への再構成を達成しうるならば，そのときはじめて，日本の歴史上，第5の劃期が，その意義を獲得するに至るものとすることができるのであります」[22]。戦後の「民主主義革命」においてもっとも規定的であると山田盛太郎が考えた「農地改革」は，たしかに耕作者に土地所有権が認められ，その点では明治維新で積み残されたブルジョワ革命の課題は達成された。しかし農家1戸当たりの耕地所有面積は平均0.8町歩で，とうてい農家が自立できる経営面積ではなかった。「零細土地所有＝零細農耕」は取り残されたままで，山田が「第2」に掲げた「本格的な農業構造への再構成」は達成されず今日まで残された。だが，農村は舐めるような「精耕細作」稲作労働によって鍛え上げられた労働者の無尽蔵のプールとなった。経済「成長」と共に必要とされた労働者は，ここから排出され都市へと向かったのである。

 2 財産税と都市における零細宅地所有——土地持ち労働者の生成 (図8-2中②)
　前項1．において，農村の零細土地所有について述べたが，「零細地片私的土地所有＝零細農耕」は農村にとどまらず都市へと拡散し，資本・企業の土地所有，さらには都市勤労者の「小規模住宅地所有」へと拡大していった。この都市の「零細地片私的土地所有」(小規模住宅地所有)の種もアメリカによってまかれた。1945年11月24日GHQは「戦時利得の除去及び国家財政の再編成に関する覚書」を発した。特に前者の「戦時利得」は戦時中の儲けと華族等の財産を吐き出させるものであって，1946年3月3日「財産税法」として施行された。10万円以上の時価をもつと目された株・債権・土地は言うに及ばず，骨董品・絵画なども課税対象となった。免税額は10万円，税率は累進性で最高税率90％（申告額が1500万円以上の場合）の，1度限りの徴税による財産没収で，徴税は1946年度からおおむね5年間にわたった。これによって「明治以来，大土地所有に集中してきた都市の土地が一挙に多人数小面積所有に変貌した」[23]という。これに関する資料はきわめて限られているが，土地所有者数を示す固定資産税の納税者数を見ると，戦前1943年の813万人[24]から1957年1804万人[25]へと，納税者は約1000万人も増加している。

経済成長と共に農村から都市へと押し出された農民は労働者となり，この仕組みに巻き込まれた。「狭いながらも楽しい我が家」から「マイホーム」へとキャッチコピーは変わったが，土地付き一戸建て住宅＝小規模宅地所有願望は変わらなかった。住宅ローンの金利は銀行・金融資本を通して賃金の資本・企業への還流＝搾取となった。そればかりか零細宅地所有は「マイホーム主義」となり，土地持ち労働者層を育て，農民と並んで保守政権の支えとなった。

3　企業・資本による土地所有（図8-2中③）

「高度成長」・強蓄積による太平洋ベルト地帯への資本・企業と労働者の集中・集積は地代・地価高騰の強い要因となった。地価高騰・投機が可能となったのは土地の零細性ゆえである。「不」動産でありながら，動産並みの流動性が生まれた。ロンドンのように数人の地主が市街地を所有する状態では，土地の「切り売り」など不可能であろう。地価騰貴は1951年から1990年までおよそ40年間継続した。「土地神話」が語られ，キャピタルゲインは発生し続け，「含み益」経営という経営手法が編み出された。資本・企業は土地を担保・原資に間接・系列金融によって資本を生みだした。それは設備投資などに振り向けられた。本来価値を持たぬ土地が価格を持ち，擬制資本は現実資本に転化したのである。そればかりでなく，土地は投機の対象となり投機利益も生みだした。こうしたことが可能となったのは，おもに次の二つの理由による。第1に有効な制限原理をともなわない土地の「絶対的私的所有権」が認められ，封建領主並みの「土地所有者たるの資格の圧倒的」な優位が保持されたこと。そして第2に不徹底な「農地改革」によって細分化された零細農地と「財産税法」施行による都市の零細宅地は，零細性ゆえに「土地の切り売り」が可能となり，売買の対象になった。それはまた企業・資本の大土地所有にもその「便益」は及んだのである。

以上の1〜3で述べたように，「土地の利用は所有者の勝手」という「地主的土地所有観」は国民意識となり，今日に至るまで払拭されることはなかった。「零細土地所有＝零細農耕」という前近代の遺物，すなわち資本主義的近代農業の未成立が，戦後日本の蓄積・「高度成長」の培養容器となったのである。同時にこれが〈独占資本―中小零細資本―零細農耕〉という〈三層格差

の基層を形成する。この〈三層格差〉を利用した労働者支配は，生産性を高める一方で賃金を低くおさえる役割もはたした。なぜなら，家計補充的であるから低賃金が成りたち，低賃金でも帰ることのできる田舎＝農業があるから労働者はそれを甘受し，過酷な労働にも耐えたのである。しかし低賃金は国民の懐を温めるには至らず，真水としての内需＝「最終民間消費」は制限された。

4 資本による労働力の実質的包摂――「会社人間」育成法と稲作

　戦後日本は朝鮮戦争以降，欧米から最新の技術を輸入・移植し，機械装置を設備した。それらの機械の据え付け時や試運転時に外国人技師らが来日し，指導にあたった。その際外国人技師達は，設計時の計画通りの人数の作業員をそれぞれ配置につけ，それぞれの職務に必要な技術や技能を訓練し，設備稼働にそなえた。欧米では機械装置設計時に要員数および配置を決定し，それぞれの職務（ジョブ）に必要な技能や技術の内容・程度も固定し，それぞれの要件を満たす作業者を配置する。たとえば，旋盤の技能が必要な工程なら「旋盤工」（ジョブ・職務）を配置する。もし必要なら新規に「旋盤工」を募集する。ところがこの場合，日本側では横文字に強い，学習意欲の高い若年層（未熟練工）を中心に配置につけ，彼らを訓練し，すべての作業者がどの作業も習得し，適宜ローテーションする体制をとった。なぜなら戦前来の熟練はもはや通用しなくなり，欧米からの新技術を導入するにあたって，企業は自前で熟練工を育成しなければならなかったからである。

　「試運転が開始され，1週間経った次の月曜日にドイツ人技師が出社すると，プラントのコントロールパネルのところには自分が一度も訓練したことのない作業者が配置についていた。ドイツ人技師は早速プラントの運転を停止させ，工場長に対し，プラントの安全操業に対する責任をとれないと抗議した。長い時間の討議の末，日本では固定的な職務配置はないこと，作業者間で十分に訓練内容についての情報交換がなされたので，既に他の成員でも十分に安全操業が可能であることをドイツ人が納得し，驚嘆した」という。この驚嘆に続けてこのドイツ人技師は次のように述べている。「作業集団内で作業を平等に分担していこう，そのために困難な作業内容についても果敢に取り組もうとする気風が日本の作業者には強く見られるが，その原因のひとつとして米作における

協働と関係があるのではないか……。例えば草刈作業，共同溝の清掃，田植作業など共同作業を行う場合，元来長老から精緻な作業分担の指示など出されず，分業は作業集団内の成員が自発的に他の成員の状況を見ながら役割分担を決めて行動する。その際集団内における自分の技能のレベルを自己判断しながら，しかも作業負荷が物理的に精神的に特定の人々にかかり過ぎないように仕事が配分され，必要に応じてローテーションされる」。[29]

　日本の製造業労働者数は，1970年1057万人，1990年1059万人の二つのピークをもつが，1950年から1970年の20年間で製造業労働者は576万人増加する。これとパラレルな関係で農漁民は694万人減少する。「高度経済成長」が猛烈な勢いで農漁村から労働者を吸い出したのである。戦後日本資本主義は農村における「零細土地所有＝零細農耕」，そこで陶治された労働力という【基盤】がなければ，存立し得なかったのである。

5　日本資本主義の外生循環構造とアジア資本主義

　「零細土地所有＝零細農耕」は戦後日本資本主義の成立・展開における内的要因＝【基盤】である。〈外から〉アメリカの冷戦体制構築という世界プロジェクトの一環として〈上から〉日本政府も関与して，戦後日本資本主義は立ち上げられた。日本はアメリカの冷戦体制に組み込まれ，アメリカの極東工場となることを要請された。アメリカのアジア戦略にとって必要な物資の生産＝供給，内需をはるかに超えた供給能力＝工業生産力が日本に求められた。これはアメリカからの「至上命令」であった。それを是が非でも実現しなければならない。景気後退を含みながらも朝鮮戦争特需から「岩戸・神武」へと1954年12月〜1961年12月の7年に及ぶ好景気・「高度成長」が日本にもたらされた。高度成長による人手不足が農村から猛烈な勢いで農民を労働者として吸いだし，農村は労働力を排出する「労役土壌」となった。それはさらに1965年11月〜1970年7月にわたる「いざなぎ景気（第2次高度成長）」で加速された。けれども，生み出された供給能力は膨大で，一時は企業の設備投資や政府の公共投資という内需で吸収されたが，最終消費である国民の個人消費＝真水としての内需では到底吸収しきれなかった。外需は必然となり，輸出は強制的となる。輸出＝外需が順調であれば比類なき強蓄積・高成長が実現する。日本は輸出を国

是とした経済大国の道を爆走することができる［図8-2（あ）の局面］。だが輸出が不調であれば，停滞せざるをえない［図8-2（い）の局面］。こうして戦後日本資本主義の〈基本構成〉＝〈外生循環構造〉が成立したのである。その【基盤】が零細土地所有＝零細農耕であり，その核心は稲作労働で陶冶された労働力（者）であった。だから，その供給能力が枯渇した時，農業の衰退＝農村の崩壊がだれの目にもはっきりとみえてきた時，「産業の空洞化」，日本資本主義の「失われた20年」が始まったのである。

　資本主義の基本的関係は「資本―賃労働」関係であり，したがって土地所有は資本の活動の追加的モメントにしかすぎない。しかしながらその土地所有を土台とする農業は工業と並ぶ基軸産業であって，人間の存続にかかせない重要産業である。欧州資本主義は成立過程で封建的な土地所有関係を資本主義的なそれに変えつつ，同時に農業資本家は新農法や農業機械で農業を資本主義社会で，ともかくも産業として成立させた。農業革命は19世紀から20世紀にかけて西欧，アメリカ，ついで東欧へと広まった。なかでもアメリカ農業は，工業と並んで資本主義のアメリカ的段階の一翼を担ったといえよう。

　しかし日本では，既述のとおり農業は資本主義的方向には進みえなかった。戦前においては「半封建的土地所有＝半隷農的零細農耕」として日本資本主義の「基柢」となり，戦後においても「零細土地所有＝零細農耕」のまま取り残され，工業への労働力を排出する装置＝基盤として位置づけられたにすぎなかった。これは中耕農業体系に立つアジアの農業・農村に言える。1970年代後半東アジアNICsと言われ，その後もアジアNIESと「再定義」され，経済成長を遂げた韓国・台湾・香港・シンガポールも日本と同様である。アジアNIESは農業，稲作の犠牲のもとで「工業化」を成し遂げた国・地域である。これらの国・地域は，そもそも島・半島・都市国家で自立的な再生産構造など望むべくもない。「労働手段・対象の国外依存（輸入）―加工・組立などの労働力投入―生産物の輸出」という外生循環構造をもつ典型的な国・地域であり，その地域は今や中国・沿海部にまで広がった。主食の穀物自給率を見れば日本28％・韓国30％・台湾32％（カロリーベース）である。これに対して島国イギリスでさえ穀物自給率92％を確保し，他の欧米諸国がいずれも農業大国であることは周知の事柄である。この点からでも日本と東アジア諸国・地域は，経済

構造において欧米とは編成原理を異にしていることは間違いない。工業と農業が相並ぶ欧米資本主義の国内応答的な「自立性」。農業を犠牲にして「工業化（「工場化」と読め！）」し，外需＝輸出を不可欠の構成要素とする外部依存のアジア資本主義の「外生性」。両者を区別する範疇的差異がここにある。これが日本資本主義の「構造」を「外生循環構造」と規定し，欧米資本主義とは異なった範疇のアジア資本主義と規定する根拠である。

V　歪んで「高度に発達した資本主義」の国民的変革

　戦後日本の強蓄積・「高度成長」は，【基盤】【零細土地所有＝零細農耕】で陶冶され排出された労働者（力）を不可欠な構成要素とし，その【基盤】を吸い尽くすことによって達成された，と言ってよい。それは，農業の崩壊，農村の過疎化，限界集落の発生という社会問題となって表れ，「失われた20年」の原風景となっている。同時に都市の零細宅地所有は住宅ローンと高家賃という住宅問題となって勤労者を痛めつけ，「派遣切り＝ホームレス」という人権侵害となっている。そして含み益経営・土地投機利益を「享受」してきた資本・企業は，それが反転して経営基盤を蝕まれている。その「つけ」，「不良債権」を負った銀行の「合併」・「国有化」は，金融不安となって「閉塞感」の表徴となっている。戦後日本資本主義は【基盤】の問題，「土地所有」の問題を先送りできないところにまで来ている。この土地問題は，「ジャパン・シンドローム」の解決の要にある問題ではないのか。日本の国土面積の57％が過疎の危機にさらされ，食糧自給率は40％に低下するという格好で，農業・農村は崩壊の危機に直面している。「ジャパン・シンドローム」「日本病」の病巣は，この「土地所有」問題にある，といってよい。

　こうした認識のもとに，かつてこの問題が理論的に検討されたことがある。「土地制度史学会」1967年秋季大会は，「農業解体における土地所有形態の再検討―農業生産構造・再構成の方向―」と題する「土地国有」論を共通論題として取り上げた。これは戦後日本の変革にとって，この「零細地片私的所有＝零細農耕」問題を解決することなしには先には進めない，という提起だった。1960年代後半，ベトナム特需にのって驀進する日本資本主義の量的拡大（「第

2次高度成長」:「いざなぎ景気」)が根底にある問題を等閑視させ,留保条件付きではあったにしろ「高度に発達した資本主義国」の幻想が現実味をおび始めてくるなかで,土地制度史学会は,農業の再編を基礎に自立的国民・民族国家の枠組みの経済(再生産)を展望するべきだ,と提起した。それが土地制度史学会67年秋の共通論題「土地国有」の提起〔補論1参照〕である。山田盛太郎は,次のように述べている。

　農業における「資本主義的大経営が破産してくるこの段階に日本の零細地片私的所有(平均8反歩)——それは科学技術を排除し,土地の独占的所有によって地代の障壁をつくり出し,また孤立性が原則(中国の場合の連帯性に対し)である——でやっていくことは無理である。……土地国有化を,私有からの脱却としての農民自身が決定してゆくところのもの・零細地片私的所有を農民的土地所有に高め,さらに全農民的土地所有——全人民的土地所有にまで至らしめるもの……としてとらえる旨を明らかに」[30]したのであった。

　だが,その展望を切り開くには,現実は厳しかった。図8-4を見るとそれがよくわかる。山田盛太郎が土地国有を提起した1967年時点においては,零細性の壁を打破する「経営改善=拡大を促し,日本農業の構造上の型の高度化」を「指向」する「技術的基礎」は準備できてはいなかった。この時点で水稲耕作の機械化は確立しておらず,単婚家族労働を前提とした手作業による水稲耕作の限界,最大「1.5町歩」の壁は,「土地国有化」の展望をさえぎる高い壁となっていたのである。農民の自主的な協働・共同化の道も「手作業」によるかぎり,その限界を乗り越えることはできない。この点は土地制度史学会の共通理解・認識であった,と思われる。保志恂は大会に先立つ準備研究会(1967年6月)で,「共同化と私的零細土地所有との矛盾の問題」についてふれ「現段階ではいまだ大規模農業としての農業技術上,経済収支上の優位を確立するに至っていないこと」[31]を指摘している。

　零細性打破の「機械化体系」の確立は,「1984年水稲耕作面積の95%が田植機による田植」となった1980年代以降のことであろう[32]。限界面積1.5町歩の壁・「零細土地所有=零細農耕」が打破され,大規模農業の技術が確立するには,この「土地国有化」提起からさらに20年の歳月を待たなければならなかったのである。

図8-4 農民の「土地持ち労働者」化としての「機械化」主要農業機械普及台数推移

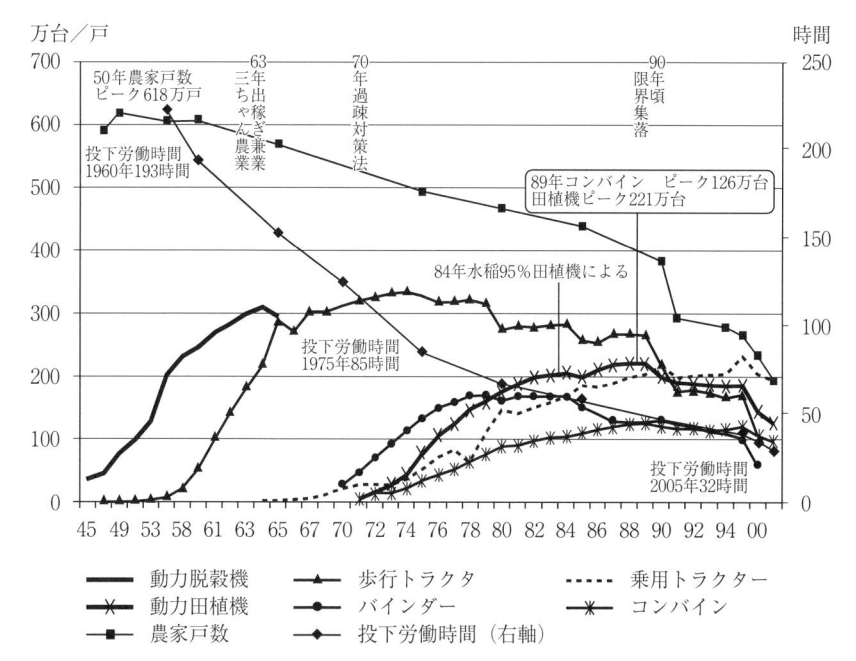

[図：1945年から2001年までの農業機械普及台数と投下労働時間の推移グラフ。主な注記：50年農家戸数ピーク618万戸、63年三ちゃん出稼ぎ農兼業、70年過疎対策法、89年コンバインピーク126万台・田植機ピーク221万台、90年頃限界集落、投下労働時間1960年193時間、投下労働時間1975年85時間、84年水稲95%田植機による、投下労働時間2005年32時間。凡例：動力脱穀機、歩行トラクタ、乗用トラクター、動力田植機、バインダー、コンバイン、農家戸数、投下労働時間（右軸）]

注）(1)「農家戸数」と「投下労働時間」については，データの関係で当該年以外の直近の年を当該年とした年もある。
(2) グラフ作成にあたって，データの空白を補うために「移動近似曲線」を用いて補充した。
(3) 左軸の単位は万台／戸，右軸単位は10アール（1反）当たり作業時間。

出所）(1)『農業機械年鑑（2010年版）』（新農林社，2010年，64頁）。
(2)『男女共同参画社会（平成17年版）』「第1-序-9図稲作10アール当たりの投下労働時間の推移」http://www.gender.go.jp/whitepaper/h17/danjyo_hp/danjyo/html/zuhyo/fig01_00_09.html（11/04/04）
(3)「7-1 専業・兼業別・経営耕地規模別農家数」『日本統計年鑑（平成22年版）』http://www.stat.go.jp/data/nenkan/07.htm（11/04/04）

しかし，この「土地国有論」提起の持つ意味は大きい。先ほど触れたように「第2次高度成長」「いざなぎ景気」が，根底にある「零細土地所有＝零細農耕」問題を覆い隠し，ここから生成する大企業・独占資本とそれ以外の企業の格差（例えば賃金や生産性の格差を始めとする支配隷属関係）が放置されたままとなる。そして基底にあってその格差を作り出し固定化する役割を果たしている「零細地片私的所有＝零細農耕」が温存され，「三層格差＝系列編成支配」の貫

徹が許されることになる。同時に「この関係はまた工業の方から言ってもやはり排除されなければならないが、この循環を断ち切り、農業が他産業と肩を並べてゆくには土地国有化以外にないのではないか、またそうしなければ一方で低賃金の基盤を温存し、他方では膨大な中・下層農民の累積する窮乏化を見殺しにする」ことになる。工業と農業の両立する経済構造（再生産）の確立こそが肝要であり、日本の民主的な変革を展望する上で、その理論を打ち固めておく必要がある、と山田らは考えた。土地国有化（農民的土地所有→全農民的土地所有→全人民的土地所有）という展望のもと、「零細私的土地所有＝零細農耕」という農業構造の止揚、産業として成り立つ農業の確立を提起したのである。[33]

　しかし1960年代半ば以降、日本は「輸出大国」の道を驀進し、1970年代半ばからの「重厚長大から軽少短薄」へと「産業構造転換に成功」（「ME自動化＝合理化」）し、「高度に発達した資本主義」国日本はいよいよ現実味を帯びてくるようになる。「成長」の現実は、農業の衰退・解体などの「心配」を社会の片隅に追いやった。だが「失われた20年」の現実は、その「心配」を今、世の中のまん中に引きずり出した。派遣労働者は「派遣切り」に遭うと、とたんに住居を失いネットカフェ難民からホームレスに「転落」する。住所・「住民票」がないから正規雇用者にはなれない。多くの勤労者が住宅ローンの支払いと家賃の支払いに苦慮する。土地と住宅に関する悲喜こもごもの「声」が新聞の投書欄にのる。とともに、食料自給率40％が示す農業の衰退は、目を覆うばかりだ。「過疎地域」が国土面積の6割に広がり、「限界集落」や「耕作放棄地」は、時代を語るキー・ワードになっている。こうした現実は、日本が欧州並みに「高度に発達した資本主義」国ではなかった、ということの証明ではないだろうか。冷戦の脅威のもとで「歪んで発達した資本主義」日本国の地金（じがね）、「歪み」である「制限原理を伴わない土地所有」、その根源にある「零細土地所有＝零細農耕」という「歪み」が社会の表層にしみだしてきている。「経済成長」という「良薬」によって発症が抑えられ深層に潜んでいた病巣が息を吹き返し、日本社会を今むしばんでいる。

　今や、この土地の問題の解決＝病巣の切除は喫緊の国民的課題であり、戦後日本資本主義の国民的変革の第一歩であろう。山田盛太郎の「土地国有論」提起の意義を再考する必要がある。第一に国土の荒廃を阻止しなければならな

い。そのためには農業の再構築が不可欠である。「土地国有化」を，私有からの脱却として農民自身が決定することを前提として，「零細地片私的所有を農民的土地所有に高め，さらに全農民的土地所有――全人民的土地所有」へ，という長期的展望を打ち立てる必要がある。こう見通したうえで，農地の共同利用も含め土地使用・耕作権の優位性を確認し合いながら，零細性の壁を打ち破り「経営改善＝拡大を促し，日本農業の構造上の型の高度化」を「指向」する。農業機械化体系を利用しながら生産性の向上を目指す。そうしても，工業と相並ぶ農産物の「国際競争力」保持はかなり難しいであろう。

　為替相場一つとってみてもそのことはわかる。円の対ドルレートはこの40年間でおよそ4から5分の1に切りあがった。つまり海外の農産物に対抗するためには生産性を4から5倍化する必要がある。このことは，工業製品ならいざ知らず，自然条件に依存する農産物ではとうてい無理である。農業の産業としての自立のためには，そして国土保全のためには適切な国家による農業補助・保護政策が併用される必要がある。こうして農業の産業としての自立を追求しつつ，土地に対する私権の制限を強化し，「地価は下がらぬ」などという「土地神話」を打破し，土地投機利益などという「不労」ならぬ「不正所得」が発生しないような仕組みを作ることが肝要である。それはまた都市部の土地問題の解決にとっても必須である。

　ヨーロッパ諸国の場合，土地に対して厳しい制限が課せられており，日本のように土地投機が発生することがかなりの程度規制されている。イギリスでは，ドラスティックな土地革命がなかったため，今日でも大土地所有制が存在している。たとえばロンドン市街地はわずか4人の地主が所有しているといわれるが，「中心部ウエスト・エンドの大部分はクラウン・エステイト（crown estate）として皇室財産のようなもの」となっている。「土地は建物と一体と評価され，しかもその実質的な価値の殆どは建物にあり」，建物は古くなっても減価せず，「税法上も減価償却はない」。さらに，「『都市農村計画法』とその運用である開発計画許可」が厳格であり，許可の得られない，「将来も得られそうにない土地は，たいした価値をもたないとみなされ」ている。したがって，「土地を価値の増殖手段や保蔵手段」として所有する考え方はなく，土地と建物は一体のものであり，流動性を高めるため土地を切り分け売却するという発

想などもない。結局「不動産は，rentをどれだけ稼げるかという視点から他の資産と同じようにみなされている[35]」。

こうした「相対的土地所有」に基づくイギリスに対して，日本と同じ「絶対的土地所有権」の考えにたつドイツでは，どうであろうか。ドイツにおいては市町村（ゲマインデ）によって「都市計画が策定され，その計画によって個々の土地の利用の仕方が決定されない限り，土地所有者は自らの土地といえども建築することができない。……建築する自由は，……土地所有権に含まれていない[36]」。ドイツにおいて土地所有はたしかに「絶対的土地所有権」として確立しているのであるが，それは「私的土地所有権の絶対性に対する制限原理（都市計画等による実質的制限）を十分に伴って展開」しているのである。これに対して日本では，土地は「公共財であることとの関連における制限原理を伴わない私的所有権の絶対性の概念として確立して[37]」しまった。

「日本の場合，都道府県知事により一定の要件に従って都市計画区域が指定され，当該地域はさらに，開発の抑制を目的とした市街化調整区域と開発予定地とされた市街化区域に二分される。かかる手続きを経て，開発予定地とされた市街化区域は8種類の『用途地域』に色分けされた上で，各『用途地域』毎に各々の建設禁止項目が列挙される。あとはただ，建築基準法に従って建物の物理的安全・日影時間・容積及び建蔽率等の技術的な規制を加えてことたれり，とされている。これが，我国の都市計画の現実である。そこでは，私権の制限は絶対的なタブーであるから，《建築の自由》が基本原則である。

これに対して，名称は同じ都市計画（Stadtplanung）であっても，西ドイツにおける都市計画は，その手法も，目的も，我国とは全く異なる。その特徴を標語風に要約すれば，『自治体の都市計画なくして建築なし』である。都市自治体（Stadtgemeinde）の都市計画権の発動が，あらゆる私人や私的資本の建築計画，さらには国家や都市自治体自身の建築計画に先行し，優先する。諸個人・諸企業や国家等の土地所有者は，都市自治体の都市計画によって始めて建築する権利を実現することができる。こうした手順が厳密に実施される以上，西ドイツにおける土地所有権には，事実上『建築する自由』が含まれていない。都市計画が始めて建築権というものを土地所有者に与えるのである[38]」。

建築の自由という土地の自由な利用権を含まぬ私的所有権の実体は，事実上，

土地の都市自治体所有であり，公有という意味での社会的所有である。たしかに，西ドイツの土地所有権は，形式的には日本と同様，ローマ法以来の絶対的所有権のカテゴリーに属し，土地の占有権のみを認める英米の土地所有とは区別されるものである。だが，同じ絶対的所有権の系列に属する西ドイツの土地所有権が，日本の土地所有権と決定的に異なる点は，土地所有権が都市自治体の都市計画権に完全に従属している点である。かかる土地所有のもとでは，地価が土地利用のあり方を決めるのではなく，計画が利用を決め，それが地価を規定するのである。このように，「都市計画の決定→土地区画の利用内容の決定→各区画の地価の決定という論理の運びは，一見して明らかなように，新古典派の価格理論に依拠した，日本における地価と土地利用との因果関係とは逆である。ここから一つの重大な命題が引き出されることになる。即ち，土地所有権が都市の土地利用計画権に従属している限り，土地投機の追認たる取引事例主義による地価決定——日本の公示価格の決定原理——が，入り込む余地はなく，地価は土地の収益を平均利子率で除した値を基準に，収益還元方式で決められる」(39)。

戦後日本の変革と揚棄の見通しは，資本と土地所有の両側面から迫っていかねばならないだろう。その結節点にある問題が「零細土地所有＝零細農耕」である。零細土地所有は資本・企業の大土地所有と表裏の関係にあるが，それらを「制限原理」のもとに置き，また同時に農業と工業のバランスのとれた自立的経済（再生産）構造の形成を目指す。この国民経済は，日本・朝鮮半島・中国という東アジア生活経済圏・共同体成立の展望と共にあるだろう。

〔補論1 「土地公有」論〕

こうした土地問題を戦後日本資本主義の根本問題におくという考え方は，特異な見方なのだろうか。「国民的作家」ともいわれた司馬遼太郎とこれまた「経営の神様」といわれた松下幸之助は対談のなかで次のように意見を述べている。司馬は「(私は) 社会主義社会を熱望したり，資本主義を擁護したりしようとは思っていません（笑）。しかし，いま私が住んでいる国は資本主義だということだそうですが（笑），こういう土地投機で成立している体制が資本主義かという，居住環境への痛烈な不満があります。むしろ，主権在民の憲法

下において土地は人民の公有にして,それぞれはその使用権を得るという原則が確立しなければ,資本主義さえ成立しないのではないかと思います」。これに答えて松下は「土地は製造販売するというわけにはいきませんわ,……私有制を認めても,土地の本質は公有物であるという意識に立たんといかん」。対談は1976年8月特大号の『中央公論』に収録されたものである。時は1971年ニクソン・ショック,1972年田中角栄「日本列島改造」,1973年第2次地価高騰・石油ショックの激動期であり,対談の行われた1976年は暴落した地価が社会問題となっていた時代である。それから4年後の1980年に出版された文庫版『土地と日本人,対談集』「あとがき」で司馬は次のように述べている。

「戦後社会は,倫理も含めて土地問題によって崩壊するだろうと感じはじめてから,十数年経った」が,土地所有権という権利思想の万能性を人々が疑う「ころには,すべて手遅れになってしまっているのではないか」。

こうした司馬の「土地公有」の考え方をもつ者は,保守の政治家の中にもいないわけではなかった。列島改造の後遺症で地価下落が社会問題化し,不況対策が求められていた頃,宮沢喜一は次のように政策提言をしている。生活水準の保障は年金,失業手当などの公的扶助(所得保障)で行うべきだが,「同時にそれを補完するものとして,国民生活に不可欠な一定範囲での公共サービスを国が無償,または市場経済におけるより低廉な価格で給付」すべきである。宮沢はその筆頭に「大都市における土地」をあげている。「たしかに土地は本来『私有財』である。しかし私的財ではあっても,その私的な所有や利用が,社会的需要と甚だしく利害の対立を生じるような場合には,政府は前に述べた近代国家の『資源配分』の責務に従って市場機構に介入する必要がある」。

土地問題を抱えた日本の資本主義は,正常な資本主義ではなく,正常な資本主義になるためには土地を公有するしかない。司馬はこう論じた。司馬の主張は,明治の頃の「正常」な日本に戻れ,とでもいうべき懐古趣味的な主張・歴史観ではあるが,それでも彼一流の直感で日本の本質を見抜いていた,と言えないだろうか。「戦後社会は,倫理をもふくめて土地問題によって崩壊するだろう」。文庫版「あとがき」に司馬はそう書いたが,およそ20年後その予感は的中した。司馬に言わせれば,「失われた20年」は"正常に戻らなかったつけを日本は負わされている"ということになる。

それにしてもおかしいのは，あれほど毛嫌いしていたマルクス主義者・山田盛太郎と戦後日本資本主義の根本にある問題について，ある意味で認識を共有していた，ことである。両者は，戦後日本資本主義の問題点を土地制度に置き，その解決を「公有」「国有」においていた。しかし決定的な違いが存在する。その違いは，この土地国有を既存の資本主義の枠組みを前提として実行するのか，それともその枠組みを打破する方向で行わざるを得ないのか，と見る点にある。司馬は資本主義の枠組みを大前提として，土地国有を実行し正常な資本主義に戻れ，と主張した。しかし個性を失えば「人」は「その人」ではなくなる。物質は本質を変えればその物質ではなくなる。戦後日本資本主義の本質はこの「零細地片私的所有＝零細農耕」にあるのであって，これこそが戦後日本資本主義を日本資本主義たらしめているのである。日本資本主義の個性＝本質，すなわち土地所有形態「零細地片私的所有（＝零細農耕）」を消滅させ「土地国有」を実現させれば，戦後の日本は，資本主義ではなくなっていく。司馬が愛した「明治の正常な資本主義」は遠のく。

　いずれにしても，この本質規定を看過した「経済大国日本」「高度に発達した資本主義」という戦後日本資本主義の見方は大勢になっていった。誰もがそれを疑わないのも無理はない。図8-1にみられたとおり，第2次世界大戦後の日本の経済成長の伸びは他の先進諸国を圧倒していた。しかしこのGDPの大きさ，成長のスピードだけに目を奪われていては，やはり本質は見えてこない。それはちょうど，昭和初期，1920年代後半，困窮に苦しむ農村の惨状を見ずに，大震災から復興の進んだ「帝都・東京」に暮らすモーガ，モボと呼ばれた人たちが，自分たちはアメリカやヨーロッパの人々と同じ生活をしている，と思ったのと似ている。

〔補論2〕戦後「従属―自立」論争と「土地国有」論
　日本共産党は1955年7月に開かれた第6回全国協議会で武装闘争を放棄し，党の統一回復を目指した。その後，1958年の第7回党大会を経て，1961年7月の第8回党大会で，統一戦線に基づく反帝・反独占の民主主義革命を経て社会主義革命を達成する，という綱領を採択した。そうした党綱領確定作業の中で，共産党は1957年秋「党章草案」を提起し，広範な議論を呼びかけた。その文章

中の「綱領の草案」で共産党は「現在，日本を基本的に支配しているのは，アメリカ帝国主義とそれと従属する同盟関係にある日本の独占資本であり，わが国は，高度な資本主義国でありながら，アメリカ帝国主義になかば占領された事実上の従属国となっている」と，規定した。これをめぐって党内外からはげしい論争が巻き起こった。論争の焦点は，党章草案が，「アメリカ帝国主義」の存在を重視し日本を「対米従属」国と規定している点であった。これに対して，批判者たちは，1951年のサンフランシスコ講和条約の締結，アメリカの占領終了によって日本の国家権力を握るものはあくまで日本の「独占資本」であると見なし，「アメリカ帝国主義」の支配は，日本独占資本・政府のとる対米従属「政策」にすぎない，と批判した。その後論争は1960年の安保改定問題，中立の問題，「二つの敵」問題など，さまざまな論点が加えられながら行われた。

「自立―従属論争」は経済的側面から見れば，日本資本主義の"従属性"と"自立性"の評価をめぐる論争であったが，次第に自立的側面の評価が高まるにつれ，「日本帝国主義復活論」と結びつき，「自立―従属論争」は，「帝国主義復活論争」へと発展していった。たしかに，1965年ベトナム戦争へのアメリカ軍の直接的介入を契機に，日本は「岩戸景気」と言われる「第2次高度経済成長」を見る中で，貿易も黒字になり，従属論の立場に立つ論者も，「従属」という留保条件を付けつつも，日本は「高度に発達した資本主義国」との理解に立つようになり，この認識は共通のものとなっていった。

こうした時代を背景に置きながら，土地制度史学会は，1967年秋季大会において「農業解体における土地所有形態の再検討―農業生産構造・再構成の方向―」という共通論題を掲げた。山田盛太郎が世上かまびすしく論議されている「従属―自立論争」を知らないはずはない。しかしこれに関して一切発言しなかった，という。なぜか。

山田の考えは以下のようなものであったに違いない。それは，日本が「アメリカに従属しているか，自立しているか」という議論をする前に，日本の変革と揚棄にとって，どうしても避けて通ることのできない課題，根底にあり乗りこえなければならない問題がある。それは「零細土地所有＝零細農耕」の問題である。この問題の解決なしには先には進めない，との認識を山田はもっていたに違いない。事実，戦後一貫して大企業の小零細に対する生産性は，ほぼ

2.5倍であり，ここから生ずる賃金格差もほぼ2倍となっている。そして基層にある農民の所得・農業所得は，さらにその半分から3分の1にしか過ぎない[46]。「従属か自立か」の議論は，その格差をみすごし，それを温存させ固定化させることになる。その議論は「零細地片私的所有＝零細農耕」を温存させることになる。いわく「この関係はまた工業の方から言ってもやはり排除されなければならないが，この循環を断ち切り，農業が他産業と肩を並べてゆくには土地国有化以外にないのではないか，またそうしなければ一方で低賃金の基盤を温存し，他方では膨大な中・下層農民の累積する窮乏化を見殺しにする」[47]ことになる。1960年代後半「第2次高度成長」「いざなぎ景気」が根底にあるその問題を覆い隠し，日本が曲がりなりにも欧米に近い「高度に発達した資本主義国」であるという錯覚が生みだされていった。

さらに山田はその先にある，日本の変革・揚棄を見据えていたに違いない。それは，工業と農業の両立する自立的国民国家内での経済（再生産）の構築であり，それこそが日本の民主的な変革の展望なのである，と。少なくともその見通しへの理論的な可能性・展望を今打ち固めておく必要がある，その最後のチャンスである，と山田は考えたに相違ない。「土地国有」論の提起は「従属＝自立論争」に対する，山田盛太郎の参加であり，回答だったのである。

(1) 「就職安定資金融資制度」は，2008年12月創設，2010年9月末日をもって廃止された。廃止の理由は「不正受給」が頻発したためと思われる。厚生労働省ホームページ，就職安定資金融資制度の廃止等について，http://www.mhlw.go.jp/stf/houdou/2r9852000000ajtp.html（11/02/25）
(2) ここで「零細」としたのは，日本の耕作面積とそこから導かれる労働の特殊性をはっきりさせるためである。一般的には，「小農」とは主として家族労働力によって農業を営み，しかも農業所得だけで家計を維持できるような農民をさす。しかし，「アメリカのファミリー・ファーム（family farm）のような200〜500ヘクタール規模の経営体と，ヨーロッパの50〜80ヘクタール規模の経営体と，零細農耕とを同一視することはできない。零細農耕は，中国，朝鮮，日本など，東アジアに一般的な経営体である。それ故，家族経営という概念も，アメリカ型（植民地・企業型），ヨーロッパ型（小農・農民的分割地所有），東アジア型（零細農耕）とは区別して考察すべきであろう」（保志恂『現代農業問題論究』御茶の水書房，2000年，201頁）。作物や農法の差異はあるが，農家1戸当たりの平均耕作面積1ヘクタールでは，封建的束縛から解放され家族で経営しても，農家は家計を維持できず，自立し得ない。事実，戦前においては自作農であっても養蚕・賃機織の副業や子女の労賃が，戦後にあっては兼

業が家計を支えたことは，周知の事柄である。すなわち小農との範疇的差異を明確にするために，「零細」農とした。

(3) 1950年代から60年代にかけて人口は3大都市圏に大量移動し，山村や離島では急激かつ大幅に人口が減少した。これによっていわゆる過疎問題が引き起こされた。1970（昭和45）年に「過疎地域対策緊急措置法」が制定されたが，この法律の制定は過疎の社会問題化の道標であろう。2010年4月1日現在では，過疎の市町村数（過疎地域）は，全国1727市町村のうち776市町村（44.9％）で，国土面積の57.3％に達している。

総務省ホームページ「過疎地域自立促進特別措置法の概要」，http://www.soumu.go.jp/main_sosiki/jichi_gyousei/c-gyousei/2001/kaso/kaso_gaiyo.html（11/02/25）

(4) 国土交通省が過疎地域と指定している6万2273集落を対象に行った2006年調査では，「10年以内」，もしくは10年以内ではないとしても「消滅の可能性のある」集落が全国で1万1502集落（18.5％）に達している，と述べている。前掲ホームページ「国土形成計画策定のための集落の状況に関する現況把握調査（図表編）」，http://www.mlit.go.jp/kisha/kisha07/02/020817_.html（11/02/25）

(5) 宮城県農業センター（現宮城県農業・園芸総合研究所）「稲作における機械化体系シミュレーションシステム（pdfファイル）」，http://www.pref.miyagi.jp/res_center/3laboratories/spread/no74/sankou/農セ-稲作機械化シミュレーション（参74).pdf（11/08/13）によれば田植作業可能日数は17.25日である。また民俗ではあるが，長野県北佐久地方，兵庫県但馬地方，岡山県上房郡などでは夏至より11日目を半夏生または半夏といい，田植はこの日までに終わらせないと，「半夏半作」といって収穫が半減するという言い習わしがある。また熊本県阿蘇地方では，夏至のことをチュウという。「チュウはずらせ半夏は待つな」といって，田植は夏至よりすこしあとに，半夏を過ぎないようにとの言い伝えがある。民俗では田植の適期は11日である。稲の品種改良以前では，この期間が田植に適する期間であったろう，と推測される。

(6) 「村落社会では古来共同労働を組むうえで一定以上の労働力が要請され，一人前の標準作業量をはっきりと設ける場合が多かった。その標準量を一人役，一手役，ワッパカ仕事などとよび，農作業をはじめ各種作業についていちいち男女別に1日どれだけと決めた所も珍しくない。たとえば，男は田打ちならば1反（10アール），物を背負う力では四斗俵1俵（約60キロ），女は男の半人前から7，8分で，田植ならば7畝（7アール），機織りでは1反（鯨尺で約8.5メートル）といったぐあいであった。農家の奉公人や職人の徒弟などにはその作業量がとくに厳しく求められた」。竹田旦「一人前」（『ニッポニカ』小学館，2001年）の項。

(7) カンリウ工業（長野県）から「人力1条稚苗田植機」（関口正夫発明）が1965年に発売された。農林水産技術情報協会，http://www.afftis.or.jp/nouki/ki210.htm（11/03/25）

(8) 井関農機から「二条刈取歩行型自脱式コンバイン」が1967年に発売された。農林水産技術情報協会，http://www.afftis.or.jp/nouki/ki214.htm（11/08/11）

(9) 保志恂，前掲書，203頁。

(10) 以下の二つのパラグラフは，葉山禎作「近世前期の農業生産と農民生活」（『岩波講

第 8 章　ポスト冷戦と日本資本主義の戦後段階　217

　　座，日本歴史11，近世3』岩波書店，1976年）173-211頁の記述を参考にした。
⑾　零細耕作農法の出現と耕地面積の増大は，農業生産の飛躍的発展と同時に，それまで在地の小領主や有力農民のもとで，奴隷に近いような状態におかれていた下層農民たちの自立をもたらした。それどころか，急激な新田開発に必要な労働力として百姓が不足するという事態さえ起きた。例えば尾州徳川家（名古屋藩）が開発した入鹿池の新田開発には，既にそれまでの他の新田開発のために余っていた労働力がほとんど吸収されて，入植する百姓がいなくなってしまった。「困り果てた藩は，寛永12年（1635），次のような百姓招致の高札を掲げて百姓の調達にとりかかった。……御領分并他国他領之如何様之重罪たりといふとも，其咎を免許被下置候間……すなわち『今度，入鹿溜池ができ，それを水源として大量の新田が切り起こせることになった。尾州領の者はもちろん，たとえ他国他領の者でも，またどんな重罪を犯した者でもいいから，もし新田百姓になりたい者がいたら，呼び集めてくるように』というのである。幕府は寛永14年（1637）10月に『新田百姓になろうという者は先の住所をよくよく調べ，たしかな者のみそれを許可するように』と指示している（大石慎三郎『江戸時代』中央公論新社，中公新書，1977年，54-55頁）。近世初頭の大新田開発ブームが引き起こした労働力不足がいかに深刻なものであったか，がよくわかる。
⑿　山野の草・樹木の茎葉を緑のままで水田や畑に敷き込むこと。また，その材料をさす。地力維持の重要な手段の一つ。
⒀　保志恂，前掲書，202頁。
⒁　前掲書，202頁。
⒂　葉山禎作，前掲書，190頁。
⒃　「作徳」とは地主が小作人に小作させた場合，小作人から取る小作米のことである。
⒄　在村の大百姓でもある村役人を通じて，一村ごとに年貢・諸役をまとめて上納させる村請制である。だが，こうした百姓・農民の生産力拡大の努力の成果である剰余（労働）部分を確保しようとする対領主闘争は，百姓一揆となって現れた。その結果，18世紀前半の享保・宝暦期（1716—64年）には年貢量は頭打ちになり，年貢の取り立て方法は，定額・定量を徴収するシステムである定免法が一般化した。このことがまた日本農業の労働集約性をいっそう推し進めた。収量が増加すれば，その分は農民のものになるからである。
⒅　大石慎三郎『徳川吉宗と江戸の改革』講談社，講談社学術文庫，1995年，92-93頁。
⒆　「小作争議」『日本史辞典CD-ROM版』（岩波書店，「小作争議」の項）。
⒇　日本学術会議，日本の展望委員会，個人と国家分科会「現代における《私》と《公》，《個人》と《国家》――新たな公共性の創出」（日本学術会議ホームページ，2010年）http://www.scj.go.jp/ja/info/kohyo/pdf/kohyo-21-tsoukai-11.pdf（11/08/15）
　　1919（大正8）年に，「都市計画法」および「市街地建築物法」が制定され，国レベルの統一的な法制度が初めて確立された。しかし1930（昭和5）年当時，用途地域が決定されていたのは97都市計画法適用都市のうち27都市にすぎず，かつ「工業地域」といえども危険度の高い工場と住宅の混在を現状のまま認めるなど，土地利用規制はないも同然であった。
㉑　山田盛太郎「農地改革の歴史的意義」（『山田盛太郎著作集，第4巻』岩波書店，

1984年，3頁）。引用箇所の〔　〕は山田のもの。
(22) 山田盛太郎「農地改革の意義」（『山田盛太郎著作集，第3巻』岩波書店，1984年，182-183頁）。
(23) 日本の土地百年研究会編著『日本の土地百年』大成出版社，2003年，120頁。
(24) 1943年の納税者数は後の「固定資産税」にあたる「地租」の納税者数。国税庁『国税庁統計年報書，第100号記念号』（国税庁，1976年，89頁，国会図書館請求記号DT772：56）。なお「地租課税状況」の表において，地租の納税者数は1937（昭和12）年から1948（昭和23）年までの間は，唯一1943年の記録があるのみで他の年度は空白。戦時であること，また戦後は財産税の徴税によって地租の納税者数を確定できなかったものと思われる。
(25) 総務省自治税務局『地方税に関する参考係数資料，昭和42年度』（同局，1967年2月，18頁），同平成19年度，36-37頁，http://soumu.go.jp/czais.html（2007/07/18）。また別な資料として，自治省税務局固定資産税課『固定資産の価格等の概要調査，昭和49年度』（同課，謄写版，1975年，頁数なし，国会図書館請求記号DG252-14）。
(26) たとえば3000万円の住宅ローンを，30年返済，金利5％の条件で組むと，金利は2800万円になる。
(27)

注表　農民所得の農外所得の割合

単位：千円

		1965	1970	1975	1980	1985	1990	1995
農業就業者1人当所得	a	409.0	854.7	2421.6	3826.4	4826.8	6347.6	5487.1
同農業		196.3	311.7	812.8	807.0	934.6	1118.4	1041.4
同農外	b	212.7	543.1	1608.8	3019.4	3892.1	5229.2	4445.7
農外所得の割合	b/a	52.0%	63.5%	66.4%	78.9%	80.6%	82.4%	81.0%

注）農業就業者1人当たり所得の1995年の数値は1993年の数値。
出所）農林統計協会『農業白書付属統計表』各年版（農林統計協会，各年版）。

(28) ベルリン科学センター・雇用職業総合研究所『技術革新と労働の新時代』第一書林，1988年，130頁。
(29) 前掲書，130頁。
(30) 「会報，1967年秋季学術大会・総会について」『土地制度史学』第38号，1968年1月，73-74頁。
(31) 前掲論文，66頁。
(32) 専門家の意見は以下のとおりである。「1970年代に入るとトラクタ，田植機，バインダ，コンバインを中心とする中型機械体系が形成され……1980年代には10アール当たり30時間程度にまで減少……中型機械体系はわずか10年という短期間で全国ほぼすべての稲作経営に普及」した（梅本雅「稲作機械化技術の展開と課題」『食農と環境』No2，2005　JULY，62頁）。http://spia.jp/html/journal/200507/P062-071.pdf
「日本農業の機械化は今（論文掲載時点1983年―涌井）や機械化『一貫』体系段階をむかえていると見ることができる」（柳田泰典「機械化『一貫』体系と農民の労働力能，上」『北海道大学教養部紀要』42号，1983年3月，10頁）。http://eprints.lib.hokudai.ac.jp/dspace/bitstream/2115/29265/1/42_P109-123.pdf（11/04/08）

㉝　論点開示において山田盛太郎は「学会の立場から問題を基礎的・理論的に取り扱う」ことを冒頭に強く要請し，「論理を展開する場合に種々関説するところがあるとしても，その報告ないし発言によって傾向を云々することなきよう願いたい」（「会報，1967年秋季学術大会・総会について」『土地制度史学』第38号，1968年1月，72頁）と，折から進行中の「従属―自立論争」〔補論2参照〕に距離を置くことを求めたのである。

㉞　肝心なことは変革が農民の農民による農民のための農業改革でなければならない，ということである。たとえば島根県の「農地利活用・耕作放棄地解消の取り組み事例」において，「農地を面的集積して耕作放棄地を解消」した出雲市・美談営農組合や「集落営農組織の力で耕作放棄地を復旧」した雲南市・三刀屋六重集落営農組織の事例，http://www.pref.shimane.lg.jp/industry/norin/nougyo/seido/zirei.html （11/08/15）など，その豊かな発想と実践例を見れば，この力こそが変革の原動力であることがわかる。

㉟　このイギリスの土地制度に関しての叙述は，総合開発研究機構『土地に対する基礎研究，日本の土地はどうあるべきか』（総合研究機構，1993年，90-91頁）に依拠している。

㊱　広渡清吾『二つの戦後社会と法の間，日本と西ドイツ』大蔵省印刷局，1990年，179-180頁。

㊲　田山輝明『ドイツの土地住宅法制』成分堂，1991年，70頁。

㊳　広渡，前掲書，180頁。

㊴　山本孝則『不良資産大国の崩壊と再生』日本経済評論社，1996年，244頁。

㊵　司馬遼太郎『土地と日本人，対談集』中央公論新社，中公文庫，1980年，257頁。

㊶　前掲書，258頁。

㊷　前掲書，292頁。

㊸　宮沢喜一「政治現場からの試論，基礎的需要の設定について」『中央公論』1974年7月号，77頁。

㊹　前掲論文，79頁。

㊺　日本共産党中央委員会『前衛』57年11月号，引用文は日本共産党『日本共産党の60年，上』新日本出版社，新日本文庫，246頁。

㊻　拙著『戦後日本資本主義の根本問題』大月書店，2010年，69頁の表4-1参照。

㊼　「会報，1967年秋季学術大会・総会について」『土地制度史学』第38号，1968年1月，74頁。

第9章　アジアの「工場化」の歴史的意味と人類の未来

I　コピー生産としての急速なアジアの「工場化」

　初めて腕時計を買って貰ったのは，中学の入学祝だったが，手首に時計を巻くと大人になったような，妙な気分になった。耳に腕時計を押し当て，コチコチと聞こえる機械音に正義さえ感じた。「いま何時頃だろう」と呟いてから，自分の腕時計を見る。級友も当初はみな似たようなもので，自分の腕時計を誇らしげに見せ合って騒いでいた。腕時計が入っていた箱も，ビロードがなんとも高価そうで，勉強机の引き出しに長い間しまいこんでいた。当時，入学祝に贈られた腕時計は4000円くらいだったのだろうが，その年1959年の国家公務員初任給は9200円，中学の入学祝は相当高価な贈り物だったわけである。しかし高級精密機械の代名詞だった時計も，一部の高級品は別として，いまや雑貨となってしまった。このようなことは，何も時計に限ったことではない。同じ頃，電気冷蔵庫（三洋SR-350）は重量70キログラム価格6万9000円で，先ほどの初任給の7.5カ月分であった。ところが2004年，ほぼ同型の冷蔵庫（同社SR141-K）は，重量33キログラム価格2万6900円で，価格は国家公務員初任給20万1000円の7ないし8分の1である。製品価格を初任給で除した，いわば「初任給価格指数」で表すと，電気冷蔵庫は約50年間で50分の1になった。同様にカラーテレビをその「指数」で示すと，420分の1となる。こうしたドラスチックな価格破壊（「価値革命」）はマイクロ・エレクトロニクス技術関連商品全般に言えることである。その最たるものはパソコン[1]であろう。冒頭であげた腕時計もそうした商品のひとつであるが，価格破壊の主因は，時計の駆動装置がゼンマイとアンクルとガンギ車で歯車の回転速度を規制する機械式から，水晶の圧電効果を利用した水晶振動子を主動装置とする「クオーツ」[2]式に変わった事である。テンプや歯車などの駆動部分の製造で，金属工作機械によ

る削りだし・研磨などの工程がなくなり，製造工程は水晶振動子の無人・自動生産，いわば「コピー」に切り替わり，残った主要工程は組立だけとなったのである。

こうした中，「模倣品の手口巧妙」との見出しで，日本製品のコピーに関する記事が「日本経済新聞」に掲載されている。「日系企業が中国で模倣製品により受けている被害総額は年間3兆円に達するとの試算もある」とし，さらに「マキタの金属切削工具では『マキタ』の名をつけた中国メーカー製の模倣製品が徐々に性能を高め……模倣製品のほうがマキタの最新製品と信じ込む客も多い」と伝えている。この記事は何を意味するのだろうか。いうまでもなく，コピー商品は特許・実用新案・意匠・商標などの工業所有権の侵害にあたり，コピー商品の製造・販売は犯罪である。この点もさることながら，ここでの問題は，なぜ先進工業国とはいえない中国において，いともたやすく工業製品生産が可能となったのか。しかも，コピーということは，オリジナル製品と同等あるいはそれに近い性能・品質をもつということである。

工業生産の歴史をもたない国が，どうして急速に「工業化」を成し遂げることができたのか。アメリカは，資本主義のアメリカ的段階ともいうべき資本制生産様式（生産システム）の一時代を築いた国である。同時にアメリカは，それによって支えられる生活様式（アメリカン・ウエイ・オブ・ライフ）も確立させた。それは大量生産＝大量消費に支えられた生活であった。今ではだいぶ色あせセピア色に見えるが，その生活スタイルは長い間世界中の憧れの的であった。だが，ヨーロッパに遅れて資本主義の仲間入りをした，後発資本主義国アメリカに工業生産が根づくには，並々ならぬ「苦労」もあったのである。工業生産の歴史は，それを担う労働者の歴史でもあるが，マニュファクチャー（工場制手工業）の伝統に支えられた，熟練の技をもつヨーロッパ流の労働者は，アメリカにはいなかった。移民の国アメリカに熟練工は存在しなかった。この前提に立って工業生産をするために考えだされた生産方法が，工業製品を完全な互換性部品の集合体ととらえ，分業を徹底させ作業工程を適切に分割して作り出す生産方式であった。こうして未熟練労働者による工業生産が可能となった。さらにアメリカは作業を平準化することで彼らの個体差も無くし，作業マニュアルが提示されれば同じ作業，仕事を繰り返して行うことができるよう労

働者を育成した。チャップリンの「モダンタイムス」で戯画化されている工場労働である。1853年のニューヨーク博覧会を機にアメリカを訪れ、工場を見て回ったイギリスの工場経営者達は、自国イギリスとまったく異なる生産方法の製造業を「アメリカン・システム」と呼んだという。こうした工業製品を互換性部品の集合体ととらえ、均質互換労働力を投入する方式は、テーラー・システムという経営管理法とフォーディズムという生産管理法にまで「ブラッシュ・アップ」されていった。これによって、アメリカの生産システムは最大限の経済効率、経済合理性をえることができるようになり、これによってアメリカは、祖国イギリスの「世界の工場」たる地位を奪ったのである。これが今日「世界の工場」といわれるようになった中国を見る視角、先ほど述べた「もう一歩踏み込んで考えなければならない」点なのである。工業生産の歴史をもたない国が、なぜ20年足らずで「工業化」を成し遂げることができたのか。しかも今日「世界の工場」とまで喧伝されるに至ったのか。これを考える上で、製造現場、労働過程に踏み込んで考える必要がありはしないか。中国の工場上海R社の実例を示そう。

　製造工程の管理労働者以外の労働者は、派遣によって募集される。派遣労働者の選別試験は上海R社が行うが、その試験は36本のピンの処理速度、日本文の中から「の」の字の選択・勘定、色覚異常検査などで、これに合格すると派遣社員として採用される。労働者はほぼ女性である。この試験は「両手・両足・ながら作業」に耐えうる労働者を選別する基準である。こうして採用された労働者は一般的注意事項も含めた教育を1日受けた後、3日間のライン（組立工程）研修を受けて、製造ラインに入る。製造ラインはセル生産方式で、製造現場は基幹機能部品の半導体基板と射出成型されたプラスチック部品（集合部品＝モジュール部品）とプレス加工された金属部品などの手による組み付け（ハメ殺し）や電動ドライバーによる組み立てである。4,50メートルの間（セル方式）で複合機（コピー・ファックス・プリンタ）が完成している。ここでは機械制大工業の労働過程で必要とされる「熟練」労働は不要である。主要部品（労働対象）はプラスチック射出成型部品・金属プレス部品・半導体基板部品などである。ここでその製造過程の一端を紹介する。たとえば、「プラスチック射出成型[4]」とは、プラスチック材料を加熱して流動状態にし、閉じた金型の

空洞部（キャビティ）に加圧・注入し金型内で固化させることにより，金型空洞部に相当する形を造る方法である。射出成型機で同じ形状の部品が連続的に成型される。生産は無人・自動生産である。ただし金型の設計製作やプラスチック素材の射出条件の設定は，コンピュータ・シュミレーションでデータの修正・補正が繰り返されて，決定される。この点で，これまでの在来機械における熟練技による補正・修正とは意味合いが異なっている。こうしてセットされてしまえば，あとはコピー生産が可能であり，それらの主要部品を組み付ける製造ラインでは「アメリカン・システム」で必要とされた「未熟練」労働さえ不要である。資本主義（工業生産）の歴史を持たない中国に，なぜ工業生産がこう簡単に根づき，しかも瞬く間に「世界の工場」になることができたのか。この疑問の「答え」はここにある。

II　労働対象と労働手段の革命

1　労働対象の革命——新素材

前項で述べたことをキーワードで表せば，工業製品の「コピー」ということであった。このようなことが可能になったのは，すでに述べてきたように，労働対象（原材料等）と労働手段（機械工具等）に革命が起こったからである。労働対象は究極的には自然界に存在している。これまでの工業生産にとって重要なものは，マクロ物体（鉄・石油・繊維・紙等：バルクマテリアル＝10の-3乗から10の2乗の大きさ）であった。なかでも20世紀後半以降は石油が燃料としてだけではなく，原材料として重要性を増大させ，決定的なものとなった。それは天然繊維が化学繊維に，プラスチックが鉄に匹敵する重要性をもってきていることからも伺える。科学＝技術革命はこれまでのマクロ物体から，物体自体を構成する原子・電子・分子等ミクロ構造の操作の可能性を生み出した。ここから化学繊維・ゴム・工業用プラスチックなどの新素材（労働対象）が開発・実用化され，それは現在も進行中である。

新素材は原子・電子・分子等のレベルでの形態変化を受けた100万分の1（10の-6乗）オーダーのミクロ物体である。それらは核兵器の開発などの先端軍需産業は別として，おそらく1960年以前には一般の民需産業では原材料として

は存在しなかった新物質＝新素材である。それ以前の工業生産では，例えば金属を削り・曲げるなどのマクロ物体の力学的形態変化が労働過程の中心的内容であり，労働対象はマクロ物体であった。たしかに19世紀以降急速に発展する化学工業では，人間が物体内部の原子・電子・分子等に働きかける場合もあった。醸造業などがその例だが，それは容器（脈管系労働手段）中における反応にすぎず，反応それ自体の科学的解明も不十分で，大部分は経験に頼ったものであった。「理屈はともかく」資本・企業としては，産業に利用・応用できればいいのだから，科学的に解明する必要もなかった。しかし1970年代以降コンピュータの出現によって，個別資本・企業においても，材料（労働対象）を原子・分子のオーダー，すなわち微細構造に立ち入って考察・操作する道が開かれ，研究が可能となった。

　例えば，半導体がその好例である。半導体は製造過程においてシリコンを純粋な物質，単結晶[5]にする必要がある。単結晶とは結晶のどの位置であっても，結晶軸の方向が変わらないものをいう。単結晶を製造する時には，ある結晶個体において，任意に設定した結晶軸座標系に個体中の原子配置を統一的にコントロール・記載しなければならない。1970年代後半以降，こうした原子配列の制御が可能となり，化学と物理学が融合したナノテクノロジーが，新素材の開発・実用化を強力におしすすめていった。この中で生み出された新素材が産業に応用・利用されていくことになる。これらの新素材は「すべて自然界にそのままの形では存在しないものであり，旧来の諸資源・原料を使って，原子・電子・分子等をミクロ構造的に設計・操作することによって創造される。すなわち，原子間の構造や元素あるいは化合物の結晶構造から，電気，磁気，光，熱，機械的機能，生体的機能等が発現することを利用している。したがって，『極微の世界』の科学とその応用である技術学に媒介されて新しく登場したものにほかならない[6]」。

　こうした科学＝技術から生み出された新素材の中でも，今日重要性を帯びてきているものは，レアメタル（リチウム・チタン・ガリウム・ニオブ・コバルト・コルタンなど）とプラスチックである。まずレアメタルであるが，レアメタルはこれまで鉄，銅，アルミニウムなど，いわゆるコモン・メタル（普通金属）の合金元素にしかすぎなかった。しかし，今日レアメタルは機能性材料と

しての開発が行われるようになって，その物性が重要になってきている。例えば，ガリウムは超LSI，発光ダイオードなどに，ニオブは磁気共鳴医療機器（MRI：Magnetic Resonance Imaging）やリニア・モーターカーなどに，コルタンは携帯電話には欠かせない新素材である。光ファイバーには，ガドリニュウム（Gd）は必須である。

　新素材すべてにわたって論ずるわけにはいかない。紙幅も技量もない。小稿にかかわる技術革新として，ここではプラスチックを取り上げる。なぜなら小稿で問題としている，工業製品のコピーがこの材料（労働対象）の出現によって可能となったからである。プラスチックは1960年代にアメリカのデュポン社[7]が，「鉄への挑戦材料」として開発＝実用化を開始した素材である。今日これらは高分子系素材として増加し，ポリアセタール，ポリカーボネート，ポリアミドなど「エンジニアリング・プラスチック」と呼称され，金属材料に代わる新素材となっている。この新素材は熱可塑性をもつために「射出成型」によって，家庭電気製品をはじめ自動車部品など，機械器具のさまざまな部品に加工されている。先ほどの上海R社の「複合機」の例で示したように，躯体や筐体（ボディー）などを構成する部品である。主要機構部品は，複数のパーツを集合・結合した複雑な形状の部品[8]（モジュール部品）として一体成型され，連続して自動製造されている。また基幹部品である感光体・レーザーユニット・コントローラーなどの機能部品のプリント配線実装基板は，各種半導体の塊のようなものであるが，半導体の結晶・素子から半導体集積回路・プリント配線実装基板・各種電子部品にいたるまでの製造工程も自動化されている。ここでは人間・労働者の介在はむしろ障害となる。こうなるとプリント配線実装基板とモジュール部品などを組み付ける作業だけが，製造工程に残るということになる。上海R社の女子労働者が，わずか採用5日目には，製造工程に入ることができるようになる。

2　労働手段の革命[9]——「本来の機械」から「科学的加工装置」へ

　前段で述べた新素材（労働対象）に働きかけるために，労働手段にも革命が必要となる。労働対象と労働手段がたがいに関わり合いながら，開発・実用化が伸展する。開発された新素材を加工するための新たな「装置（労働手段）」

が開発実用化され，それが新素材の開発を可能にしていく。だが，ここで開発された「装置（労働手段）」は，これまでの機械とはコンセプトを異にしたものであった。

産業革命で成立した「本来の機械」は，「文字どおり機械的運動＝力学的メカニズムを主要な内容としていた。すなわち，動力機において熱エネルギーを機械エネルギーに変換し，それを伝導機構によって作業機に伝達し，（作業機は）それを特定の形に変換して道具を運動させて，マクロ物体を力学的に変形し，生産目的を実現する」[10]。だが，上海Ｒ社の製造工程では，「本来の機械」による部品材料（労働対象）の加工工程にあたる工程は見当たらなかった。こうした本来の機械が働きかけたはずの労働対象は，「本来の機械」にかわる新しい労働手段・「科学的加工装置」によって，別工程においてすでに生産されていたのである。その生産物とは，複雑な形状のエンジニアリング・プラスチック材のモジュール部品，あるいは基幹部品の感光体・レーザーユニットなどのプリント配線実装基板である。

これらの一連の処理・製造工程では，労働者は手を下せない。IC・LSIの生産ではクリーンルーム（科学的加工装置）の労働者の防塵服姿で知られたことであるが，ここでも同じである。今述べた製造工程では人間の介在は，むしろ障害となる。IC産業や新素材産業などの先端産業では，原子・電子・分子等の「極微の世界」の物質が直接の労働対象となる。こうした原子・電子・分子等を操作するためには，クリーンルームのような，なんらかの極限的諸環境＝条件が必要となる。そこは，人間の手が働きかけることができる大きさとはおよそレベルを異にしたオーダーの原子・電子・分子等の物質の形態変化，あるいは，ミクロンからサブミクロン，さらにナノメートルへ向かうオーダーの超微細加工の世界である。ここでは人間の手の直接的関与は原理的には不可能となる。これが新しい労働手段すなわち「科学的加工装置」であるが，その特徴は以下の１から４である。

第１に，それは在来の機械の特性であった金属を折り曲げる，穴をあける，といった加工を行う金属工作機のような筋骨系労働手段であると共に，クリーンルームのような極限的諸環境＝条件を実現する脈管系労働手段でもあるという，二つの機能を含まなければならない。とりわけ後者が決定的となる。

第2に，機械とりわけ作業機にくくりつけられた道具＝工具が，本来の作業機と決定的に異なっている。工具はもはや手の代替というレベルにはない。

　第3に，道具やワークの移動・位置決めの機構が異なる。超微細・精確かつ瞬間的な運動が要求される。

　第4に，自動制御装置が技術的必然となっている。なぜなら，原理的に言えば，人間の五官による対処が不可能だからである。そこでは，コンピュータやセンサーが重要な働きを担っている。

　工業製品の「コピー」。冒頭掲げたキーワードであった。複雑な形状のモジュール部品やプリント配線実装基板などの主要部品は人手を介さずに，科学的加工装置の中であたかもコピーのようにして生産される。そこでの生産の決め手は，事前にデジタル化された加工情報・ソフトである。そして残る工程は，極めて単純な非熟練労働者による，あたかもプラスチック模型の工作にも似た組立作業である。このようなことが可能になったのは，すでに述べたように，労働対象と労働手段に革命がおきたからである。これは何を意味しているのだろうか。この革命は，資本主義からポスト資本主義（「21世紀社会主義」）へのパラダイム転換を意味しているのか。[11]

III　労働過程編成の史的展開と意味——労働価値説の根拠の喪失

　いうまでもなく人間も自然の一部である。人間は全生命連鎖の中にいて，すべての生命体と連関している。この意味で人間は「類」をなし，自然の中で役割を担っている。しかし人間は食物連鎖の頂点にいて，数（人口）を爆発的に増大させてきた。この人口数の増大それ自体は自然に対する破壊である。人間はこの破壊を食い止めるために，生産活動を行い狩猟採集という自然に対する収奪行為を減少させてきた。他の動物から比べれば圧倒的に低い身体能力にもかかわらず，食物を確保し人口数を増大させることができたのは，この生産活動のおかげであった。言語を駆使し道具（労働手段）を使用して，自然に賦存するもの（労働対象）に働きかけ，人間は類として生存してきたのである。我々は，生物の道具である器官の体系を知ることで生物の生活そのものを知ることができる。それが生物学であるが，我々はある社会の労働手段の体系を知

図9-1　労働過程の編制

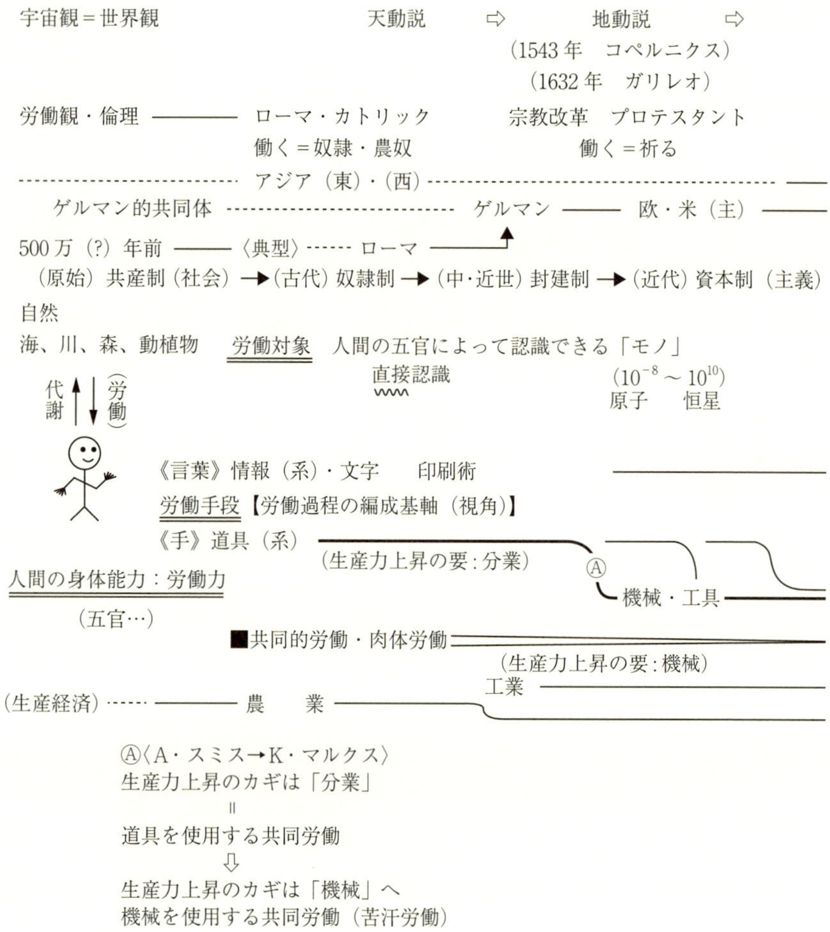

```
宇宙観＝世界観              天動説        ⇨     地動説         ⇨
                                          (1543年　コペルニクス)
                                          (1632年　ガリレオ)

労働観・倫理 ——————— ローマ・カトリック      宗教改革　プロテスタント
                        働く＝奴隷・農奴              働く＝祈る
      ---------------------- アジア（東）・（西）-------------------------------
      ゲルマン的共同体 ------------------- ゲルマン ——— 欧・米（主）
    500万（？）年前 ———〈典型〉----- ローマ ↑
          （原始）共産制（社会）→（古代）奴隷制 →（中・近世）封建制 →（近代）資本制（主義）
    自然
    海、川、森、動植物    労働対象   人間の五官によって認識できる「モノ」
                                      直接認識              (10⁻⁸〜10¹⁰)
    代↕︎(労                            ～～～               原子　恒星
    謝  働)
                   《言葉》情報（系）・文字    印刷術
                    労働手段【労働過程の編成基軸（視角）】
                   《手》道具（系）
                        （生産力上昇の要：分業）      Ⓐ
    人間の身体能力：労働力                           ┗ 機械・工具
        （五官…）
                    ■共同的労働・肉体労働
                                    （生産力上昇の要：機械）
                                         工業
    （生産経済）……… 農 業
```

Ⓐ〈A・スミス→K・マルクス〉
　生産力上昇のカギは「分業」
　　　＝
　道具を使用する共同労働
　　　⇩
　生産力上昇のカギは「機械」へ
　機械を使用する共同労働（苦汗労働）

ることによって，その社会を知ることができる。すなわち，生産力の歴史的な発展を捉える際に，労働過程の諸要素（労働対象・労働手段・労働力・人間）の結合の仕方，編成の様式の中に，他の要素を規定する主要な要素が，それぞれの歴史段階・時代で特有なあり方をしている。それゆえ，「生産力の歴史的画期的発展は主要な要素＝基軸の転換として把握される[12]」。つまり，ある時代の生産においてはある要素が，またある時代の生産には別の要素が生産力の発展

基軸からみた人類略史

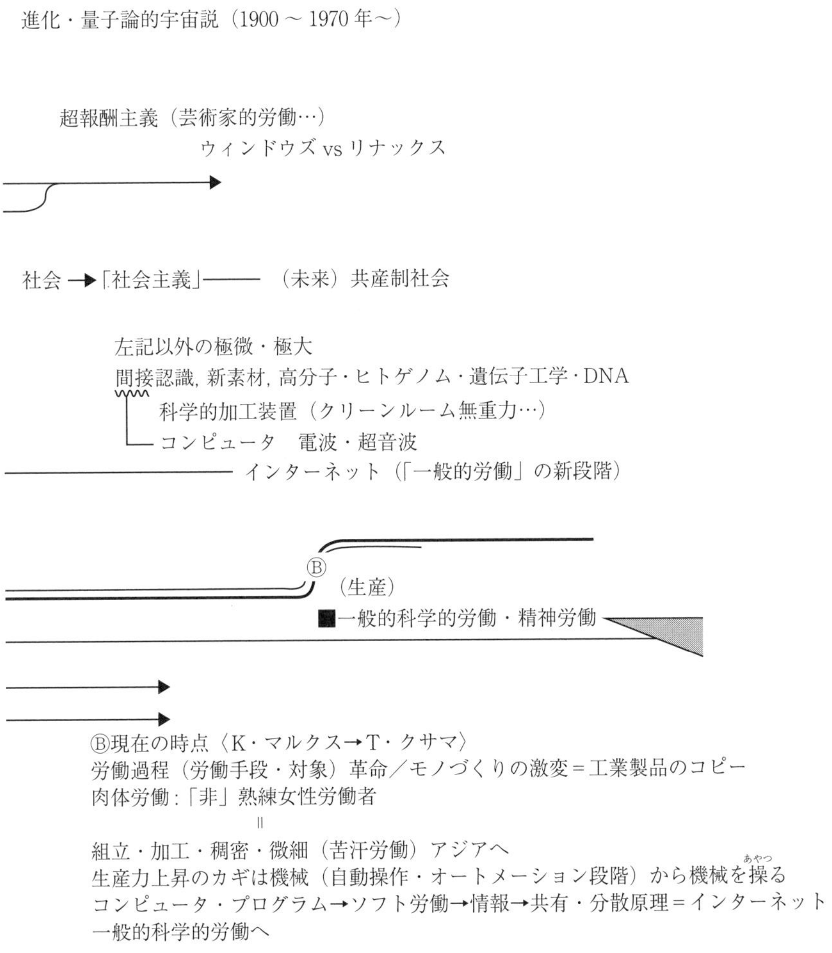

進化・量子論的宇宙説（1900～1970年～）

超報酬主義（芸術家的労働…）
　　　　ウィンドウズ vs リナックス

社会 ➡「社会主義」――――（未来）共産制社会

　　　　左記以外の極微・極大
　　　　間接認識, 新素材, 高分子・ヒトゲノム・遺伝子工学・DNA
　　　　　科学的加工装置（クリーンルーム無重力…）
　　　　└─コンピュータ　電波・超音波
―――――――――インターネット（「一般的労働」の新段階）

Ⓑ　（生産）
■一般的科学的労働・精神労働

Ⓑ現在の時点〈K・マルクス→T・クサマ〉
労働過程（労働手段・対象）革命／モノづくりの激変＝工業製品のコピー
肉体労働：「非」熟練女性労働者
　　　　　　＝
組立・加工・稠密・微細（苦汗労働）アジアへ
生産力上昇のカギは機械（自動操作・オートメーション段階）から機械を操る
コンピュータ・プログラム→ソフト労働→情報→共有・分散原理＝インターネット
一般的科学的労働へ

にとって，決定的な役割を担ったということである。この見方は歴史の発展における「労働過程の編成基軸の視角」（図中の黒く太い線）といえる。この視角から，前段で述べたことについて再度吟味をしてみよう。

　Ⓐの地点（A・スミス「分業論」からK・マルクス「機械論」へ）

　先ほども述べたように，他の動物よりはるかに肉体的に劣る人間が食物連鎖の頂点に立ち，人口を増大させることができたのは，ひとえに言語による情報

の交換・蒐集・蓄積と道具を手に持って行ってきた生産活動のおかげであった。こうした生産活動を人類は数百万年にわたって，営々と続けてきたのである。こうしたなかで共同体の内部や共同体間の商品の交換は増大していくが，各人がおのおの得意分野の商品をもっぱら製造することによって生産力を増大させ，それが社会発展もささえてきた。事実，シャツ1枚にしてもその生産は，作業場内は勿論，その外においても原料・材料生産や道具の生産と絡みあって，相互に連関をもっている。バラバラに見える生産も社会全体で結びついて巨大な分業体系，あるいは結合労働になっている。これが社会の生産力の根源であり，これによって膨大な商品群が生み出されている。これがA・スミス（1723～1790年）の見た18世紀，黎明期の資本主義社会であった。ピンの製造で知られたスミスの分業論は，道具を使った分業に生産力の「主要な要素＝基軸」を見たのであった。生産力の基軸，生産力発展のカギは，道具を使用する共同労働・一般的労働であり，生産力上昇の鍵は「分業」であった。

　しかしスミスと交代するかのように資本主義の生成・発展期に登場したK・マルクス（1818～1883年）はこのスミスの議論を批判的に摂取し，分業の重要性を認めつつ，労働手段＝機械に生産力発展のカギを見出した。マルクス機械論を全面展開するわけにはいかないが，ここでは次項のⒷと関わる点だけを述べる。機械が生産力発展のカギとなり，機械が「労働過程の主要な要素」となり，「労働過程の編成基軸」は道具・分業から機械へと転換した，とマルクスは考えたのである。この考え方に今日疑いをさしはさむ余地はない。機械こそが社会の生産力の根源であり，これによって膨大な商品群が生み出されている。人間が手に道具を握って行う労働は，機械の登場によって大きく変わった。道具は，労働対象（原材料・部品）に直接働きかけ加工する作業機の一部となった。直接握った道具と労働者（手）の間に割って入った機械は，道具を一定の秩序・法則で運動させる物質的機構である。労働者の熟練した手によって動かされていた道具が機構に移され，手の運動の精確性は機構の精確性へと移される。最後に人工的な動力（蒸気）機関が発明され，動力は馬力や水力といった自然力から人工的な力へと転化した。この動力革命によって，機械は人間の限界を打ち破り，機械は機械体系（動力機－伝動機－作業機）へと発展した。この体系は動力源としての人間を不要にしたばかりでなく，道具を人間の道具の形

態から，機械的原理にのっとった形態に脱皮させた。道具は機械にくくりつけられて工具となり，これによって機械による機械の生産が可能となり，機械制大工業体系が成立した。そして資本によってこれが統括されて「資本・賃労働」関係が確立したのである。

資本・企業によって機械は労働過程に導入され発展を遂げた。「そのもっとも発展した姿態は……伝力機に媒介されてのみ一個の中央的自動装置から運動を受け取る編成された諸作業機の体系」(13)である。すなわち，もっとも発展した機械は「機械の自動体系」である。このようにして労働過程に導入された機械は，労働者の手の働きを何千何万倍にも強め，労働者の手が生み出す価値を何万倍にもした。人間労働はもはや労働手段たる道具にも原材料たる労働対象にも直接触れることなく生産が行われるようになる。だがこの場合でも熟練労働は，機械操作における手加減，勘として残る。いかに「機械の自動体系」が進んでも労働過程には，機械を操作する労働（例えば旋盤工），機械に対する保守労働，設計開発労働は残るから，労働が無くなるわけではない。規模の拡大につれて機械を操作する労働者も増大する。

この「機械の自動体系」は，人間が機械に使われるチャップリン・モダンタイムスの工場労働となって，先進工業国に浸透していった。欧州の熟練労働者とは比べようもない，未熟練労働者を利用・使用するフォーディズム・テーラーシステムへと進化していった。しかしそこに残るこの苦汗労働は，2倍の賃金とその所得によって可能となったアメリカ的生活（郊外の住宅と自動車）によって保証されなければならなかった。独占利潤と植民地からの超過利潤を不可欠なものとしながらも，この生産様式は大量生産＝大量消費＝大量生産という好循環の一時代を生み出した。これによって生産基盤は旧世界・欧州から新世界・アメリカへシフトしたのである。

この機械体系にいわば第4の神経系統ともいえる要素（制御）が加わり，機械体系は1960年代には，いわゆる「オートメーション」へと発展した。「労働手段としてのオートメーション，例えばロボットやFMS工作機械の場合，以前に労働者が機械にたいして行っていたのと同じ作業を自己の機構で行うのである。すなわち原動機，作業機，伝導機構という3要素に第4の要素として記憶，選択，計算，情報処理等の機能をもつ電子制御機構が加わり，自らの運

動と原料の不正常を検知し,自己修正するのである」[14]。この「オートメーション」は,1960年代のトランスファーマシンのような機構を想定したものであっただろう。たしかに機械の3要素(動力機・伝動機・作業機)に第4の要素として,神経系統ともいうべき「電子制御機構」プログラム制御(コンピュータソフト)が付加されてはいる。だが,その制御機構は機械に固定され,くくりつけられていて,部品形状の変化を読み取れない一方通行の制御機構だった。先ほどのトランスファーマシンがその典型であったが,労働対象の変化に対応できず,労働対象が変わればマシン自体の廃棄を余儀なくされた。自動車の車種が変われば,トランスファーマシンは廃棄されなければならなかった。その点でこの「制御機構」はたしかに「電子」,コンピュータではあったが,19世紀初頭のパンチカード式ジャカール織機に類するものといえる。だが生産基盤はこれを画期に,新世界アメリカから別世界日本・アジアへと移動し始めたのである。

Ⓑの地点(K・マルクスからT・クサマへ)

日本の電卓メーカーの要請によって製作された1971年インテル「i4004」というシリコン・チップの小石はマイクロコンピュータへと成長し,旧石器時代から新石器時代への人類史の転換に匹敵する,あるいはそれを超える衝撃を人類に与えた。マイクロ・エレクトロニクス革命(ME革命)である。新世界アメリカでまかれた生産基盤の種は,別世界アジアで大木となったのである。「情報科学」と「コンピュータの発展を軸とする情報処理機構」の結合によって生み出された自動制御装置が,機械の構成部分の「第4の環」(「第4の要素」)として新しい機械体系が再編成された。「人間が与えたプログラムに従って自ら誤りを訂正しつつ生産を継続する」[15],労働対象の変化にもソフトの書き換えで対応できる,前とは違ったオートメーションが生まれた。例えば,工作機械では「加工すべき部品形状に即した切削条件がプログラムによって与えられる。プログラムを変えることによって,各種の複雑な形状の部品が,きわめて精度よく自動的につくられる。この過程は,与えられた形状情報をそのまま工具(刃,バイト)の運動におきかえるような単純なものではない。種々の加工条件に即して形状情報から最適の加工順序と工具への力の印加(加減すること―涌井)と条件を計算し,加工状態をフィードバックして修正しつつ,目的の形状

第9章 アジアの「工場化」の歴史的意味と人類の未来 233

を精密に実現するのである。このような複雑でデリケートな作業は，以前には高度の熟練労働によってしか行うことができなかった(16)」。「本来の機械体系にたいするはじめての本質的発展」が見られ，ここに初めて新たな生産力段階への展望が開かれることになる。

　前項で述べたが，機械は人間（手）と道具の間に割ってはいった。だが，今度はこの機械と人間（手）の間に「自動制御装置」（コンピュータが主要な役割を果たす）が割ってはいった。ここでの要点は，マクロ物体の加工においては，手の動きとなって表れた熟練を電子情報に置き換えるということである。だが先ほど労働対象の検討でふれたが，ミクロンからサブミクロン，さらにナノメートルというオーダーの超微細加工が必要となった。この世界では，労働対象への人間の手の直接的関与は原理的には不可能となる。手の熟練技のデジタル信号化，あるいはそれをコンピュータソフトに書くということではない。それどころか，人間の介在それ自体が障害となる。従来のマクロ物体という労働対象ではなく，ミクロ物体の加工（極微の世界の例えば原子配列や遺伝子操作）にとって必要とされるのは手の動きではもはやない。生産過程で重要な役割を担うのは，労働手段である科学的加工装置であり，それを操作するコンピュータソフトであり，それを作成するソフト労働である。ここではコンピュータが決定的な役割を演じる。再度，複合機の生産現場を思い浮かべていただきたい。そこでは射出成型機に搭載する金型設計，原材料であるエンジニアリング・プラスチックの加工手順など，あらかじめコンピュータにインプットされた情報が生産を決定する。手の動きのデジタル信号への変換という情報化ではなく，言語，思考それ自身が生産力に転化するのである。「労働は直接的機械操作からコンピュータによる操作」，ソフトウェア労働へと遷移したのである。この結果「労働はいまや機械の現実の運動に直接連動するものでなくなる(17)」。

　マルクスは『経済学批判要綱』の中で次のように書いている。「直接的形態での労働が富の偉大な源泉であることをやめてしまえば……交換価値に立脚する生産は崩壊し，直接的物質的生産過程はそれ自身，窮迫性と対抗性をはぎとられた形態をうけとる」……「直接的労働とその量はますます消失し……一般的科学的労働，自然諸科学の技術的応用に比べて……従属的な契機として現われる。このようにして資本は生産を支配する形態としての自己自身の解体に従

事している[18]」。となると，これまで商品に含まれている抽象的人間労働（人間労働一般）で構成される価値実体はその根拠を失うことになる。「情報化[19]」であり，今日情報革命として現在進行形の事態である。

IV　情報革命のコアとしてのインターネットと新生産様式の芽生え[20]

　現在進行形の情報革命において，その中心に位置し，情報革命を扼するものはインターネットであろう。今日インターネットなしでは，我々の生活は成り立たないところまで来ている。そのインターネットの性格・潜勢力を見極めるために，次のような問いは的をえている，と思う。インターネットはどのようにして生まれてきたのか。誰がいつ開発し，どのように生成したのか，という問いである。しかし，この問いの答えはかなり難しい。はっきり言えることは，インターネットは特定の誰かが開発したものではなく，数多くの人たちによって作り上げられた，ということである。

　最初の着想は，リックライダー（J・C・R・Licklider）によるものであろう。リックライダーは，グループ・メンバーの研究成果を共有しようと考え，グループによって使用されているさまざまなコンピュータ・システムを標準化し，ネットワークを形成しようと考えた。そのアイディアが，1963年に提案された"銀河間ネットワーク"（Intergalactic Network）と命名された着想であり，データ共有のためのアイディアだった。

　こうした着想とともに，ネットワーク生成のための基本技術も同時に生み出された。それはパケット通信と呼ばれる技術だが，端末からのデータをPAD（Packet Assembly Disassembly）でパケットに変換して伝送・受信する通信方式である。パケット通信は，アメリカ空軍ランド（RAND；Research ANd Development）戦略研究所のポール・バラン（Paul Baran）と，イギリス国立物理学研究所のドナルド・デービス（Donald Davies）によってほぼ同時に提唱された。バランの論文は1964年[21]，デービスの理論公表は1965年[22]である。2人の研究は理論内容も時期もほぼ同じであったが，その背景と開発経緯はおおいに異なっていた。バランの目的が「ソ連の核攻撃」からの通信の生き残りであったのに対し，デービスの研究目的は通信の品質改善であった。しかし，バランの

第9章 アジアの「工場化」の歴史的意味と人類の未来　235

提案は日の目を見ることはなく，電話会社AT&Tとアメリカ空軍によって握りつぶされた，という。なぜそうなったのか，仔細は不明だが，電話回線の独占侵害を憂慮した電話会社とコンピュータ会社の思惑があったのだろう。1960年代前半のメインフレーム・コンピュータ業界の状況から推測すれば，次のような事情なのだろう。当時は，メーカーはもちろん，機種が異なればハードウェア，ソフトウェア共に互換性がないのが一般的であった。コンピュータ・メーカーは独自技術で特定業種向けに特化したソフト搭載のメインフレーム・コンピュータを作り，その業界のシェアを独占しようという戦略をとっていた。当然，独自に開発した技術の詳細は非公開であった。したがって異なるメーカーはもちろん，同じメーカーの異なる機種のメインフレーム・コンピュータ間でのデータの「やり取り」などという発想は，生まれようもなかった。

　こうした中，リックライダーの発想は，米国防省研究機関ARPA（Advanced Research Projects Agency）の下部機関IPTO（Information Processing Techniques Office）のロバート・テイラー（Robert Taylor：統括責任者；第3代部長）とローレンス・ロバート（Lawrence Roberts：実施責任者）に受け継がれていく。L・ロバートは1967年にARPAネットの計画を発表した。その計画のポイントは現在のルーターのような役割を小型コンピュータ（IMP：Interface Message Processor）に代替させ，メインフレーム・コンピュータの仕様を変えることなくネットワークを形成しようとするものであった。L・ロバートは，その小型コンピュータの「仕様書」を作成した。この仕様書に基づくハードとソフトの作成は公募によって選定された企業に，外部委託されることになった。受注したのはBBNテクノロジー社という小規模な企業で，総括責任者フランク・ハート，理論担当者ロバート・カーン（Robert Kahn）らの6名が中心となったチームであった。チームは，1969年9月に接続実験を開始し，カリフォルニア大学ロスアンゼルス校（UCLA）のコンピュータSDS（SIGMA7）からスタンフォード研究所（SRI）（SDS940），カリフォルニア州立大学サンタ・バーバラ校（IBM 360/75），最後にユタ州立大学の（DEC PDP-10）のコンピュータへと専用電話回線で順次接続されて，始めてのネットワークが生成され，メッセージが交換された。ここに24時間常時回線接続のコンピュータ・ネットワークが誕生し，ARPANET（the Advanced Research Projects Agency's computer network)[23]と名づけられた。この時点では，ネットワークのハードウェアは動作したが，基本プロトコルはNCP（Network Control Protocol）で，現在標準の通信方式TCP/IPはまだ登場していない。だが，これが今日のインターネットの基盤・ルーツであるといえよう。

　1983年に ARPANETは標準プロトコルとしてTCP/IPを採用した。この通信方式TCP/IP[24]は，ヴィントン・サーフ（Vinton Gray Cerf）とロバート・カーン（Robert Elliot Kahn）が1974年に開発したものだが，異なるネットワークを結ぶ通信方式[25]として同年に仕様が公開された。これ以降標準的プロトコルとして使われている。またこの年は現在のインターネットのもう一つの基本技術Ethernetも生まれた。

　その後もARPANETは拡大を続けたが，欧州原子核研究機構（CERN）のティム・バーナーズ・リー（Tim Berners Lee）らが，1990年末に「World Wide Web: Proposal for a Hyper Text Project」を考案・発表した。リーは文書の書き込みをするHTML（Hyper Text Markup Language）とそれを送るHTTP（Hypertext Transfer Protocol）とURLを設計した。ここに今日のインターネットの基本的構成が出そろったということになる。同時に，商用インターネットサービスが始まり，一般の人々もインターネットを利用することができるようになった。1995年にマイクロソフトのInternet Explorer を搭載したWindows 95は，操作性からインターネットの世界的なブームを巻き起こし，個人のインターネット利用が爆発的に普及するきっかけとなった。

　こうしたインターネット生成史において，驚くべきことは，インターネット・プロトコル（TCP/IP）の生みの親であるヴィンセント・サーフやロバート・カーン，インターネットを構成するWWWの開発者のティム・バーナーズ・リー，ハイパーテキストを考案したテッド・ネルソン（Theodor Holm Nelson），電子メールの考案者のレイ・トムリンソン（Ray Tomlinson）などインターネットの開発者たちは，仕様を公開し誰一人として権利（特許）を主張しなかったことである。なぜなら，これらの人々は，多くの関係者が新しい提案をインターネット上に公開し，問題点や解決策等を議論し，相互に批判・検討し合うことが，ソフトやネットワークの拡大・発展には必要不可欠であると認識していたからである。多くのネットワーク関係者が共通認識をもち，研究

開発を進めなければ自身の研究はもちろん，全体の研究も進まないことを認識していたのである。さらにARPANETの生成に見られるように，実際の研究に直接かかわった人たちは，多くが若い大学院生など無名の人々であった。米国防省の下部機関のIPTOでさえ，彼らに全権限を与えて自由な意見を尊重したのである。

　こうしたインターネットの生成史に照らしていえることは，インターネットが自律的で平等で自由な諸個人によって，公開の場で議論され生成され発展してきた，ということである。このことは，国家はもちろん企業でさえ，インターネットを統制し抱え込もうとしても，生成・発展を妨げる阻害要因になる，ということを意味している。たしかに今日，インターネットの資本・企業による利用は，極限に達しているかに見える。それは，金融工学の「発展」を基礎にしたさまざまな金融商品の簇生とそれらのインターネット上での利用に見られるとおりである。市場情報と売買注文処理（約定）両方がミリ秒（1000分の1秒）のスピードで行われている。しかしそれは企業によるインターネットの資本主義的利用であって，インターネット自体の発展に寄与しているわけではない。インターネットの編成原理はあくまでも「分散＝共有」であり「集中＝独占」ではない。

　このことは次の点からも言える。さきほどインターネットの開発者たちが，仕様を公開し誰一人として権利（特許）を主張しなかった，と述べた。特許権は，インターネットの編成原理が「分散＝共有」であることの，もう一つの証拠である。ソフトウェアを搭載したコンピュータの出現は，1950年代以降のことであるが，アメリカ合衆国特許商標庁（USPTO）は，現在でもソフトウェアそれ自体に特許を認めていない。アメリカ合衆国特許法第101条は，特許の許諾を次のように定めている。「新規かつ有用な方法，機械，製品若しくは組成物，又はそれらについての新規かつ有用な改良を発明又は発見した者は，本法の定める条件及び要件に従って，それに対して特許を受けることができる」。こう定めた上で，特許を受けることができる発明を，方法（process）・機械（machine）・製品（manufacture）・組成物（compositions of matter）に限定している。ソフトウェアはこのカテゴリーのいずれにも属さず，発明・特許の許諾の要件を満たすものとは考えられてはいない。こうした考え方はその後の

判決においても追認されている。たとえば，ディア事件の判例でも，自然法則 (law of nature)・物理現象 (physical phenomena)・抽象的アイディア (abstract idea) 等については，いずれも特許の対象とならないと判断されている。これは従来ソフトウェアにかかわる基本的な技術の大部分が，特許可能性を有していないことを意味している。「科学的事実」や「数式」については特許が与えられていないということは，資本は科学を生み出しえない，ということを意味している。

このことはさきほども述べたように，インターネットの原理が「共有＝分散」原理に基づくものであり，決して「独占できない」ということの証拠である。とともに，機械制大工業の生産様式の構成要素である方法・機械・製品・組成物とコンピュータプログラムのような数学的アルゴリズムなどの情報は，紙に書かれたモノであろうとコンピュータ・データであろうとも範疇を異にし，それぞれが異質なモノである，ということを表している。したがって機械制大工業の編成原理の中に「包摂しきれないもの＝情報」が登場し，それが生産・社会の決定的な要素となってきたという事態は，機械制大工業とそれによって立つ資本主義社会に代わる新たな社会編成原理の登場を意味している。

そうはいっても現実の我々の世界は，モノによって成り立っている。いかにインターネットが社会の帰趨を左右するといっても，我々はコンピュータの「ビット」ではなく，「アトム」の世界で息をしている。人々は家に住み，車に乗り，オフィスや工場で働いている。モノに囲まれ，そのほとんどが製造業の生産物である。第3次産業の比重が増大したといっても，製造業は大きな比重を占めている。たしかに日本では，製造業はおよそ20パーセントにしか過ぎないが，これに卸小売りの14％と運輸の5％を加えれば，その割合はおよそ4割に達する。この数値は現実社会が製造業によって支えられている，ということを示している。

しかしこのアトムの世界にもインターネットのネットの編成原理がかけられ始め，「共有＝分散」の原理が製造の世界をも変えようとしている。そうした変化の萌芽が「3次元プリンター（3D；three dimensions printer）」やレーザー・カッター（Laser Cutter）などである。3Dプリンターは，3D CAD（computer aided design）や3D CG（computer graphics）データを元に立体を造形する機

第 9 章　アジアの「工場化」の歴史的意味と人類の未来　239

図 9-2　3Dプリンターの造形法

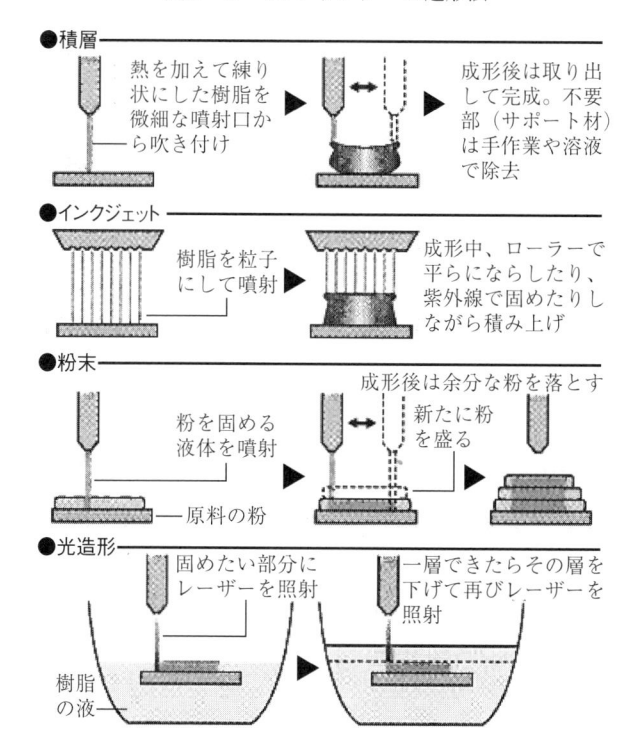

●積層
熱を加えて練り状にした樹脂を微細な噴射口から吹き付け
成形後は取り出して完成。不要部（サポート材）は手作業や溶液で除去

●インクジェット
樹脂を粒子にして噴射
成形中、ローラーで平らにならしたり、紫外線で固めたりしながら積み上げ

●粉末
粉を固める液体を噴射
原料の粉
成形後は余分な粉を落とす
新たに粉を盛る

●光造形
固めたい部分にレーザーを照射
一層できたらその層を下げて再びレーザーを照射
樹脂の液

注）下記資料を転載。
出所）「日経産業新聞」2012年8月14日，1頁。

器・装置である。通常は図 9-2 にみられるように積層造形法によるものをさすが，レーザーカッターなどを用いて造形する切削造形法によるものもある。これらの生産方式による製造方法を「オープン・ソース・ハードウエア」方式と呼ぶ。

　ここでは3Dプリンターの例で，インターネットの「分散＝共有」原理がモノづくり・製造にも及んできていることを説明しよう。基本的な仕組みは，コンピュータのCADソフトで作った3Dデータをいわば設計図にして，断面形状を積層していくことで立体物を作成する。液状の樹脂に紫外線などを照射し少しずつ硬化させ造形する（光造形）。あるいは熱で融解した樹脂を粒子にして噴射し造形する（インクジェット）。現在では素材もABS樹脂以外のチタン合

金粉末などの金属材料も利用されている。

「オープン・ソース・ハードウエア」による造形は，日本では自動車や家電などの試作部品の製造に使われることが多いが，自動車部品や歯の治療用模型などの医療分野で活用されるケースも増えている。しかしアメリカでは家庭用雑貨から電子部品(30)，航空機(31)まで製造しているという。

このオープン・ソース・ハードウエアの潜在能力は，設計図がデジタル・データであることにある。デジタル・データはだれでも共有，すなわちシェアしコピーすることができる。インターネットのオープン・ソースとして取り込み・修正し，3Dプリンターで制作できる。また，現物を3Dスキャナーで取り込みデータ化し，3Dプリンターで出力＝製造することもできる。製造業自体がデジタル化し，ネットワークにつながり，オープンになっていく。ネット上にのったデータはさまざまな人々によって改良が加えられ，製造され有用な日用品になっていく。このような「オープン・ソース・ハードウエア」生産は現代によみがえった「家内工業」である。アメリカでは数千個単位なら直販方式で，流通経費を抑えることによって現段階でも採算が合うという。少量の生産であれば，コスト的にも安う(32)。こうした事例は，例えばデジタルカメラの普及により店先のラボラトリーのプリンターで簡単にプリントアウトし，紙ベースの写真にできることを思い浮かべれば容易に理解できるだろう。この「製造方式」によって「フィルムの巨人」イーストマン・コダック社は2012年1月19日米連邦破産裁判所に連邦破産法11条の適用を申請した。「オープン・ソース・ハードウエア」の動きは，「分散と共有」原理がソフトウェアの世界にもたらしたのと同じことを，今度はモノの世界に引き起こそうとしている。機械制大工業の宿命ともいえる大量生産＝大量消費を打ち破る生産様式が今芽生えつつある。生産が民主化されて資本や政府，その他の組織によって独占されていたものが，ふつうの人々の手に移ったときに，変革は起きる。我々は今その曲がり角にいる。

V 新しい労働観と新しい社会

その辺に転がっていた木切れや石から始まった道具の使用は，機械の発明・使用へと進み，人間の手の延長として手の動きを何万倍にも強め，生産力の発

展に決定的な力を発揮してきた。しかし，遂に人間はその手の延長線上では労働対象に働きかけることができなくなった。人間の手が限界に突き当たった。こうした極微・極大の物質の扱いにはクリーンルーム，スペースシャトル内実験室のような無重力空間など，自然界には存在しない極限的諸環境=条件の創出・利用（科学的加工装置「労働手段脈管体系」）が必要不可欠となった。ここでの労働は，新しい物質そのものの創造であり，原子・電子等の加工・操作などのナノテクノロジー世界の労働である。人間の五官による処理はとうてい不可能となった。今の時点で，極微・極大の労働対象に働きかけることのできる労働手段，人間と自然，極微と極大の世界をつなぐメディアはコンピュータである。労働手段に革命が起き，それが現在も進行しつつあり，それが労働のあり方に変化をもたらしている。

　このことを『リナックス革命——ハッカーの倫理とネット社会の精神』の著者，ペッカ・ヒマネンは，次のように述べている。資本主義社会では労働は義務であり，与えられた仕事はたとえそれが苦役であったとしてもこなすのは当然であった。しかし，「情報経済」の時代，経済を突き動かすのは創造性である。この創造性を必要とする仕事を義務だと感じたなら，創造それ自体が生まれ得ない。ヒマネンのこの考えは，労働観の変化・遷移という認識にたっている。資本主義以前の社会では，人々は「仕事すなわち『苦役』を懲罰と理解していた。……労働の道具は本質的に拷問の道具であるという思想がはっきりと見てとれる[33]」。労働を「地獄[34]」の責め苦と考えていたのである。しかしこうした労働観に大転換がおきた。近代の労働観は，資本主義の生成発展と歩調をあわせて変遷する。「プロテスタント的労働倫理」を唱えたマックス・ウェーバーは，有名な論文『プロテスタンティズムの倫理と資本主義の精神』（1904—5年）のなかで次のように述べている。16世紀に資本主義の精神が生まれてきたとき，その核には「義務としての労働」という考え方があった。「職業義務という独自な思想がある。……各人は自分の『職業』活動の内容を義務と意識すべきだと考え，また事実意識している，そういう義務の観念がある。——こうした思想は，資本主義文化の『社会的倫理』に特徴的なもので，ある意味では，それにとって確かに構成的な意味を持っている[35]」。しかもそれは，どのような職業においても，また，その職業活動内容のいかんを問わず抱くとされ

ている。ウェーバーはさらに続けて，おおむね以下のように述べている。強い責任感は絶対に必要だが，それだけでは十分でない。なるべく楽をしていつもと同じ賃金を稼ぎたいという打算を，少なくとも勤務時間中は忘れる心構えが全般に必要なのだ。労働は，あたかもそれじたいが究極の目的であるかのように，つまり神から与えられた使命であるかのように，行われなくてはならない，と。こうしてカルビニズムやピューリタニズムなどの禁欲的プロテスタンティズムの倫理が，西欧特有の現象としての近代資本主義の精神的支柱となり，これが経営および労働の組織的合理化をもたらした。

　今我々は，たしかに資本主義社会の中にはいるが，その労働過程は大変容を遂げつつある。すでに述べたが，我々は図9-1に示したⒷ地点にいる。科学的労働が生産の中核に座り，いかなる手立てを取っても（例えば高賃金だとしても）労働に強制がなじまないものになってきている。さらに，例えばクリーンルーム（科学的加工装置）の登場によって，人間自身が生産にかかわること（労働）自体が妨げとなるような労働過程も生まれてきている。長く人間の生きかたを支配し，いまだに絶大な影響力を誇っているプロテスタント的な労働倫理が問い直され，疑問符がうたれようとしている。「働く」ことが「祈り」になってから約400年が経過したが，先進資本主義国の労働者は，偉大な進歩を遂げたのである。資本主義制生産様式が労働疎外をぎりぎりのところまでおしすすめたが，このぎりぎりのところで資本主義は自分自身につまずいた。これを乗り越え，それに代わる倫理が求められなければならない時点に，我々はいる。これまでのプロテスタント的労働倫理では労働を支えることができなくなっており，今日，新たな「倫理」が求められているのである。

　しかしそうは言っても，現実の物的生産にどうしてもついてまわる，厭うべき肉体労働は残されている。先進資本主義国では「疎外」に対する労働者の拒否，人間回復への要求が明確に認識されないまま，労働に対する違和感として，あたかも低周波の振動・波動のように社会を震わせている。労働に対するこうした消極性の中では，肉体労働，とりわけ「3K」（汚い・きつい・危険）と称され嫌悪される肉体労働は，外国人労働者に押し付けられることになる。アメリカにおける中南米系（不法）移民労働者，ドイツで「最底辺」を形成するトルコ人労働者，そして日本のアジアからの労働者は，いまだ新たな「倫理」未

形成という現実のいわば影の部分をなし，それは先進諸国で外国人労働者問題となって噴出している。資本・企業は，疎外・苦汗労働に耐えうる労働力を求めて，国外に進出し展開（直接投資）せざるを得ない。直接の契機・海外進出動機は，コストの削減のための安価な労働力を求めてのものであり，アメリカのカナダやメキシコへの展開もそれである。日本の場合は，この一般的な動機の上に「円高」によるコスト・アップを押さえるために，東アジアNICsや中国沿海部へ，安価で稠密な労働力を求めて進出したのである。

では，なぜ東アジアNICsや中国沿海部だったのか。どうして中国沿海部は「世界の工場」となったのか。三度思い出していただきたい。冒頭で述べた中国・上海の工場見学のエピソードである。熟練労働者には程遠い若い女性労働者がわずか1週間の訓練で製造ラインにはいり，どうして工業製品を製造することができるのか。複合コピー機を組み立てることができるのか。マニュファクチャー（工場制手工業）から始まり，長い歴史をもつ工業生産の伝統国・欧米を尻目に，なぜ工業生産の歴史の浅い中国が瞬く間に欧米を追い越し，そして今や日本を追いこそうとしている。なぜだろう。

それはこうだ。20世紀の科学＝技術革命を基盤にして，1970年代半ば以降本格化するマイクロ・エレクトロニクス革命によって，工業製品製造の基本概念・コンセプトは大転換した。先ほど労働対象と労働手段の変化・遷移において説明したことである。基幹部品のコピーともいえる生産が可能となり，これまでの熟練は不要となった。残るのは組付け・組立・加工という単純労働となり，徹底して分業化された。究極の「疎外された労働」である。疎外とは，もともと自由で主体的活動をする人間の行為，ならびに労働の成果としての生産物が，その生産者である人間にとって疎遠のものとなり，逆にそれによって支配され，強制される状態をいう。チャップリンのモダンタイムスを思い浮かべると分かりやすいだろう。先進工業諸国ではもはやモノづくりに誇りはもてなくなった。今日こうした単純労働を担えるのは，東アジア人労働者だけであり，工場群は，日本から東アジアNICsへと中心をシフトさせながら波紋のように広がり，今中国沿海部に主軸が移動した。「アジアの工場化」である。ではなぜ東アジア人がその労働を担いうるのか。そのキーワードは東アジアにおける稲作労働である。東アジアの稲作労働の延長線上に立つ労働力が，そうした今

日の工業の単純・苦汗・稠密労働に適合的だったのである。

エンゲルスは，原始共同体社会から古代奴隷制社会への移行がヨーロッパとアジアでは異なった道筋をたどり，共同体が完全に分解せず，「数千年」存続したアジア諸国では粗野な国家形態，すなわち東洋的専制政治が階級社会に移行した後も社会の古層として残存した，と考えたのである。

以上のことは，ちょうど解体しつつあった古代ローマの奴隷制を受けとめて，新しい社会生産力段階・封建制への通路を切り開いた，未開段階にあったドイツ人に類比できないだろうか。古代奴隷制の社会の解体と中世封建制の勃興の歴史過程は，「このゲルマン『共同体』を基盤とし，かつその内部から生みだされていく階級構成を基軸として……ヨーロッパ封建社会の全構造が築きあげられることとなったのである」。すなわち「ドイツ人は……アーリア種族であり，そして生きいきと発展しているまっさいちゅうであった。しかし，ヨーロッパを若がえらせたのはドイツ人特有の民族的特性ではなく，たんに──彼らの未開性，彼らの氏族制度だったのである。彼らの個人的なたくましさと勇気，彼らの自由精神と，すべての公務を自分自身の仕事と見る民主主義的本能，要するに，ローマ人がなくしてしまい，しかもそれだけがローマ世界の泥土から新しい諸国家を作り出し新しい民族体を成長させることができたすべての特性──これが高段階の未開人の特徴でなくて，彼らの氏族制度の果実でなくてなんであったろうか？ドイツ人がローマ世界に植えつけた，およそ活力あり生命をもたらすもののすべては，未開性であった。実際，未開人だけが，瀕死の文明に苦しむ世界を若がえらせる能力をもっている。そして，民属大移動以前のドイツ人がそれにむかって，またそのなかにあって前進していった未開の高段階こそ，この過程にとって最も好都合なものであった。このことで万事の説明がつく」。

人類は曲がり角にさしかかっている。しかもその曲がり角は，二重の曲がり角に違いない。その曲がり角は，資本主義からポスト資本主義（「21世紀社会主義」）への曲がり角である。それは「労働過程の編成基軸」という視角から見ると次のように見える。資本主義を支えた機械制大工業の要にある機械がその役割を終えつつあり，生産の要は無重力やクリーンルームのような科学的加工装置へと移りつつある。それにつれて労働も，共同的労働・肉体的労働から一

般的労働・科学労働・精神的労働へと遷移しつつある。「直接的形態での労働が富の偉大な源泉であること……交換価値に立脚する生産は崩壊し」つつあり，それに伴って芸術家の制作活動・労働と同じように，労働支出時間では価値の計測は不可能となる。何時間かけても「良い作品」が生まれるとは限らない。何時間働いたということが意味をもたない。資本主義社会がよって立つ基盤が崩れつつある。くり返し述べてきたのはこのことである。人間は発達をとげて，ここまで来た。しかし現段階でも，厭うべき肉体労働，稠密微細加工などの単純労働は少なからず残っており，今日の時点でも社会的再生産にとってなお必要不可欠である。それが先進資本主義諸国で忌避され，アジア・中国に持ち込まれ，これによって中国は「世界の工場」となった。忌避した先進資本主義諸国の側では，労働過程・生産現場での熟練を伴った基幹工程がなくなるとともに，ここを支えていた熟練基幹労働者も消滅しつつある。残るのは開発・研究などの部門である。そうは言っても，先進国内でも忌避されつつも厭うべき肉体労働は残されており，それに従事する厖大な労働者群も存在する。また残された開発・研究労働に従事する科学者・技術者の労働にしても，現実の資本主義システムのもとでは，「金儲けの手段」として，究極の「疎外」が進んでいる。

もはや労働を価値の実体とする価値法則は作用しなくなっているとしても，資本主義が「自己解体」を始めているどころか，むしろグローバリゼーションによって世界中を跋扈する「マネー資本」としてますます繁栄しているように見える。また，仮にもっとも疎外された労働としての，いわゆる「3K労働」だけが残るとしても，それが社会的再生産に不可欠であるとすれば，肉体労働が不要になった，とはいえないだろう。そして「3K労働」の対極にある経営者，科学者，技術者，芸術家，スポーツマン等の「仕事」にしても，それが現在の資本主義システムの下では，すべてが「金儲けのための手段」として，人間を手段化する別の形での「疎外」となって，我々に立ちはだかっている。

「現実にみえている世界」は，たしかにこのとおりだ。だが，光学望遠鏡のような光で見る宇宙と，電波望遠鏡やエックス線で見る宇宙はまったく違う，という。光は低エネルギーの穏やかな電子の働きで放出されるから，恒星は常に同じ明るさにみえ，宇宙は静的で規則的な穏やかな世界にみえる。だが，電波望遠鏡やエックス線で見る宇宙はまったく違う。電波やエックス線は高エネ

ルギーの電子がかかわる過程で放出されるから、宇宙は、大爆発や衝突や重力崩壊といった激動する姿となる。いま「現実に見えている世界」は、光学望遠鏡の世界なのだろう。だが、我々は、光学望遠鏡ではなく、電波望遠鏡で世界を見る必要があるのではなかろうか。内田義彦は「厖大な生産力というポジティブなものがネガティブに発現し、逆にネガティブな発現を通じて、ポジティブなものが展開する」[41]と、述べた。労働時間で計測されないような、労働を価値の実体とする価値法則が作用しなくなってくるほどの事態（生産力）が萌芽的ではあるにしろ生まれ、これが瞬く間に中国を「世界の工場」にした。その生産力が世界を席巻したという現実をポジティブなものと捉えつつも、「究極の疎外」を伴ってそれらが発現し、逆にこうしたネガティブな発現を通してポジティブな「生産力」が展開していく。行く手に曲がり角が見えてきた。その角の先は大きく左に折れているから、今はその先を見通すことはできない。だがこの曲がり角は人類史的大転換点でもあるに違いない。それは前史（階級社会）が終わり、正史（無階級社会）が始まる大きな曲がり角であるだろう。

(1) 製品の価格、型番は「日本スタイル」ホーム・ページによる。http://www.nipponstyle.jp/theme_index.html（2006/05/09）1960年9月発売の21型カラーテレビ、東芝D-21WEは88kg、価格52万円。2005年発売の同型、東芝21AS18は20.5キログラム、1万9250円。
(2) 1969年に服部時計店（現セイコー）が世界最初の水晶腕時計をアナログ式で発売した。
(3) 「日経産業新聞」2004年4月6日、21頁。
(4) プラスチック射出成型の技術的情報に関しては以下のサイトが参考になった。http://www.geocities.jp/tukuba777/home.html（2012/10/24）
(5) 結晶を構成する原子が、規則正しくならんでいる結晶を単結晶（Single Crystal, Monocrystal）という。自然界に存在し身近にある単結晶は、ダイアモンド、水晶、ルビー、サファイアなどの宝石が主なものである。
(6) 草間俊夫「『科学＝技術革命』の展開―生産力発展段階についての一試論」柿崎繁、草間俊夫、増田壽男編著『危機における現代経済の諸相』八朔社、1992年、310頁。
(7) 1970年代末に、米・デュポン社、GE社、欧州・BASF社、英・ICI（Imperial Chemical Industry）社などが、こうしたエンジニアリング＝プラスチック素材を自動車部品やジェットエンジン部品などの産業用素材として開発実用化していた。日本では1981年三菱瓦斯化学がポリアセタールの生産を開始した。日本経済新聞社『新素材革命、技術革新を支えるもの』日本経済新聞社、1981年、91-94頁。
(8) 部品の組み付けなどの労働集約的部分をそぎ落とし、コストダウンを計る方策は「一体化によって部品点数を大胆に減らし、組み立てコストを大幅に引き下げ、品質、

第9章　アジアの「工場化」の歴史的意味と人類の未来　247

デザインも向上させる全く新しいモジュール化」だった。つまりエンジニアリング・プラスチック製の「モジュールに細かな部品を組み込んで，できるだけ一体成型してしまう機能統合モジュール部品の製造である。電子産業でいえば，トランジスタや抵抗，コンデンサなどを一体化して，一つの半導体チップにまとめてしまうプロセスに似ている。マツダ社の乗用車・アテンザのドアモジュールは樹脂の一体成型によって，部品点数が46点減った。それまで後から手作業で付けていた取り付け金具，パネルの補強材などを設計，デザインの工夫によって，ドア内側の樹脂部分に一体化し，射出成型で一気」に作った。後藤康浩『強い工場，モノづくり日本の「現場力」』日本経済新聞社，日経ビジネス文庫，2005年，107頁。

(9) 草間，前掲論文，311-320頁。なお，この「2　労働手段の革命」の節についての論述は，草間論文に依拠している。

(10) 前掲論文，311-312頁。このような機械の本質は，機素（機械要素）と機素との間の相対・拘束運動にあった。この機械的装置によって置き換えられるのは，なんらかの特殊的道具ではなく，……人間の手そのものである

(11) アメリカの科学史家クーンが *The Structure of Scientific Revolutions* (1962)（『科学革命の構造』中山茂訳，みすず書房，1971年）で主張した概念。クーンによれば「パラダイム」とは「広く人々に受け入れられている業績で，一定の期間，科学者に，自然に対する問い方と答え方のモデルを与えるもの」とされる。例としてはコペルニクスの「天球の回転について」，ニュートンの「プリンキピア」，アインシュタインの「相対性理論」などがあげられる。あるパラダイム（天動説）を不変の原理とした世界観＝宇宙観が行き詰まると変則性が現れて危機が生じ，科学者は他のパラダイム（地動説――コペルニクスからニュートン）に転換する。このパラダイム（地動説）から，20世紀の4分の3をかけてまた別のパラダイム（ビッグバン宇宙論／インフレーション宇宙論）へ，ニュートン力学から量子力学へのパラダイム転換が起きた。以上は科学革命の例である。

(12) 草間俊夫「機械制大工業の歴史的位置」『土地制度史学』第123号，31巻3号，1989年4月，38-54頁。

(13) K・マルクス『資本論』（青木書店，青木文庫）第1部第3分冊624頁，原典399頁。

(14) 中村静治『生産様式の理論』青木書店，1985年，206-7頁。

(15) 北村洋基「技術発展の諸段階」『商学論集』（福島大学）46巻3号，1977年12月，56-57頁。

(16) 石沢篤郎『コンピュータ科学と社会科学』大月書店，1987年，27頁。

(17) 前掲書，14頁。

(18) K・マルクス（高木幸二郎監訳）『経済学批判要綱』大月書店，1958年，648，654頁。

(19) この考えは，野口宏『情報社会の理論的探求』（関西大学出版会，1998年）序章から学んだものである。

(20) 本節のインターネット生成に関する記述の基本線は，脇英世『インターネットを創った人たち』（青土社，2003年）に依拠している。

(21) 前掲書，128頁。バランの最初の論文は以下のとおり。Paul Baran, "On Distributed

Communications Networks," RAND Corporation Paper, September 1962, http://www.rand.org/pubs/papers/2005/P2626.pdf（2012/11/06）
⑫　前掲書、113-114頁。
⑬　このARPANETにおける研究・開発の覚え書き（RFC：Request for Comment）が、現在インターネット標準となっている。
⑭　Ascii Homepage, http://ascii.jp/elem/000/000/428/428741/（2012/11/18）
⑮　Cerf, Vinton G. and Kahn, Robert E. "A Protocol for Packet Network," *Intercommunication IEEE Transactions on Communications*, Vol. Com-22, No. 5, May 1974, pp.637-648.
⑯　東京証券取引所（東証）と富士通は2010年1月4日から東証の新株式売買システム「arrowhead」の稼働を開始した。それまで約定に2～3秒かかっていたものが、ミリ秒単位となった。『日本経済新聞』2011年5月22日朝刊、25頁。
⑰　「アメリカ合衆国特許法、合衆国法典第35巻（35 U.S.C.）―特許」特許庁ホームページ、http://www.jpo.go.jp/shiryou/s_sonota/fips/pdf/us/tokkyo.pdf（12/11/19）
⑱　"2106 Patentable Subject Matter-Mathematical Algorithms or Computer Programs [R-6]", USPTO（The United States Patent and Trademark Office）Homepage, http://www.uspto.gov/web/offices/pac/mpep/old/E6R0_2100.pdf（12/11/19）
　　1947年6月に「ENIAC」（Electronic Numerical Integrator and Computer）を開発・発明したプレスパー・エッカート（J. Presper Eckert）とジョン・モークリー（John Mauchly）はコンピュータの基本特許を申請した。有効になったのは、64年2月であるが、これに対し、71年6月にハネウエル社は無効の訴訟を起こし、同社は73年10月に勝訴した。
⑲　3Dプリンターによるチタニウム合金の加工は、GQ Japan Home Page, http://gqjapan.jp/2012/11/20/w_cyclocross/?gallery_id=4（12/11/23）を、また加工プロセスのVideoは、Vinemo Home Page, Printing titanium bicycle parts. A Charge Bikes collaboration with EADS, http://vimeo.com/47522348（2012/11/24）を参照。
⑳　例えば、Sparkfan Electronics Homepage, https://www.sparkfun.com/categories（2012/11/24）
㉑　例えば、Scaled Composites Homepage, http://www.scaled.com/（2012/11/24）
㉒　「丸紅情報システムズは『成形数が100個以下なら3Dプリンターで生産した方が（金型を起こして生産するよりも）安いケースが多い』と分析する」『日経産業新聞』2012年8月14日、1頁。
㉓　ペッカ・ヒマネン『リナックス革命――ハッカーの倫理とネット社会の精神』河出書房新社、2001年、33頁。
㉔　このテーマがはっきり表れているのが、プロテスタント以前の世界観を代表するダンテの『神曲』である。この作品では、金銭欲に囚われて一生を送った罪人――浪費家とけちん坊の両方――が、巨大な石を押して永久に円をまわりながらぶつかり合う、という罰を受けている。
㉕　マックス・ウェーバー、大塚久雄訳『プロテスタンティズムの倫理と資本主義の精神』岩波書店、岩波文庫、1989年、50頁。
　　ローマ教会組織が整備され、権威が高まるとともに、世俗化傾向も増大していった。

そのなかで本来のキリスト教の霊的な生活に徹しようとする動きも現れた。修道院はそうした動きのひとつであろうが、もともとは隠遁的なものであった。こうした中で、6世紀なかばにベネディクトゥスがローマ近郊に建てたモンテ・カッシーノの修道院では、修道士は、清貧、貞潔、服従の厳格な戒律に服するとともに、「主に対する奉仕」を旨とした。また社会的活動を重視するとともに、学問と労働を重んじた。このようにキリスト教の宗派運動としては、古くから「労働」を重んじる宗派もあったと思われる。また仏教においては労働価値と悟入価値（真理を悟り、真理に入ること）を同等と考える思想もある。例えば禅宗では、扇尿送尿（排泄行為）着衣喫飯など、日常生活に最上の神通が働き、「一日作さざれば一日食らわず」と、労働生活を肯定する。だが仏教では、最小限の消費で最大限の幸福を得ることを理想とするから、その労働観は近代のそれとはおおいに異なる。いずれにしても問題は、ウェーバーの言うように、それが社会の普遍的「倫理」となるかどうかである。

(36) 疎外とは、本来自分自身にあるものが自分から独立し自分に対立する事態をいう。労働疎外とは、労働者の労働が、他人の支配下におかれることによって労働者から離れ対立し、労働者を支配し苦しめるようになる事態をいう。企業の労務管理を考えればわかりやすいだろう。本来人間発達の要素である労働が、会社の例えば「成果主義」などの労務管理によって息苦しい「勤め」になっている。

(37) ヒマネンに言わせれば、その「倫理」とは次のようなものである。人を突き動かすにはある程度のカネは必要だが、それは最小限でいい。才能のある人にとっての労働・仕事の動機は「何かを創造して仲間うちで高く評価されたいという欲求」であり、労働・仕事の成果を公開することである。それが「ハッカーの倫理」である。彼らの労働観は、プロテスタント以前の「余暇」中心でもなく、プロテスタント以後の「仕事」中心でもない。それは「余暇」か「仕事」かという二元論でない、それらを融合したものである、という。

　金儲けそれ自体を自己目的とするなどという輩は資本・企業家の風上にも置けぬといった「教訓」「倫理」はとうに忘れ去られ、金儲けそれ自体が追求されることになる。まじめに働きその結果カネを手に入れ金持ちになるなどということは、とおの昔に忘れさられ、そんな話を懐かしむのはもはやロマン主義者というわけである。禁欲的プロテスタンティズムの倫理の崩壊は、確実に進行している。

(38) アジア的生産様式を、どのように理解するかを簡単に整理すると以下の3説になるだろう。
　1）原始共同体的生産様式にひきつづき古代奴隷制生産様式に先行する最初の独自な階級的社会構成（専制君主がアジア的小共同体を貢納制によって搾取する）段階だと把握する見解（塩沢君夫，大塚久雄など）。
　2）人類史の普遍的な最初の段階である原始共同体的生産様式そのものをさすと理解する見解（林直道・原秀三郎など）。
　3）奴隷制の一類型で、総体的奴隷制あるいは非奴隷的，前農奴的な隷属民の搾取に基づく社会、またはそれらの過渡的段階だとする見解（多くの古代史家や福富正美）。

(39) 大塚久雄『共同体の基礎理論』岩波書店，岩波現代文庫，2000年，120-121頁。

⑽　F・エンゲルス「家族，私有財産および国家の起源」『マルクス・エンゲルス全集』第21巻，大月書店，邦訳156-157頁。
⑾　内田義彦『資本論の世界』岩波書店，岩波新書，1966年，71頁。

あとがき

　誰にでもわかって欲しい。せめて関心をもっている人には「わかって欲しい」という願望が、随分と前から気持の中に宿るようになった。大学で講義をしていて、例えば「9・11」事件が「なぜ起きたのか」というような事を、世界政治・経済論の視角から解き明かし、「なるほど、そうだったのか」と、得心してもらえた時ほど嬉しいことはない。全体把握と部分理解は相互補完的で表裏の関係にあるが、第2次世界大戦後の世界を全体構造として把握し、アメリカ・欧州・日本の今日に至るまでの過程と現状をわかって欲しい。こうした願いはますます強くなっている。本書はそういう思いで執筆したものである。こうした思いをもつようになったのも、年をとったせいかも知れない。だが、それよりもやはり、学生たちが講義を聞いてくれて、「そうだったのか。納得がいった」。理解し腑に落ちると、教室を満たす「納得の気」のようなものを感ずる。そうした時の充足感は忘れがたいものである。

　こうした目的で、この10年ほどの間に書きためたものを、全体をできるだけ統一するために、欠落していると思うところを補い、わかり易く書きなおしたりして、全体を再構成した。初出誌との関係は、この理由で複雑になるので、割愛させていただく。以上の意図から目標としたところは、研究書と一般書との中間である。成功したか否かは、読者の判断にゆだねざるを得ないが、非常に難しく、目的は果たせていない、というのが正直な感想である。

　そうした作業の中でもっとも気を配ったのは、本書3頁「図序-1」で示したが、全体把握と部分理解の関係である。本書はその点で一種の世界システム論を意図した書でもある。第2次世界大戦後の世界理解は、近代資本主義の2世紀半にわたる世界システムの変遷理解を前提としている。そして第2次世界大戦後の世界は「社会主義」体制対資本主義体制の矛盾が世界を染め上げた時代だったが、この文脈でまず世界をとらえ、理解しようと努めた。例えば欧州の福祉国家は「社会主義」体制に対抗するための政策であり、独仏和解からEUへの統合も「社会主義」体制を防遏する政治的必要から生み出されたものである。それらは、アメリカが資本主義世界に敷いた管掌・統合・支配の体制

＝冷戦体制の対「社会主義」体制に対する布石であり、世界冷戦構造の力学から生まれたものである。中国の文化大革命・「改革・開放」とベトナム戦争も表裏の関係にあり、一つのものといえる。アメリカはベトナム戦争の手仕舞いのために中国を利用し、中国もまたソ連との対抗上アメリカを利用したのである。またそのベトナム戦争とソ連のアフガニスタン戦争は相似形をなし、前者はアメリカ衰退の開始、冷戦体制の揺らぎのはじまりを意味し、後者は「社会主義」冷戦体制解体の最後の鉄槌となった。そしてソ連冷戦体制の解体はアメリカの冷戦体制解除の引き金となり、第2次世界大戦後の世界を造形した冷戦構造は溶解し、世界はポスト冷戦の世界に入った。

そのことによって、アメリカに資本主義体制維持のための支出、冷戦コスト削減という「余裕」が生まれ、アメリカは同盟国を気遣う超大国から、自国生き残りを第一義とする覇権国家となり、今日に至っている。だから、ポスト冷戦の世界は、以下のような事態が続く時代となった。アメリカのITと住宅という二つのバブルとその崩壊、欧州とアジア通貨危機、アメリカの金融危機と欧州財政危機という世界金融恐慌。そして湾岸戦争からイラク戦争、「9・11」とアフガニスタン戦争。アメリカは軍本体を展開させ参戦している。米軍本体の本格的な参戦は、ベトナム戦争以来のことである。以上のことを見れば、ポスト冷戦の世界が、平和どころか人類破滅の淵を見た冷戦時代よりも、むしろ不安定な世界になっていることがわかる。

だが展望がないわけではない。ぜひ第9章「アジアの「工場化」の歴史的意味と人類の未来」をお読みいただきたい。本書をお読みになって、戦後世界とポスト冷戦世界を「ああこうだったのか。そして展望がかすかながら見えつつあるな」と、理解していただけたら、望外の幸せである。

最後になったが、出版事情厳しき折に、出版を快諾してくれた八朔社・片倉和夫氏に厚く御礼を申し上げる次第である。また本書の刊行にあたり、2012年度明治学院大学学術基金の出版助成を頂いた。合わせて感謝申し上げる次第である。

　　　2013年3月11日　東日本大震災2周年の日に

　　　　　　　　　　　　　　　　　　　　　　　　涌　井　秀　行

[著者略歴]

涌井　秀行（わくい　ひでゆき）

1946年　東京都生まれ
1971年　早稲田大学法学部卒業
1975年　立教大学大学院経済学研究科修士課程修了
1992年　経済学博士（立教大学）
1997年　明治学院大学国際学部助教授
2001年　同教授
著　書　『アジアの工場化と韓国資本主義』文真堂，1989年
　　　　『情報革命と生産のアジア化』中央経済社，1996年
　　　　『東アジア経済論―外からの資本主義発展の道』大月書店，2005年
　　　　『戦後日本資本主義の根本問題』大月書店，2010年

ポスト冷戦世界の構造と動態

2013年5月15日　第1刷発行

著　者　涌井　秀行
発行者　片倉　和夫
発行所　株式会社　八朔社
東京都新宿区神楽坂2-19　銀鈴会館
振替口座・東京00120-0-111135番
Tel 03-3235-1553　Fax 03-3235-5910

ⓒ涌井秀行, 2013　　組版・アベル社／印刷製本・藤原印刷

―― 八朔社 ――

中田常男著
金融資本論と恐慌・産業循環 …… 六八〇〇円

中田常男著
株式会社論と経営者支配 …… 七〇〇〇円

小林賢齊著
マルクス「信用論」の解明
その成立史的視座から …… 八〇〇〇円

宮川彰著
再生産論の基礎構造
理論発展史的接近 …… 六〇〇〇円

市原健志著
再生産論史研究 …… 六〇〇〇円

鈴木春二著
再生産論の学説史的研究 …… 四八〇〇円

定価は本体価格です